디지털 포렌식 개론

디지털 포렌식 개론
DIGITAL FORENSICS

정두원 지음

동국대학교출판부

머리말

　디지털 포렌식은 정보통신기술 발전의 대표적 역기능인 사이버 범죄를 수사하기 위해 탄생한 학문이다. 이 학문은 정보통신기술에 기반하여 사건 조사에 필요한 기법들을 연구하는 응용 학문인 동시에, 컴퓨터 공학·암호학·정보보호학·통계학·법학·행정학 등 다양한 분야의 지식을 결합하는 융합 학문이기도 하다.

　이렇게 다양한 학문 영역들을 포함한 디지털 포렌식은 입문자들에게 어떤 방향으로 공부를 시작해야 할지 막연한 느낌을 준다. 디지털 포렌식 관련 지식들은 도서, 논문, 보고서, 표준 문서, 가이드라인 등의 형태로 흩어져 있을 뿐만 아니라 각각의 자료에는 다른 학문 분야의 지식이 무작위로 혼재되어 있어, 입문 단계에서 학습 방향을 설정하기 어렵다.

　이에, 본 교재는 디지털 포렌식과 관련된 지식들을 구조화하여 입문자들이 디지털 포렌식 전반에 대해 체계적으로 이해하고, 이를 바탕으로 심도 깊은 학습과 탐구를 이어나갈 수 있는 기반을 제공해주고자 한다. 우선, 디지털 포렌식 학습에 필요한 기초 지식들을 소개하고 디지털 포렌식의 핵심 개념인 디지털 증거에 대해 다룬다. 다음으로 디지털 증거 중심의 디지털 포렌식 프레임워크를 설명하고 주요 디지털 포렌식 기술들을 소개한다. 마지막으로 해당 기술들을 활용하는 실무에 대해 알아본다.

contents

머리말 5

chapter 1　Introduction

1. 디지털 포렌식이란 12
2. 디지털 포렌식 역사 14
3. 디지털 포렌식에서의 범죄 분류 20
4. 디지털 포렌식 연구 분야 24

chapter 2　Background

1. 디지털이란 31
2. 디지털 데이터 단위 34
3. 주소 체계 38
4. 디지털 데이터 저장 순서 40
5. 디지털 데이터 표현 42
6. 디지털 기기 60

chapter 3　Computer

1. 컴퓨터 구성 요소 65
2. 부팅 절차 71
3. 기억장치 종류 73
4. 저장장치 인터페이스 80
5. 데이터 입출력 단위 83
6. 프로그래밍 86
7. 역공학 88
8. 운영체제 89
9. 애플리케이션 91
10. 프로세스 92

chapter 4　네트워크와 암호

1. 네트워크 97
2. 인터넷 103
3. 암호 기술 106
4. 해시 알고리즘 117

chapter 5 Digital Evidence

1. 디지털 데이터의 특성 **125**
2. 증거 **130**
3. 디지털 증거의 정의 **134**
4. 디지털 증거의 증거능력 **135**
5. 디지털 증거 관련 쟁점 **149**

chapter 6 Digital Forensics Framework

1. 기술 관점의 프레임워크 **158**
2. 프로세스 중심의 프레임워크 **163**

chapter 7 Components of Digital Forensics

1. 디지털 증거 출처 **173**
2. 이벤트 **186**
3. 디지털 증거 후보군 **189**
4. 디지털 증거 **190**

chapter 8 Identification

1. 디지털 기기 식별 **197**
2. 기억장치 식별 **198**
3. 볼륨 식별 **207**
4. 파일 식별 **215**
5. 콘텐츠 식별 **226**
6. 휘발성 데이터 식별 **244**

chapter 9 Restoration

1. 디지털 기기 복구 **252**
2. 기억장치 복구 **253**
3. 볼륨 복구 **254**
4. 파일 복구 **255**
5. 콘텐츠 복구 **261**

chapter 10 Search

1. 디지털 데이터 대상 검색 **268**
2. 콘텐츠 대상 검색 **269**

chapter 11 Acquisition

1. 물리적 매체 수집 **288**
2. 물리적 데이터 수집 **289**
3. 논리적 데이터 수집 **295**

머리말 • 7

chapter 12　Analysis

1. 아티팩트 **301**
2. 과학적 분석 방법 **308**

chapter 13　Tool

1. NIST CFTT **326**
2. NIST CFReDS **329**
3. SWGDE 요구사항 **330**
4. TTA 표준 **332**
5. 소결 **334**

chapter 14　Process

1. 프로세스 연구 **341**
2. ISO/IEC 27037:2012 **348**
3. NIST SP 800-61 **353**

chapter 15　Forensicator

1. 조사자 **362**
2. 전문가 **363**
3. 연구자 **364**

CHAPTER 1
Introduction

1 디지털 포렌식이란
2 디지털 포렌식 역사
3 디지털 포렌식에서의 범죄 분류
4 디지털 포렌식 연구 분야

　과학수사 기법의 일종으로 수사기관에서 주로 사용되던 '디지털 포렌식'이라는 단어가 지금은 다양한 매체를 통해 쉽게 접할 수 있는 친숙한 용어가 되었다. '포렌식forensic'이라는 단어는 '사건 해결을 위해 컴퓨터나 스마트폰을 분석하는 작업' 혹은 '삭제된 파일이나 데이터를 복구하는 기술'이라는 뜻으로 컴퓨터공학 전공자는 물론 일반인들도 일상적으로 사용하고 있다.

　디지털 포렌식은 해킹이나 분산 서비스 거부 공격(DDoS), 랜섬웨어 등과 같은 사이버 공격으로 인해 피해 입은 시스템을 조사하여 공격자와 공격 기법, 피해 규모 등을 파악함으로써 범죄 사실을 입증하기 위해 활용된다. 한편, 교통사고나 학교폭력, 보이스 피싱, 성범죄 등 실생활 밀접 범죄를 조사할 때에도 디지털 증거 확보 및 분석을 위해 디지털 포렌식 기술이 적용되고 있다. 예를 들어 〈'세월호 침몰 사고'의 CCTV〉, 〈'박근혜-최순실 게이트'의 태블릿 PC〉, 〈'숙명여자고등학교 쌍둥이 시험지 유출 사건'의 사진 파일〉, 〈'드루킹 댓글 여론 조작 사건'의 킹크랩〉, 〈'버닝썬 게이트'의 메신저 대화 내용〉, 〈'n번방 성착취물 제작 및 유포 사건'의 피의자 사용 스마트폰〉,〈'박원순 전 서울시장 성희롱·성폭력 사건'의 아이폰〉 등 한국 사회를 뒤흔들었던 큰 사건들에서 디지털 포렌식은 큰 화제로 부각 되면서 세간의 주목을 받게 되었다.

이와 같이 디지털 포렌식은 과학 수사 기법의 한 분야를 뜻하는 전문용어임에도 불구하고 형사 사건뿐만 아니라 일상생활의 분쟁을 해결하는 결정적인 역할을 하면서 현대 사회에서 널리 사용되는 용어가 되었다. 본 장에서는 디지털 포렌식의 어원과 탄생 배경을 통해 디지털 포렌식을 정의하고 디지털 포렌식의 역사와 미래에 대해 살펴본다.

1. 디지털 포렌식이란

디지털 포렌식(Digital Forensics)은 '이산적 신호 표현'을 뜻하는 디지털(Digital)과 '범죄 과학 수사의'라는 뜻의 형용사인 포렌식(Forensic), 학문 분야를 나타내기 위한 접미사 (-s)를 혼합한 용어이다. 즉, 디지털 포렌식의 어원을 살펴보면 디지털 포렌식은 과학 수사 기법의 일종으로 디지털 데이터를 분석하여 사실관계를 규명하는 학문임을 알 수 있다.

> 🖥️ Digital Forensics = Digital + Forensic + -s

디지털 포렌식은 과학적 범죄 수사를 뜻하는 법과학(Forensic Science)의 세부 분야 중 하나였으나 디지털 증거물 분석의 필요성이 커짐에 따라 독자적인 학문 분야로 발전하게 되었다. 1990년대에는 '컴퓨터 포렌식'이라는 용어를 사용했으나, 컴퓨터 외에도 다양한 디지털 기기가 등장하게 되고, 법정에서 아날로그 형태의 증거와는 다른 디지털 증거만의 특성으로 인한 여러가지 논쟁이 발생하면서 '컴퓨터 포렌식'보다 포괄적인 의미의 용어가 필요하게 되었다. 이에 2001년 8월 미국의 연구진들과 컴퓨터 포렌식 실무자들이 개최한 Digital Forensics Research Workshop (DFRWS)에서 'Digital Forensic Science'를 다음과 같이 정의하였다.

> **Digital Forensic Science**
>
> 범죄로 밝혀진 사건의 재구성을 용이하게 하거나 계획되어진 작업을 방해하는 비인가 동작들에 대한 예측을 돕기 위해 다양한 디지털 소스로부터 얻은 디지털 증거의 보존, 수집, 검증, 식별, 분석, 해석, 문서화 및 제시를 위해 과학적으로 도출되고 입증된 방법을 사용하는 것
>
> The use of scientifically derived and proven methods toward the preservation, collection, validation, identification, analysis, interpretation, documentation and presentation of digital evidence derived from digital sources for the purpose of facilitating or furthering the reconstruction of events found to be criminal, or helping to anticipate unauthorized actions shown to be disruptive to planned operations.[1]

이 정의는 디지털 포렌식이 범죄와 관련된 사건을 재구성하는 데 중점을 둔다는 것을 강조하는 동시에, 예방적 측면에서도 중요하다는 것을 부각시키고 있다.

---

[1] Palmer, G. (2001, August). A road map for digital forensic research. In First digital forensic research workshop, utica, new york (pp. 27–30).

이후, 디지털 포렌식이라는 용어가 학계 및 수사기관에서 정식적으로 사용되기 시작하였다. 국내의 '디지털 포렌식'의 정의는 대검찰청 예규인「디지털 포렌식 수사관의 증거 수집 및 분석 규정」제2조(정의) 제2호에서 찾아볼 수 있다.

> "디지털포렌식"이란 디지털 증거를 수집·분석 또는 보관하거나 현출하는데 필요한 기술 또는 절차를 말한다.

2. 디지털 포렌식 역사

(1) 탄생 배경

디지털 포렌식은 어원에서 알 수 있듯 수사 목적으로 탄생한 학문이다. 개인용 PC의 등장, 정보화 가속, 인터넷 사용 인구의 급격한 증가와 함께 컴퓨터를 이용한 각종 범죄나 인터넷 매체를 이용한 사이버 상에서의 범죄가 급증하는 등 디지털 기기가 등장하면서 이전에 존재하지 않았던 새로운 유형의 범죄가 나타났다. 이와 동시에 전통적 범죄에서도 디지털 증거가 사건 해결에 결정적인 역할을 하기 시작하면서 디지털 증거 분석에 대한 수요가 증가하였고, 이는 디지털 포렌식 분야의 성장으로 이어졌다.

(2) 국가 주도의 디지털 포렌식

1990년대 이후 국내외적으로 정보화가 가속되면서 디도스 등 피해가 큰 대형 사건들이 발생하기 시작했다. 당시 우리나라는 정보화에 앞서가는 국가 중 하나로 이러한 대형 사건이 일어났을때 직격탄을 맞을 수밖에 없었기에 경찰에서는 이에 대비하기 위한 디지털 포렌식 관련 부서를 만들었다.

1995년 10월 외사관리관실 국제형사과에 '해커범죄 수사 전담반'을 운영하면서 이를 지원하기 위하여 첨단장비로 구성된 '해커 수사용 인터넷 중앙센터'를 설치하고 국가정보 보호활동에 본격적으로 나섰다. 1996년 2월에는 위 조직을 '해커수사대'로 개칭하였다. 이어 1997년 8월에는 기존의 해커수사대를 확대·개편하여 경찰청 형사국에 '컴퓨터범죄수사대'를 발족하고, 모든 컴퓨터 관련 범죄 수사를 총괄하게 하였다. 1999년 12월에는 컴퓨터범죄수사대를 '사이버범죄 수사대'로 확대하였으며, 이어 각 지방경찰청에도 '사이버범죄 수사대'를 편성하게 되었다. 하지만 해킹과 바이러스의 급증, 사이버테러의 위험성이 날로 심각해지자 범정부 차원의 종합적 대응체제의 필요성이 제기됐다. 이에 2000년 9월 29일, 사이버 공간의 선제적 치안활동을 담당할 사이버테러 대응센터가 정식 직제에 반영되었다.

이후 2004년 12월 경찰청 디지털증거분석센터가 개소하여 디지털 증거분석을 전문적으로 하기 위한 초석을 다졌고, 2009년 12월 전국 지방청 디지털증거 분석실을 구축하는 결과로 이어졌다. 그리고 2013년 〈3.20 방송 및 금융망 사이버 테러〉와 〈6.25 정부기관 등에 대한 사이버 테러 사건〉이 발생하면서 사이버공격이 국가 차원의 위협으로 대두됨에 따라 2014년 사이버안전국을 신설하였다. 2021년 국가수사본부가 신설되고, 사이버안전국이 국가수사본부로 이관되면서 사이버수사국으로 개칭되었고 산하에 사이버수사기획과, 사이버범죄수사과, 사이버테러대응과, 그리고 디지털포렌식센터가 있다.

경찰뿐만 아니라 대검찰청에서도 2008년 디지털포렌식센터를 설립하였고, 2012년 국가디지털포렌식센터로 명칭이 변경되었다. 또 2007년 서울중앙지방검찰청에 디지털포렌식수사팀을 신설한 것에 이어 늘어나는 디지털 포렌식 수요에 대응하기 위해 2008년 부산고등검찰청, 2009년 대구고등검찰청, 2010년 광주고등검찰청·대전고등검찰청, 2011년 인천지방검찰청, 2012년 수원지방검찰청에 디지털포렌식수사팀을 확대 설치하고 운영 중에 있다. 그리고 수사기관 외에도 한국저작권보호원, 공정거래위원회, 감사원, 국세청, 관세청, 식약처, 고용노동부 등 여러 기관에서 증거 분석을 위해 디지털 포렌식 기술 및 절차를 도입하여 운영하고 있다.

(3) 공공에서 민간으로

디지털 포렌식은 수사기관의 필요에 의해 성장한 분야지만, 민간 분야에서도 이 기술을 필요로 하는 분야가 생겨났다. 그중 하나는 침해사고 대응이다. 기업의 침해사고 대응팀에서는 침해사고가 발생했을 때 그 공격자의 행위와 기업의 피해를 특정하기 위해 포렌식 절차를 진행한다. 또 소송의 증거를 확보하고자 하는 민간에서도 디지털 포렌식을 사용한다. 법무법인이나 회계법인, 대기업의 감사팀처럼 내부 감사나 기술유출 사건 조사와 관련한 특정 증거를 확보해야 하는 경우, 혹은 개인의 의뢰를 처리하는 포렌식 기업의 경우도 마찬가지이다. 특히, 미국에서의 전자증거개시제도(e-Discovery)[2]에 대해 미국에 진출한 우리나라 글로벌 기업들도 대비해야 되는데, 전자적으로 저장된 정보를 다루는 디지털 포렌식이 이 절차에 적용될 수 있다.

디지털 포렌식의 수요가 늘자 시장이 형성되면서 자체적으로 관련 기술을 개발하는 민간 업체도 다수 생겨나게 되었다. 민간 디지털 포렌식 프로그램 개발 업체들은 법정에서 활용할 수 있는 증거를 수집·처리·분석하는 자동화된 프로그램을 제작하여 수사기관에 공급하고 있다. 이러한 자동화 프로그램을 '디지털 포렌식 도구(Digital Forensics Tool)'라 부른다. 디지털 포렌식 도구로 인정받기 위해서는 증거능력 및 증명력 보존을 위한 요건들을 충족해야 하는데, 이에 대한 자세한 설명은 제12장 Tool에서 다루도록 한다. 전 세계적으로 널리 인정받고 있는 디지털 포렌식 도구로는 OpenText에서 개발한 EnCase를 비롯하여 Cellebrite UFED, Magnet AXIOM, GMD Soft MD-SERIES 등이 있다.

또한, 민간에서도 디지털 포렌식 도구를 구비할 수 있게 되면서 디지털 포렌식 서비스 전문 업체들도 등장하게 되었다. 서비스 전문 업체들은 소송 준비를 위한 디지털 증거를 확보하거나 증거물에 대한 감정을 수행한다. 그 외에 삭제된 파일 복구, 랜섬웨어 피해 시스템 복원, 기밀 정보 완전 삭제 등과 같은 다양한 의뢰 사항들을 해결해주고 있다.

---

2 전자증거개시제도에 대해서는 5장 4절에서 다룬다.

(4) 학계의 발전

실무적 측면에서뿐만 아니라 학문적으로도 디지털 포렌식은 지속적으로 발전해왔다. 다양한 분야의 전문가들이 모여 디지털 포렌식 관련 학술 모임을 구성하여 지식을 공유하고 발전시킬 수 있는 연구자 간의 교류의 장을 만들어왔다. 국내외 디지털 포렌식 관련 주요 학술 단체들의 창립에 따른 설명은 다음과 같다.

- **DFRWS**: 전 세계의 혁신적인 연구자, 개발자 및 실무자를 한자리에 모아 디지털 포렌식의 문제들을 해결하기 위한 연구를 촉진하는 학술 단체
- **한국디지털포렌식학회**: 증거로 사용될 가능성이 있는 디지털 데이터와 관련된 기술적, 법적, 정책적인 사항들을 종합적으로 연구하고 대안을 제시하는 실무적, 융합적 성격을 가진 학술 단체
- **한국정보보호학회 디지털포렌식 연구회**: 정보 보호를 위한 학술 및 기술의 진흥과 관련 분야의 발전에 공헌하기 위하여 설립된 한국정보보호학회 소속의 연구회로, 디지털 포렌식 분야의 효과적이면서도 전문성이 높은 연구를 위한 학술 단체
- **한국포렌식학회**: 포렌식 관련 학술 및 기술의 진흥과 관련 분야의 발전에 공헌하기 위하여 학술적 연구와 필요한 사업을 수행하는 단체

디지털 포렌식 학계에서는 주요 관련 기관들의 후원을 받거나 자체적인 예산으로 디지털 포렌식 관련 공모전을 개최하고 있는데, 이러한 공모전을 '챌린지(challenge)'라 부르기도 한다. 참가자들에게 새로운 기

〈표 1-1〉 디지털 포렌식 양성 교육 기관

대학	학과	비고
동국대학교	경찰행정학부 산업보안 전공	디지털 포렌식 관련 과목 개설
	일반대학원 경찰행정학과	사이버수사 전공
	국제정보보호대학원 정보보호학과	사이버 포렌식 전공, 재교육형
고려대학교	사이버국방학과	디지털 포렌식 관련 과목 개설
	스마트보안학부	디지털 포렌식 관련 과목 개설
	일반대학원 정보보안학과	디지털포렌식 전공, 저작권디지털포렌식 전공
	정보보호대학원 사이버보안학과	디지털 포렌식 관련 과목 개설
	정보보호대학원 디지털포렌식학과	디지털 포렌식 과정, 재교육형 계약학과
성균관대학교	일반대학원 과학수사학과	디지털포렌식 전공
서울대학교	응합과학기술대학원 수리정보과학과	디지털 포렌식 과정, 계약학과
중앙대학교	보안대학원 산업융합보안학과	디지털 포렌식 관련 과목 개설, 재교육형
성균관대학교	일반대학원 과학수사학과	디지털포렌식 전공
연세대학교	정보대학원	디지털 포렌식 관련 과목 개설, 재교육형
국민대학교	정보보안암호수학과	디지털 포렌식 관련 과목 개설
	일반대학원 금융정보보안학과	디지털 포렌식 관련 과목 개설
건국대학교	정보통신대학원 정보보안학과	디지털 포렌식 관련 과목 개설, 재교육형
서강대학교	정보통신대학원 정보보호 전공	디지털 포렌식 트랙 운영
아주대학교	정보통신대학원 사이버보안학과	디지털 포렌식 관련 과목 개설
동서대학교	일반대학원 디지털포렌식학과	디지털포렌식학과
순천향대학교	법과학대학원 법과학과	과학수사 전공, 디지털 포렌식 관련 과목 개설
한림대학교	글로벌학부 정보법과학과	정보법과학 전공, 디지털 포렌식 관련 과목 개수

술을 개발하거나 디지털 포렌식 조사 능력을 기를 수 있는 기회를 제공함으로써 디지털 포렌식 분야의 연구를 촉진시키고 참가자, 특히 학생들의 흥미를 고취시켜 우수 인재를 양성하는 등의 긍정적인 효과를 가져다주었다. 대표적으로 DFRWS의 Forensic Challenges, 한국디지털포렌식학회의 KDFS 챌린지, 한국정보보호학회 디지털포렌식 연구회의 Digital Forensics Challenge, 한국포렌식학회의 '디지털 범인을 찾아라' 경진대회 등이 있다.

디지털 포렌식 분야의 전문 인력 양성을 목적으로 국내 대학에서도 관련 학과를 개설하거나 정원을 늘리고 있다. 다만, 현재까지는 디지털 포렌식은 실무에 기반한 학문으로 학부 과정보다는 대학원 과정이 다수 개설되어 있다. 대학원의 경우 일반대학원과 더불어 재직자 재교육형 혹은 국가기관의 위탁 교육을 담당하는 전문대학원이나 특수대학원에서 디지털 포렌식학과를 운영하거나 커리큘럼의 일부로 디지털 포렌식을 교육하고 있다. 학부 과정도 컴퓨터 공학이나 정보보안 학과의 세부 전공에서 다루거나 디지털 포렌식 관련 교과목을 개설하는 수준으로 운영하고 있다.

3. 디지털 포렌식에서의 범죄 분류

범죄(crime)란 법에 의해 보호되는 이익인 법익을 침해하고, 사회의 안전과 질서를 문란하게 만드는 반사회적 행위 중 이를 처벌하기 위해 법에 규정되어 있는 행위를 의미한다. 디지털 포렌식은 탄생 배경에서부터 사이버 범죄(cyber crime)와 밀접한 관련이 있음을 알 수 있다. 범죄와는 다르게 사이버 범죄의 경우 관점에 따라 그에 대한 정의가 다소 차이가 있으나, 디지털 포렌식에서는 사이버 범죄를 컴퓨터나 네트워크와 관련이 있는 범죄를 총칭하는 광의의 용어로 사용하고 있다.

🖥️ **Cyber crime?**

A crime that involves a computer and a network

▶ Moore, R. (2014). Cybercrime: Investigating high-technology computer crime*. Routledge.

---

(1) 대한민국 경찰의 사이버 범죄 분류

우리나라 경찰에서는 사이버 범죄를 정보통신망 침해 범죄, 정보통신망 이용 범죄, 불법 컨텐츠[3] 범죄로 분류하고 있다.[4] 각 유형별 범죄에 대한 설명은 다음과 같다.

- **정보통신망 침해 범죄**: 정당한 접근 권한없이 또는 허용된 접근 권한을 넘어 컴퓨터 또는 정보통신망(컴퓨터 시스템)에 침입하거나 시스템·데이터 프로그램을 훼손·멸실·변경한 경우 및 정보통신망(컴퓨터 시스템)에 장애(성능저하·사용불능)를 발생하게 한 경우
  - 해킹[5], 서비스거부공격, 악성프로그램 등

---

3 외래어 표기법 상 contents에 대한 국문 표기는 '콘텐츠'이나 사이버 범죄 신고시스템 (Electronic Cybercrime Report & Management system; ECRM)의 '사이버 범죄 분류'에서 사용하는 표기를 그대로 사용하였다.
4 출처: https://ecrm.police.go.kr/minwon/crs/quick/cyber1
5 해킹(hacking)이란 타인의 컴퓨터 시스템에 무단 침입하여 데이터에 접속할 수 있는 권한

- **정보통신망 이용 범죄**: 정보통신망(컴퓨터 시스템)을 범죄의 본질적 구성 요건에 해당하는 행위의 주요 수단으로 이용하는 경우
  - 사이버 사기, 사이버 금융 범죄(피싱, 스미싱, 메모리해킹, 몸캠피싱 등), 사이버 저작권 침해, 사이버스팸메일 등
- **불법 컨텐츠 범죄**: 정보통신망(컴퓨터 시스템)을 통하여 법률에서 금지하는 재화, 서비스 또는 정보를 배포, 판매, 임대, 전시하는 경우
  - 사이버 성폭력, 사이버 도박, 사이버 명예훼손·모욕, 사이버 스토킹 등

(2) 일반적인 사이버 범죄 분류

디지털 포렌식의 탄생 배경에는 사이버 범죄의 등장이 있으나 현대 사회에서는 사이버 범죄뿐만 아니라 일반 범죄도 증거물이 디지털 형태인 경우라면 디지털 포렌식이 수사에 활용되고 있다. 대표적으로 뺑소니 현장을 촬영한 자동차의 블랙박스, 방화 장면을 포착한 CCTV, 사기 사건을 공모한 메신저 대화 내용 등이 증거로 활용될 수 있다. 다

을 얻는 행위를 뜻한다. 해킹은 선악의 개념을 담지 않는 가치중립적 용어이다. '해킹'을 하는 해커(hacker)라는 용어도 컴퓨터 또는 컴퓨터 프로그래밍에 뛰어난 기술자 혹은 컴퓨터 시스템 내부 구조 및 동작을 알아내고자 노력하는 사람을 칭한다. 해커는 해킹 기술을 정보보안을 위해 활용할 수도 있고, 범죄를 목적으로 활용할 수도 있다. 이러한 불법적 목적으로 활용하는 경우 해킹과 구분하기 위해 '크래킹(cracking)'이라는 용어를 사용하곤 한다. 그러나 일반적인 대중들에게는 해킹이 정보 보안을 위해 활용되는 사례보다 해킹에 의한 보안 사고들이 상대적으로 널리 알려져있어 해킹과 해커는 부정적인 용어로 사용되곤 한다. 우리나라 법률에서도 '해킹'이라는 용어는 정보통신망법 제2조 ①항 7호에 등장하는데, 해킹을 '컴퓨터바이러스', '메일폭탄', '서비스 거부'와 함께 침해 사고를 일으키는 방법 중 하나로 명시하고 있어 부정적 의미로 사용되고 있음을 알 수 있다.

음은 디지털 포렌식 분야에서 다루는 범죄를 조사에 필요로 하는 기술적 수준과 조사 절차, 조사자의 역량을 고려하여 유형화한 것이다.

- **Cyber-dependent crime**: 정보통신기술(Information and Communications Technology, ICT)의 발전에 따라 새롭게 등장한 유형의 범죄로 컴퓨터, 네트워크, 또는 기타 형태의 ICT를 통해서만 저지를 수 있는 범죄(컴퓨터가 범죄의 대상이 되는 경우)
- **Cyber-enable crime**: 컴퓨터 또는 네트워크, 기타 형태의 ICT에 의해 행해지는 전통적인 범죄(컴퓨터가 범죄 활동에 이용되는 경우)
- **Common crime**: 위의 두 범죄 유형을 제외한 일반적인 범죄에 해당되는 경우

Cyber-dependent crime의 경우 범죄 행위로 인한 피해가 정보시스템 그 자체이므로 내부 데이터들이 훼손, 멸실, 변경, 위조될 가능성이 높아 조사 시 상당한 수준의 ICT 배경 지식과 디지털 포렌식 기술이 필요하다. Cyber-enable crime의 경우에는 정보시스템을 이용하여 사기나 명예훼손, 성폭력 등을 행사하므로 상대적으로 조사관에게 요구되는 전문성이 낮다. 그러나 최근에는 디지털 포렌식을 방해하는 안티포렌식(Anti-Forensics)[6] 기술이 널리 알려지고, 디지털 기기의 데이터를 보호하기 위한 각종 정보보호 기술이 디지털 증거 수집을 어렵게 하면서 Computer as tool crime에 대한 조사도 매우 까다로워지고 있다. Cyber-enable crime의 경우에는 위의 두 범죄 유형에 비해 조사 시 요구되는

---

6 디지털 포렌식 기술에 대응하여 자신에게 불리하게 작용할 가능성이 있는 증거물을 훼손하거나 차단하는 일련의 행위를 의미한다.

기술이나 조사자의 역량 수준이 낮은 편이다. 다만 디지털 데이터의 특성으로 인한 디지털 증거 특유의 증거능력 문제[7]가 발생할 수 있으므로 해당 문제에 대한 이해와 대응 체계를 갖추어야 한다.

4. 디지털 포렌식 연구 분야

(1) 기술적 접근

디지털 증거의 범위와 양이 방대해지면서 디지털 기기로부터 디지털 증거를 수집하고 분석하는 기술의 필요성도 증가하게 되었다. 이에 디지털 포렌식의 전통적 세부 연구 분야인 컴퓨터 포렌식[8] 외에도 네트워크 트래픽이나 로그를 분석하는 네트워크 포렌식과 휴대용 기기를 분석하는 모바일 포렌식 등 다양한 기술이 개발되었다. 최근에는 개인용 클라우드 서비스가 보편화되면서 클라우드 포렌식 기술 또한 주요 연구 분야 중 하나로 떠올랐다.

프라이버시 보호에 대한 일반 대중들의 인식이 증가하면서 각종 정보보호 기술들이 디지털 기기에 적용되고 있는데, 이는 아이러니하게도 디지털 증거 수집과 분석을 어렵게 하는 주 요인이 되고 있다. 이에 디지털 포렌식 분야에서는 범죄자의 디지털 증거를 확보하기 위해 정

---

[7] 디지털 증거의 증거능력에 대한 자세한 내용은 5장에서 다룬다.
[8] 디지털 포렌식 분야에서는 '포렌식' 앞에 조사 대상에 해당하는 단어를 붙여 세부 분야를 나타낸다. 예로 컴퓨터 포렌식, 스마트폰 포렌식, 네트워크 포렌식, 클라우드 포렌식, 드론 포렌식, 자율주행차 포렌식 등이 있다.

보호 기술을 우회하거나 해당 기술을 무력화하는 일종의 해킹 기법들을 포렌식 기술로 연구개발하고 있다. 다만, 정보보호 기술들도 지속적으로 발전하고 있고 있어 포렌식 기술과의 관계가 창과 방패의 대결로 비유되곤 한다.

한편, 범죄 흔적을 은닉하고 훼손할 수 있는 안티포렌식에 대응하는 기술[9]도 활발하게 연구되고 있다. 최근 디지털 포렌식에 대한 관심도가 높아지면서 자연스럽게 안티포렌식에 대한 관심도 증가했기 때문이다. 디지털 데이터를 파괴하거나 암호화, 변조하는 다양한 안티포렌식 기술을 자동화된 프로그램의 형태로 사용할 수 있는 안티포렌식 도구를 인터넷 상에서 쉽게 구할 수 있게 되면서 사이버 범죄에 안티포렌식 기술들이 적용되는 사례가 증가하고 있다. 이러한 안티포렌식 행위를 탐지하고 더 나아가 훼손된 증거를 복원하는 포렌식 기술에 대한 연구도 지속적으로 진행되고 있다.

앞서 언급된 디지털 포렌식 분야의 기술적 연구는 초기에는 실질적으로 수요가 있는 수사기관의 주도로 이루어졌다. 수사기관의 수요에 맞춰 국가 연구기관이나 대학 연구소들이 디지털 포렌식 기술에 대한 연구개발에 참여하면서 디지털 포렌식 원천 기술들을 개발하는 형태였다. 이후 디지털 포렌식 시장이 커지고 민간에서도 디지털 포렌식 기술에 대한 수요가 증가함에 따라 디지털 포렌식 전문 업체에서도 디지털 증거 수집·분석 기술이 활발히 연구되고 있다.

타 공학 분야와 비교하였을 때, 디지털 포렌식 분야의 연구개발 특징

---

9 안티안티포렌식(Anti-Anti-Forensics)이라고 부르기도 한다.

으로 미탐 최소화와 적극적인 법적 요구사항 반영을 꼽을 수 있다. 먼저, 디지털 포렌식 기술을 개발하는 연구자들은 미탐(false negative) 최소화에 집중하는 경향이 있는데, 이는 디지털 포렌식 기술이 수사에 직접적으로 활용되기 때문이다. 수사 과정에서 증거를 놓치게 된다면 영원히 실체적 진실을 밝히지 못할 경우가 발생할 수 있으므로 오탐(false positive)으로 인한 불편함과 비효율도 어느 정도 감수하고자 하는 경향이 있다.[10] 다음으로 관련 법률이나 정책과 같은 기술 개발의 제한 사항을 적극적으로 반영한다는 점이다. 디지털 포렌식 기술이 수사기관의 수요로 발전되어 왔고, 이에 실제 현장에서 활용할 수 있도록 실용성을 추구하는 연구개발이 주를 이루었다. 아무리 기술적으로 뛰어나더라도 위법성이 있거나 법적 요구사항을 만족하지 못한다면 법정에서 증거로 사용될 수 없으므로 연구개발 시작 단계부터 각종 제한사항들을 능동적으로 반영한다.

(2) 법·정책적 접근

'디지털 증거'라는 새로운 형태의 증거가 등장함에 따라, 이와 관련된 법률적 이슈와 포렌식 절차에 대한 논쟁이 있어왔다. 디지털 증거가 등장한 초반에는 이를 기존 아날로그 증거와 동일한 관점에서 바라보고자 하였다. 그러나 비가시성, 휘발성, 복제 가능성, 변조 가능성, 대량성, 초국경성 등 디지털 데이터의 독특한 특성으로 디지털 증거의 증거능력 요건에 대한 상당한 혼란이 발생되었다. 증거능력을 엄격하게 따

---

10 미탐과 오탐은 역 관계이다.

지는 형사사건에서 많은 문제가 발생하였고, 특히 실체적 진실을 밝힐 수 있는 유일한 증거가 디지털 형태인 공안사건이나 영업기밀 유출 사건, 산업스파이 검거 등의 사건들에서 증거능력 인정에 대한 찬반의견이 첨예하게 대립하였다.

그러던 중 2016년 형사소송법 제313조 제2항[11]이 개정되면서 디지털 증거의 증거능력이 '디지털 포렌식'에 의해 인정될 수 있다는 내용이 명문화되면서 디지털 포렌식의 중요성이 더욱 커지게 되었다.[12] 디지털 증거의 증거능력에 대한 명확한 기준이나 요건을 명시적으로 규정된 사례가 없었던 과거와 비교하면 혼란이 다소 해결되었다는 분석이 있다. 그러나 해당 조항에 명시된 '과학적 분석 결과에 기초한 디지털포렌식 조사관의 증언, 감정 등 객관적 방법'의 의미는 무엇인지, 객관적 방법임을 증명하기 위한 방안이나 절차는 어떤 것인지에 대한 명확한 기준이 없어 이 부분은 여전히 해결해야 할 숙제로 남아있다.

이외에도 디지털포렌식 분야에서 법·정책적 연구를 통해 해결해야 할 다양한 과제들이 있다. 우선, 우리나라의 디지털 증거 압수의 원칙인 선별압수에 대한 논의이다. 선별압수는 범죄 혐의에 관련된 정보에 한정해 압수를 진행하는 것으로 이 범위를 넘어서는 정보는 위법수집증거에 해당하여 증거능력이 없다고 간주한다. 디지털 데이터의 대량성이

---

11 ② 제1항 본문에도 불구하고 진술서의 작성자가 공판준비나 공판기일에서 그 성립의 진정을 부인하는 경우에는 과학적 분석 결과에 기초한 디지털 포렌식 자료, 감정 등 객관적 방법으로 성립의 진정함이 증명되는 때에는 증거로 할 수 있다. 다만, 피고인 아닌 자가 작성한 진술서는 피고인 또는 변호인이 공판준비 또는 공판기일에 그 기재 내용에 관하여 작성자를 신문할 수 있었을 것을 요한다. 〈개정 2016. 5. 29.〉
12 모든 디지털 증거의 증거능력이 '디지털 포렌식'에 의해서만 인정받을 수 있다는 것은 아니다. 디지털 증거의 증거능력에 대한 자세한 내용은 5장에서 다룬다.

나 변조 가능성으로 인해 거대한 정보시스템으로부터 디지털 증거만을 선별하는 것은 기술적으로 어려움이 많아 제도적 보완이 필요하다.

온라인 서비스 업체가 관리하고 있는 사용자들의 데이터 소유권의 문제도 이 분야에서 해결해야 하는 과제 중 하나이다. 특히, 압수 과정에서 문제가 되는데, 예로 피압수자가 PC를 통해 메일 서비스를 사용했을 경우, PC의 물리적 위치와 메일이 저장되어 있는 서버의 물리적 위치가 달라 압수 장소나 대상을 어떻게 선정할 것인가에 대한 논란이 있을 수 있다. 특히 서버가 국외에 있을 경우 국가간 법률의 차이로 문제는 더욱 복잡해진다. 기술적으로 원격지 압수나 역외 압수가 가능하더라도 법률적인 문제를 해결해야만 디지털 증거를 획득할 수 있다.

이와 같이 현대 사회에서 디지털 포렌식에서 다루는 문제들은 기술 분야나 법·정책 분야에서 단독으로 해결하는 것은 불가능하며 융합적 연구가 필요하다. 법·정책 분야의 연구자들도 현재 디지털 포렌식 기술의 유형과 연구개발 현황, 한계점을 명확하게 인지해야만 유의미한 연구 결과를 도출할 수 있다. 디지털 포렌식 분야에서는 기술 분야의 전문가와 법·정책 분야의 전문가 모두 융합적 접근이 필요하다는 것을 인지하고 있어 각 분야의 전문가들이 지속적으로 의견을 공유하고 협업하면서 연구를 진행하고 있다.

CHAPTER 2
Background

1 디지털이란
2 디지털 데이터 단위
3 주소 체계
4 디지털 데이터 저장 순서
5 디지털 데이터 표현
6 디지털 기기

　디지털 포렌식은 융합학문의 특성 상 디지털 데이터, 컴퓨터 구조, 프로세스, 네트워크, 암호알고리즘, 증거법 등 다양한 분야의 지식을 요구한다. 본 교재에서는 디지털 포렌식을 학습할 때 알고 있어야 할 최소한의 개념들만 선별하여 설명한다. 심화 학습을 희망한다면 각 분야의 전공 서적들을 탐독하거나 관련 강의를 수강할 것을 권장한다.

1. 디지털이란

　디지털(Digital)의 어원은 손가락을 가리키는 라틴어 digitus인 것으로 알려져있다. 숫자를 셀 때 사용되는 손가락을 일컫는 말에서 시작된 것이다. 디지털 데이터는 정보를 연속적 실수가 아닌, 특정한 최소 단위를 갖는 이산적인 수치를 이용하여 나타낸다. 이산적 수치의 예로는 2진법, 8진법, 10진법, 16진법 등이 있다. 디지털 데이터와 대조되는 개념으로 아날로그(Analog) 데이터가 있다. 아날로그는 비슷함을 의미하는 라틴어 Analogia에서 유래한 것으로 원래의 데이터와 유사한 형태로 정

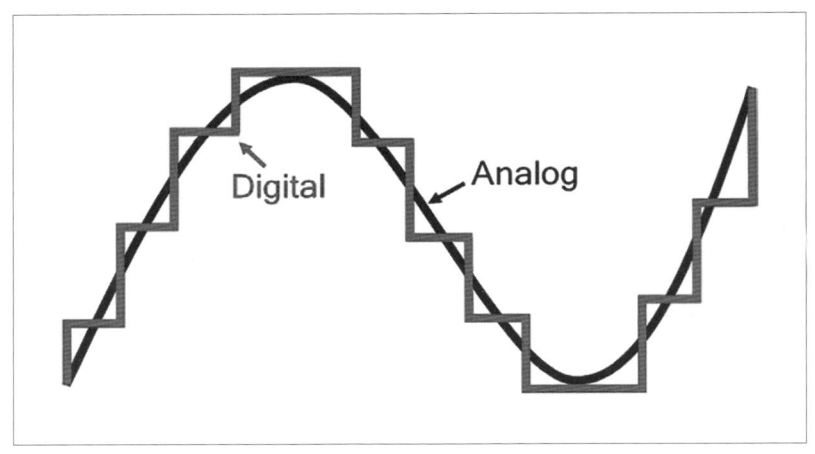

〈그림 2-1〉 디지털과 아날로그의 차이

보를 기록하며 물리량이 연속적으로 변화하는 특징이 있다.

　아날로그는 연속적으로 변화하는 물리량을 표현하는 데 사용된다. 온도나 습도, 소리, 빛과 같이 현실 세계에서의 물리적인 양은 연속적으로 변화는 것이 대부분으로 아날로그 방식이 적합하다. 반면 디지털 데이터는 이산적으로 정보를 나타내므로 변화하는 물리량을 근사적으로 표현한다. 〈그림 2-1〉은 아날로그 데이터와 디지털 데이터의 관계를 나타낸 것이다. 현대 사회에서는 대부분의 정보를 아날로그 방식보다 근사적으로 기록하는 디지털 방식을 사용하고 있다. 그 이유로는 디지털 시스템은 아날로그 시스템에 비해 설계가 용이하고, 정보를 저장하거나 가공하기가 쉽고, 전송 과정에서 손실이 거의 없으며, 시스템 구성을 소형화할 수 있는 등의 장점이 있기 때문이다.

　우리가 흔히 사용하는 디지털 기기에서는 0과 1 두 개의 숫자만으로

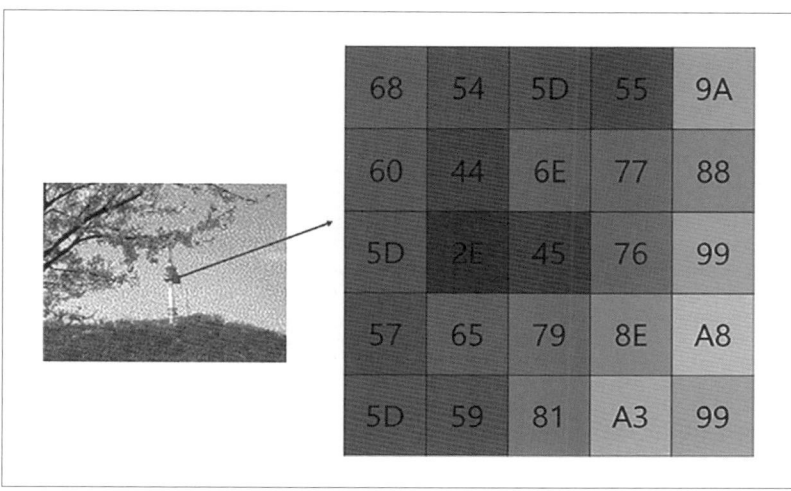

〈그림 2-2〉 흑백 사진의 픽셀값

정보를 표현하는 2진수 체계를 사용하고 있다. 이는 꺼짐(0)과 켜짐(1)으로 이뤄지는 비교적 단순한 신호로 정보를 처리하거나 저장할 수 있기 때문이다. 디지털 신호를 구성하는 비트(bit; binary digit의 줄임말)는 0 또는 1을 나타내는 기본 단위로 사용된다. 하나의 비트는 두 가지 정보의 형태만을 나타낼 수 있으나, 여러 개의 비트를 조합하면 소리나 영상을 만들 수 있게 된다. 가령 예를 들어 두 개의 비트를 사용하면 00, 01, 10, 11과 같이 4개의 정보를 표현할 수 있게 된다. n개의 비트를 사용하면 2^n개의 정보를 만들 수 있다. 이와 같이 다수의 비트를 사용하면 정보를 보다 정밀하게 표현할 수 있게 된다. 컴퓨터는 일반적으로 8개의 비트를 하나의 그룹으로 사용하며 이를 바이트(byte)라고 한다.

현재는 아날로그 정보를 디지털 형식으로 변환하여도 그 차이를 인지하기 어려울 정도로 컴퓨터 기술이 발달하였다. 〈그림 2-2〉는 흑백 사진 파일의 실제 디지털 데이터를 도식적으로 나타낸 예시이다.[13] 디지털 데이터는 데이터의 저장 및 전달이 안정적이며 다양한 종류의 데이터를 동시에 저장할 수 있다는 장점을 가진다. 또한 디지털 데이터는 컴퓨터 프로그램으로 다양한 방식으로 처리할 수 있어 아날로그 방식에서는 사용할 수 없었던 복잡한 기능들을 구현할 수 있다. 이러한 장점들로 일상생활에서 사용하고 있는 데스크탑이나 랩탑, 스마트폰, 태블릿 PC 등 디지털 기기들은 모두 비트를 기반으로 한 2진법 체계를 사용하고 있다.

정리하자면, 정보를 표현하는 방법으로 아날로그와 디지털이 있고, 그 중 정보를 처리하고 저장하는 데에 유리한 디지털 방식이 현대 사회에서 널리 사용되고 있으며, 다양한 디지털 방식 중 0과 1의 조합으로 정보를 나타내는 2진법 체계가 보편적으로 사용되고 있다. 이러한 이유로 현대 사회에서 디지털 데이터는 곧 2진(binary, 바이너리) 데이터를 지칭하는 용어로 사용되고 있으며, 이는 디지털 포렌식 분야에서도 동일하다.

2. 디지털 데이터 단위

디지털 데이터의 단위는 물리적인 단위와 논리적인 단위로 나뉠 수 있다. 먼저 물리적인 단위는 물리적 장치에서 실제로 사용되는 단위로

---

13 2진수가 아닌 16진수로 나타내는 이유는 2진수를 짧고 간단하게 표현할 수 있기 때문이다. 수 체계에 대한 자세한 내용은 2장 5절에서 다룬다.

최소 단위는 비트이다. 논리적인 단위는 데이터 정보의 저장과 처리에 사용되는 단위로 디지털 포렌식 관점에서 분석의 대상이 되는 최소 단위를 의미한다.

(1) 물리적 단위

물리적 단위는 크게 비트(Bit), 바이트(Byte), 키비바이트(KibiByte, KiB), 메비바이트(MebiByte, MiB), 기비바이트(GibiByte, GiB), 테비바이트(TebiByte, TiB) 등이 있다.

비트는 Binary Digit의 약자로 데이터 구성의 최소 단위이며, 컴퓨팅과 디지털 통신에서 가장 기본적인 정보의 단위를 의미한다. 여기서 비트는 2진수 1개를 말하며 0 또는 1의 상태를 가질 수 있다. 컴퓨터는 일반적으로 이러한 비트 8개를 하나의 그룹으로 사용하며 이를 바이트라고 한다. 여기서 1바이트는 256개의 정보를 나타낼 수 있으며 이는 하나의 바이트가 8개의 비트로 이루어져 있기 때문이다.

바이트보다 큰 단위로 킬로바이트와 키비바이트가 있는데 각각 10진수 체계와 2진수 체계를 기반으로 한다. 킬로바이트는 1,000을 의미하는 킬로(Kilo)라는 접두사를 사용하여 10^3 바이트이고, 키비바이트는 2^{10}=1024 바이트이다. 두 단위 모두 약어 KB를 사용하면서 용량 표기에 혼란이 야기되었다. 이를 해결하기 위해 국제단위계(International System of Units; SI)의 10진 접두어와 국제전기기술위원회(International Electrotechnical Commission; IEC)의 2진 접두어를 이용하게 되었다.

<표 2-1> SI 접두어와 IEC 접두어 차이

SI 접두어		IEC 표준 접두어	
KB(킬로바이트)	$1000^1 = 10^3$	KiB(킬비바이트)	2^{10}
MB(메가바이트)	$1000^2 = 10^6$	MiB(메비바이트)	2^{20}
GB(기가바이트)	$1000^3 = 10^9$	GiB(기비바이트)	2^{30}
TB(테라바이트)	$1000^4 = 10^{12}$	TiB(테비바이트)	2^{40}
PB(페타바이트)	$1000^5 = 10^{15}$	PiB(페비바이트)	2^{50}
EB(엑사바이트)	$1000^6 = 10^{18}$	EiB(엑스비바이트)	2^{60}
ZB(제타바이트)	$1000^7 = 10^{21}$	ZiB(제비바이트)	2^{70}
YB(요타바이트)	$1000^8 = 10^{24}$	YiB(요비바이트)	2^{80}

<표 2-1>은 10진 접두어와 2진 접두어를 비교하여 나타낸 것이다. 참고로, SSD나 USB와 같은 저장장치 외부에 표기된 용량은 기비바이트 단위가 아닌 기가바이트 단위를 사용한다. 그런데 일부 운영체제에서는 관습적으로 10진 접두어로 표기는 하되, 계산은 IEC의 2진 방식을 채택하는 경우가 있다. 예로 Windows 운영체제의 경우 GiB를 GB로 표현하고 있어, <그림 2-3>과 같은 SSD가 시스템에 장착되면 Windows는 용량을 238.42GB로 표기한다.[14]

(2) 논리적 단위

논리적인 단위로는 필드(Field), 레코드(Record), 블록(Block), 파일(File),

---

[14] 디지털 포렌식 분석 프로그램에서도 용량의 단위를 혼용하고 있어, 각별한 주의가 필요하다.

〈그림 2-3〉 SSD 뒷면에 표시된 용량 관련 안내문

데이터베이스(Database)가 있다. 사용자가 일반적으로 가장 흔하게 접하는 논리적 단위는 파일이다.

　필드는 여러 개의 바이트가 모여 이루어진 것으로 의미있는 정보를 표현하는 최소 단위를 의미한다. 레코드는 하나 이상의 관련된 필드가 모인 컴퓨터 내부의 자료 처리 단위이다. 블록은 하나 이상의 레코드가 모여 구성되고 각종 저장 매체에 데이터가 입·출력될 때의 기본 단위이다.[15] 파일은 응용 프로그램의 처리 단위로 레코드나 블록 등의 묶음에 해당한다. 데이터베이스는 논리적으로 연관된 레코드나 파일의 모임을 의미한다.

---

15 저장 매체에 데이터를 읽고 쓰는 물리적 단위로 섹터(Sector)를 사용하고 논리적 단위로는 클러스터(Cluster)를 사용한다. 블록은 논리적 단위인 클러스터(Cluster)에 대응된다. 이에 대한 자세한 내용은 3장 5절에서 설명한다.

3. 주소 체계

저장 매체들은 디지털 데이터를 효율적으로 저장하고 읽기 위해 주소(Address)라는 개념을 활용한다. 비트 단위로 공간을 구별한다고 가정한다면 하나의 공간에는 0 또는 1을 저장할 수 있게 된다. 도식적으로는 〈그림 2-4〉와 같이 표현할 수 있다. 주의할 점은 주소가 1번부터 시작하지 않고 0번부터 시작한다는 점이다. 데이터를 읽거나 저장할 때에는 주소와 크기가 모두 필요하다. 이 때, 크기의 단위도 주소와 동일한 단위를 사용한다. 예시로 〈그림 2-4〉와 같이 데이터가 저장되어 있는 저장매체에 '0번지에서 3만큼의 데이터를 읽어라'라고 명령하면 '011'을 얻을 수 있다.

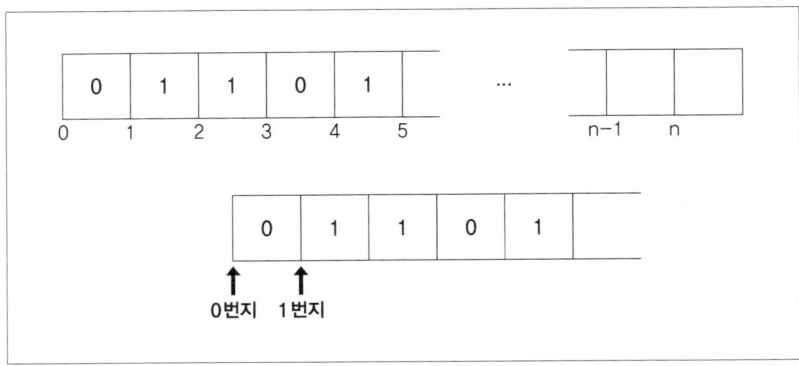

〈그림 2-4〉 비트 단위 주소 체계[16]

---

[16] 참고로 디지털 포렌식 분야에서는 그림과 같이 논리적으로 해석된 디지털 데이터들의 모음을 직사각형으로 나타내고, 주소를 표시함으로써 전체 구조를 시각화하는 방법을 사용한다.

주소의 단위가 달라진다면, 다시 말해 주소 체계가 달라진다면 데이터를 저장하고 읽어오는 단위도 마찬가지로 변경된다. 예로 〈그림 2-5〉와 같이 바이트 단위로 주소가 부여되는 경우, 데이터를 읽거나 쓸 때 바이트 단위로 처리된다. 앞선 예시와 동일하게 '0번지에서 3만큼의 데이터를 읽어라'라고 명령한다면 '101'이 아닌 '10101110 00101110 10110101'을 출력한다. 이와 같은 주소체계에서는 최소 단위가 바이트이므로 '0번지에서 3비트 만큼의 데이터를 읽어라'와 같은 명령은 원천적으로 불가능하다.

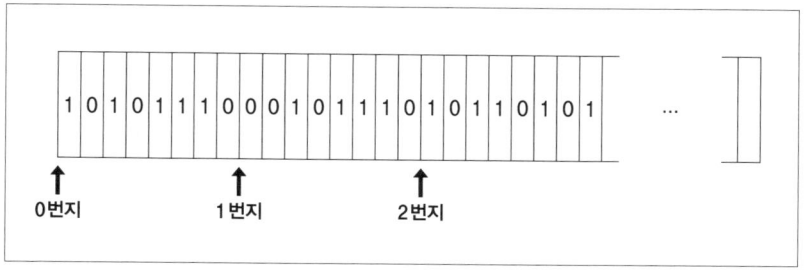

〈그림 2-5〉 바이트 단위 주소 체계

컴퓨터 내에서는 기본적으로 주소 관리 단위를 비트가 아닌 바이트 단위로 관리하기 때문에 주소를 지정하거나 읽어올 크기를 지정할 때에도 바이트 단위를 사용한다. 주소는 저장 공간에서의 실제 주소를 나타내는 절대 주소와 특정한 기준으로부터 얼마만큼 떨어져 있는지를 표현하는 상대 주소 개념이 있다. 이 때, 상대 주소를 나타내는 용어로 오프셋(offset)을 사용한다.

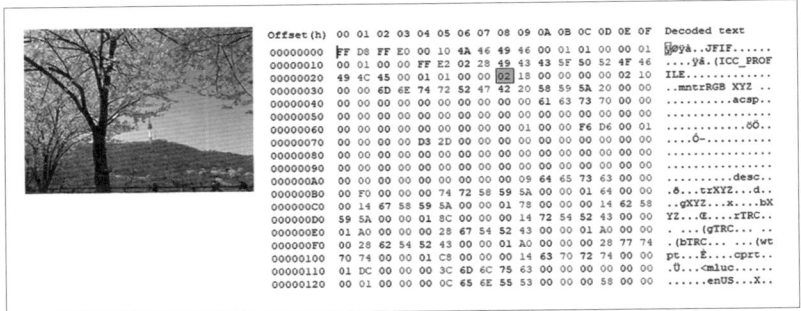

〈그림 2-6〉 사진 파일 내부의 디지털 데이터를 헥스 에디터로 확인하는 화면

실제로 헥스 에디터(Hex editor)[17]라고 불리는 프로그램으로 파일 내부를 확인해보면 〈그림 2-6〉과 같은 화면을 볼 수 있다. 해당 그림을 보게 되면 네모 박스로 표기된 데이터 하나가 바이트 단위로 이루어져 있는 것과 화면 좌측과 상단에 오프셋이 표시된 것을 볼 수 있다. 그림 예시에서 표시된 데이터의 오프셋은 0x28[18]으로 이는 파일 내의 상대 주소를 의미하며 저장 매체에 저장되어 있는 절대 주소를 나타내는 것은 아니다.

4. 디지털 데이터 저장 순서

디지털 데이터는 바이트가 어떤 순서로 저장되는 지에 따라 빅 엔디언(Big-endian과 리틀 엔디언(Little-endian)으로 나뉜다. 여기서 엔디언이란

---

17 헥사 에디터 혹은 바이너리 에디터로 불리기도 한다. 헥스 에디터는 특정 프로그램의 명칭이 아닌, 파일의 내부를 바이트 단위로 표시할 수 있는 특수 유형의 편집기를 통칭한다. 헥스 에디터 프로그램으로는 HxD, 010 editor, WinHex 등이 있다.
18 숫자 앞에 붙는 '0x'는 뒤이어 나오는 숫자가 16진수임을 나타내기 위해 사용한다.

컴퓨터의 메모리와 같은 1차원 공간에 여러 개의 바이트를 컴퓨터가 정렬하는 방법을 나타내는 것으로 바이트 저장 순서라고도 불린다.

먼저 빅 엔디언은 바이트 열의 최상위 바이트부터 저장하는 방식이다. 평소에 우리가 숫자를 사용하는 방식과 같아 사람이 이해하기 쉽다는 장점이 있으며 네트워크 분야에서 많이 쓰여 네트워크 바이트 순서라고도 불린다. 리틀 엔디언은 반대로 최하위 바이트부터 저장하는 방법으로 프로세서 아키텍쳐에서 많이 쓰이며 특히 인텔(Intel) 프로세서에서 채택하고 있는 데이터 저장 방식이다. 〈그림 2-7〉과 〈그림 2-8〉은 각각 0x0aA0B0C0D 값을 빅 엔디언과 리틀 엔디언 방식을 사용하여 저장하는 과정을 그림으로 나타낸 것이다. 해당 그림을 보면 빅 엔디언의 경우 최상위 바이트인 0x0A부터, 리틀 엔디언의 경우 최하위 바이

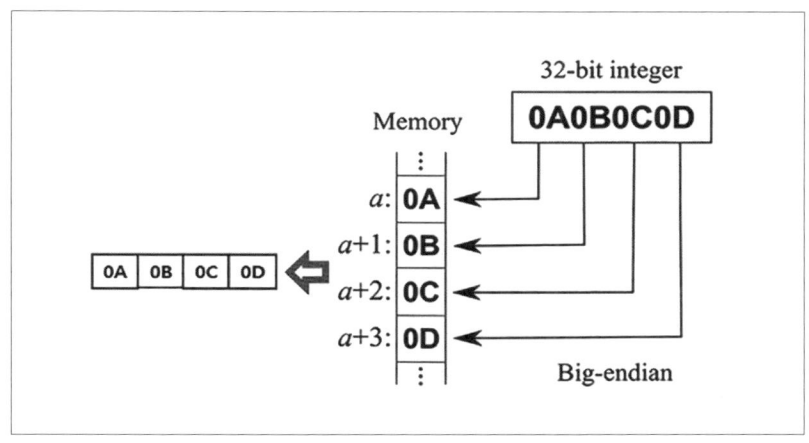

〈그림 2-7〉 빅 엔디언(Big-endian)의 데이터 저장 방식[19]

---

[19] https://en.wikipedia.org/wiki/Endianness 그림 수정하여 제작

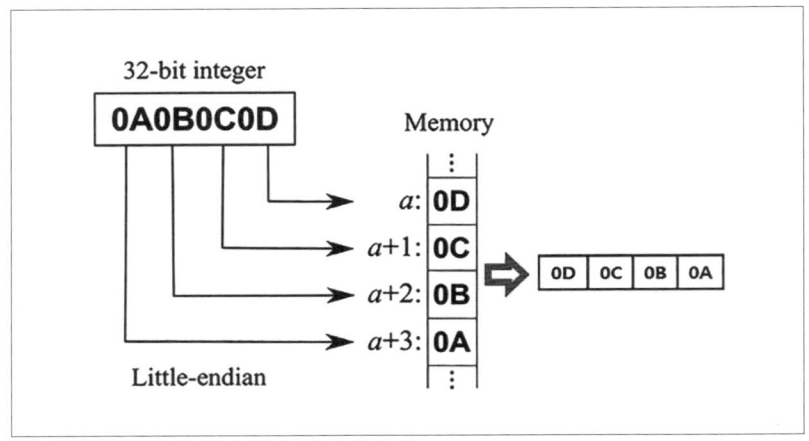

〈그림 2-8〉 리틀 엔디언(Little-endian)의 데이터 저장 방식[20]

트인 0x0D부터 저장하는 것을 확인할 수 있다.

5. 디지털 데이터 표현

(1) 수 체계

디지털 수 체계란 컴퓨터 또는 디지털 시스템에서 수를 저장하거나 표현하기 위한 방법 및 체계이다. 디지털 데이터는 비트로 구성이 되며, 이러한 비트를 나열해 놓은 비트열로 구성된다. 비트는 0과 1을 이용하여 수를 표현할 수 있어 2진법에 해당한다. 우리가 실생활에 사용하는 수 체계는 10진법(decimal)이므로 디지털 데이터가 기본적으로 사

---

20 https://en.wikipedia.org/wiki/Endianness 그림 수정하여 제작

용하는 2진법 체계와는 다르다.

2진법에서의 최소 단위는 0과 1로만 나타낼 수 있어 간단하나, 수를 표현함에 있어 많은 자릿수가 필요하고 가독성이 떨어진다는 단점이 있다. 이에 2의 세제곱인 8진수나 네제곱인 16진수로 변환하곤 한다. 8진법(octal)은 0에서 7까지의 숫자로 수를 표현하는 방법으로 2진수 세 자리씩 묶어 표현할 수 있다. 16진법(hexadecimal)은 0부터 9까지의 숫자와 A부터 F[21]까지의 문자로 수를 표현하고, 2진수 네 자리씩 묶어 표현할 수 있다.

디지털 데이터를 해석할 때에는 16진법을 활용하는 경우가 많은데, 그 이유는 2진법에 비해 상대적으로 간결하게 나타낼 수 있기 때문이다. 또 2진수 여덟자리를 16진수에서는 두 자리로 나타낼 수 있는데, 이는 8비트, 즉 1바이트에 해당한다. 3절 주소 체계에서 살펴본 바와 같이 컴퓨터 주소체계의 최소 단위는 바이트이므로 디지털 데이터를 확인하거나 분석할 때에는 2진법보다는 16진법을 활용하면 보다 직관적이고 가독성있게 표현할 수 있다.

〈표 2-2〉는 진법별 표기 방식을 나타낸 것이다. 16진수의 경우 10진수와 구분하기 위해 '0x'를 16진수 앞에 붙여 사용한다. 혹은 숫자 뒤에 h를 붙이기도 하나(ex. 11h) 일반적으로 '0x' 표기를 활용한다.

---

21 10진수 체계에서의 10부터 15까지를 한 자리의 수로 표현하기 위해 알파벳을 사용한다.

〈표 2-2〉 진법별 표기 방식

10진수	2진수	16진수	10진수	2진수	16진수
0	0000	0×0	16	00010000	0×10
1	0001	0×1	17	00010001	0×11
2	0010	0×2	18	00010010	0×12
3	0011	0×3	19	00010011	0×13
4	0100	0×4	20	00010100	0×14
5	0101	0×5	21	00010101	0×15
6	0110	0×6	22	00010110	0×16
7	0111	0×7	23	00010111	0×17
8	1000	0×8	24	00011000	0×18
9	1001	0×9	25	00011001	0×19
10	1010	0×A	26	00011010	0×1A
11	1011	0×B	27	00011011	0×1B
12	1100	0×C	28	00011100	0×1C
13	1101	0×D	29	00011101	0×1D
14	1110	0×E	30	00011110	0×1E
15	1111	0×F	31	00011111	0×1F

(2) 시간

시간 정보를 디지털 형태로 저장할 때에는 우리가 실생활에서 사용하는 날짜 표기 방식, 예로 '2022년 12월 31일 12시 12분 12초'와 같은 형태로 저장하는 경우는 매우 드물다. 대부분 특정 시점을 기준으로 얼마만큼의 시간이 흘렀는지를 디지털 데이터로 저장해 놓고 컴퓨터가 이를 계산하여 출력하는 형식을 사용한다. 사람의 입장에서는 년월일시분초를 그대로 메모리에 저장해놓는 것이 가독성 있고 편리해 보이지만, 컴퓨터의 입장에서는 불필요한 메모리 사용에 해당된다. 또한, 컴퓨터 입장에서는 특정 시점으로부터 지난 시간을 계산하여 날짜를 구하는 연산은 전혀 부하가 아니므로 오히려 효율적인 방법에 해당된다.

시간 정보를 표현하는 방식으로는 MS-DOS Date/Time, Windows FILETIME, Unix Time, Webkit/Chrome Time 등이 있다. 운영체제나 애플리케이션들이 각기 다른 시간 정보 저장 방식을 사용하므로 디지털 데이터로부터 올바르게 시간으로 변환하려면 시간 정보 저장 방식에 대한 사전 지식이 필요하다.

1) 시간 기준

시간 표현 방식을 설명하기에 앞서 시간 기준이 되는 UTC와 GMT에 대해 설명한다.

UTC는 협정 세계시로 Coordinated Universal Time의 머리 글자를 조합한 것이다. 1972년 1월 1일부터 국제 표준시로 사용되고 있다.

GMT는 Greenwich Mean Time의 줄임말로 그리니치 평균시라 부른다. UTC와 함께 국제 표준시에 해당하고 1970년 1월 1일을 기점으로 그리니치 천문대에서 관측한 시간이 기준이 된다. GMT와 UTC 모두 국제 표준시를 의미하는 것으로 통용되고 있다.

다만, 일반적으로 시간대를 표현할 때에는 UTC를 사용한다. 예로 우리나라의 시간대는 협정세계시보다 9시간 빠른데, 이를 UTC+9:00으로 표현한다.

시간을 디지털 데이터로 저장할 때에 일반적으로 UTC+0 시간대를 사용한다. 예로 대한민국 시간대를 사용하는 컴퓨터에서 '2022년 12월

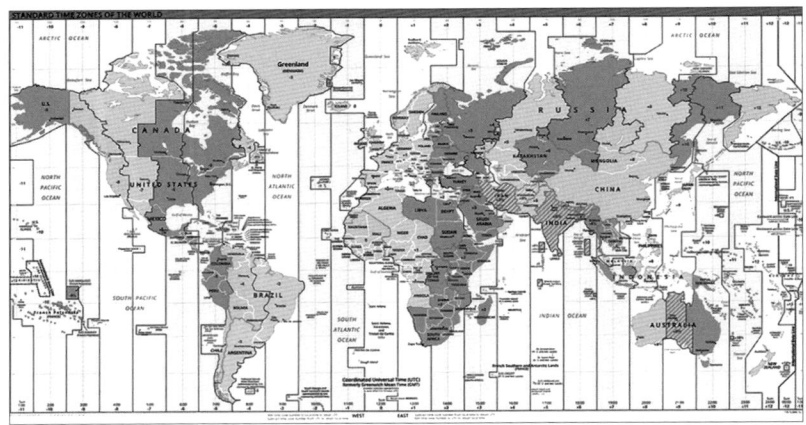

〈그림 2-9〉 World Time Zones Map

31일 15시 30분'을 기록할 때 컴퓨터 내부에는 9시간 이전인 '2022년 12월 31일 6시 30분'이 저장된다. 컴퓨터가 설정한 시간대에 맞게 내부에 저장된 시간 데이터가 변환되어 표시되는 것이다. 다만 몇몇 디지털 기기나 애플리케이션에서는 시간대가 계산된 값이 저장되기도 하므로 디지털 포렌식 조사 시 유의해야 한다.

2) MS-DOS Date/Time

과거 Microsoft가 개발한 초창기 운영체제인 MS-DOS에서 사용했던 시간 표현 방식으로 현대에도 일부 USB나 CCTV, 블랙박스에서 사용하고 있다. MS-DOS Date/Time 방식에서는 1980년 1월 1일 0시 0분 0초를 기준으로 지나간 날짜와 시간을 저장한다. 날짜와 시간 각각 2바이트씩 활용하므로 총 4바이트를 사용한다.

〈그림 2-10〉은 MS-DOS Date/Time 방식에서의 각 비트가 나타

내는 값을 도식적으로 나타낸 것이다. 예로 연도는 총 7비트를 사용하는데, 0부터 2^7-1, 즉 10진수로 127까지 나타낼 수 있다. 만약 그림의 Y 값이 모두 0이라면 1980년을 나타내는 것이고 모두 1이라면 1980+127=2107년을 나타내는 것이다. 이와 같은 방식으로 월은 1~12, 날짜는 1~31, 시간은 0~23, 분은 0~59를 나타낼 수 있다. 다만, 초(Second)의 경우 총 다섯 비트를 사용하므로 최대 모든 비트가 1로 채워지더라도 2^5-1, 즉 31까지만 표현할 수 있다. 이러한 문제를 해결하기 위해 MS-DOS Date/Time 방식에서는 2초 단위로 시간을 저장한다. 따라서 MS-DOS Date/Time 방식으로 나타낼 수 있는 시간의 범위는 1980년 1월 1일 0시 0분 0초부터 2107년 12월 31일 23시 59분 58초이다.

날짜													
Year								Month				Day	
Y	Y	Y	Y	Y	Y	Y	M	M	M	M	D	D	D	D	D

시간											
Hour				Minute						Second				
H	H	H	H	M	M	M	M	M	M	S	S	S	S	S

〈그림 2-10〉 DOS Date/Time 형식

3) Windows FILETIME

Microsoft는 2초 단위로 시간을 표현하고 날짜 표현 범위가 작다는 DOS Date/Time 방식의 단점을 극복하기 위해 FILETIME 방식을 고안하였다. DOS Date/Time에서는 총 4바이트를 활용하는 반면 FILETIME에서는 8바이트를 사용한다.

FILETIME은 1601년 1월 1일 0시 0분 0초를 기준으로 지나간 날짜와 시간을 기록한다. 시간의 경우 100나노초(nanosecond, 10억분의 1초) 간격으로 기록하여 정교한 시간을 기록할 수 있다. FILETIME으로는 최대 60056년 3월 28일 14시 36분 10초까지 표현할 수 있다.

4) Unix time

Unix time은 유닉스 계열의 운영체제에서 사용하는 시간 표시 방식이다. 1970년 1월 1일 0시 0분 0초로부터 현재까지의 시간을 초(second)로 계산한다. 초는 컴퓨터 시스템에서 정수 형태로 저장한다.

32비트 시스템에서 표시할 수 있는 최대의 정수[22]는 2,147,483,647으로 이 값을 기준 시점에 더하면 2038년 1월 19일 3시 14분 7초가 된다. 2038년까지만 사용할 수 있다는 한계를 극복하는 방안으로 32비트 전체를 부호가 없는 정수를 사용하는 방안이 있다. 이럴 경우에도 2106년 2월 5일 21시 28분 15초까지 밖에 표현할 수 없고, 또 1970년 1월 1일 이전의 시간은 표현할 수 없다는 단점이 있다. 반면, 64비트 시스템에서의 표시할 수 있는 최대의 정수는 9,223,372,036,854,775,807이고 부호가 없을 경우에는 18,446,744,073,709,551,615으로 최대 292277026596년 12월 4일 15시 30분 8초까지 표현할 수 있다.

5) Webkit/Chrome Time

Webkit은 웹 브라우저를 만드는 데 기반을 제공하는 오픈소스 엔진

---

22 32비트 중 1비트는 부호(±)를 나타내는 데 사용하므로 최대의 정수는 $2^{31}-1=2,147,483,647$이다.

인데, 여기에서 사용하는 시간 표현 방식을 Webkit/Chrome Time이라고 한다. Safari나 Chrome과 같은 웹 브라우저들이 사용하고 있다. 1601년 1월 1일 0시 0분 0초를 기준으로 마이크로초(microsecond, 100만분의 1초) 단위로 시간을 기록한다.

(3) 문자 인코딩

사용자는 컴퓨터를 통해 문자를 입력하고 저장하며 처리한다. 컴퓨터는 사용자가 입력한 문자나 기호들을 컴퓨터가 이해할 수 있도록 일정한 규칙에 따라 디지털 데이터로 변환하여 저장하는데, 이를 '문자 인코딩(Character Encoding)'이라 부른다. 인코딩되어 컴퓨터에 저장된 데이터는 다시 사람이 볼 수 있게 일정한 규칙에 따라 해석하는 과정이 필요한데, 이를 '디코딩(Decoding)'이라고 한다. 여기서 일정한 규칙은 문자와 숫자가 서로 매핑되어있는 표로 나타날 수 있는데 이를 '문자셋(Character Set)' 이라 부른다.

1) ASCII

아스키(American Standard Code for Information Interchange)는 영문 알파벳을 사용하는 대표적인 문자 인코딩이다. 아스키 코드[23]라고 부르기도 한다. 7비트로 하나의 문자를 표현하여, 33개의 출력 불가능한 제어 문자들과 공백을 비롯한 95개의 출력 가능한 문자들이 포함된다. 그러나

---

23 ASCII에 코드(code)가 포함되어 있으므로 아스키 코드라는 말은 엄밀히 따지자면 어폐가 있으나 관행적으로 사용하고 있다.

<표 2-3> 아스키 코드표(ASCII Table)

10진수	16진수	문자	10진수	16진수	문자	10진수	16진수	문자	10진수	16진수	문자
0	0x00	NUL	32	0x20	Space	64	0x40	@	96	0x60	`
1	0x01	SOH	33	0x21	!	65	0x41	A	97	0x61	a
2	0x02	STX	34	0x22	"	66	0x42	B	98	0x62	b
3	0x03	ETX	35	0x23	#	67	0x43	C	99	0x63	c
4	0x04	EOT	36	0x24	$	68	0x44	D	100	0x64	d
5	0x05	ENQ	37	0x25	%	69	0x45	E	101	0x65	e
6	0x06	ACK	38	0x26	&	70	0x46	F	102	0x66	f
7	0x07	BEL	39	0x27	'	71	0x47	G	103	0x67	g
8	0x08	BS	40	0x28	(	72	0x48	H	104	0x68	h
9	0x09	TAB	41	0x29	)	73	0x49	I	105	0x69	i
10	0x0A	LF	42	0x2A	*	74	0x4A	J	106	0x6A	j
11	0x0B	VT	43	0x2B	+	75	0x4B	K	107	0x6B	k
12	0x0C	FF	44	0x2C	,	76	0x4C	L	108	0x6C	l
13	0x0D	CR	45	0x2D	-	77	0x4D	M	109	0x6D	m
14	0x0E	SO	46	0x2E	.	78	0x4E	N	110	0x6E	n
15	0x0F	SI	47	0x2F	/	79	0x4F	O	111	0x6F	o
16	0x10	DLE	48	0x30	0	80	0x50	P	112	0x70	p
17	0x11	DC1	49	0x31	1	81	0x51	Q	113	0x71	q
18	0x12	DC2	50	0x32	2	82	0x52	R	114	0x72	r
19	0x13	DC3	51	0x33	3	83	0x53	S	115	0x73	s
20	0x14	DC4	52	0x34	4	84	0x54	T	116	0x74	t
21	0x15	NAK	53	0x35	5	85	0x55	U	117	0x75	u
22	0x16	SYN	54	0x36	6	86	0x56	V	118	0x76	v
23	0x17	ETB	55	0x37	7	87	0x57	W	119	0x77	w
24	0x18	CAN	56	0x38	8	88	0x58	X	120	0x78	x
25	0x19	EM	57	0x39	9	89	0x59	Y	121	0x79	y
26	0x1A	SUB	58	0x3A	:	90	0x5A	Z	122	0x7A	z
27	0x1B	ESC	59	0x3B	;	91	0x5B	[	123	0x7B	{
28	0x1C	FS	60	0x3C	<	92	0x5C	₩	124	0x7C	|
29	0x1D	GS	61	0x3D	=	93	0x5D	]	125	0x7D	}
30	0x1E	RS	62	0x3E	>	94	0x5E	^	126	0x7E	~
31	0x1F	US	63	0x3F	?	95	0x5F	_	127	0x7F	DEL

■ 제어 문자　■ 공백 문자　■ 구두점　■ 숫자　■ 알파벳

영어에만 한정된 인코딩 방식이기 때문에 한국어, 일본어, 중국어와 같은 문자들은 표현할 수 없는 단점이 있다.

2) ANSI

ANSI는 본래 미국 국립표준협회(American National Standard Institute)의

약자로 미국의 산업 표준을 제정하는 단체를 의미한다.[24] 아스키만으로는 영어 이외의 다른 언어를 표현하기가 어려워 7비트에서 8비트로 확장한 아스키 코드를 개발하였는데 이를 관행적으로 ANSI라 부르고 있다. 대표적 운영체제인 Windows의 기본 애플리케이션인 메모장에서 저장 옵션으로 인코딩을 선택할 수 있는데 여기에서도 ANSI라는 용어를 사용하고 있다.

ANSI는 8비트를 사용하므로 총 256개의 숫자, 문자 등을 지정할 수 있는데, 0부터 127까지는 아스키와 동일하며 나머지를 영어 이외의 언어를 나타내기 위해 사용한다. 128개만으로는 다른 언어를 모두 표현할 수 없으므로 언어별로 코드 페이지(Code page)를 사용한다. 한글과 관련있는 코드 페이지로는 EUC-KR과 CP949가 있다.

- **EUC-KR(Extended Unix Code-Korea)**
  - 한글 지원을 위해 유닉스 계열에서 등장한 완성형 인코딩 방식으로 2바이트(16비트)로 하나의 문자를 표현한다. '완성형'이란 완성된 각 문자에 코드를 부여하는 방식을 의미하며, '조합형'은 문자를 이루는 각 요소인 초성, 중성, 종성에 코드를 부여하는 방식을 의미한다. 이러한 이유로 'Wansung Code'라고 불리기도 한다.
- **CP949(Code Page 949)**
  - 한글 2,350자만 지원하는 EUC-KR을 확장하여 추가로 8,000여 자의 한글에 대한 인코딩을 지원하는 완성형 코드이다. Microsoft에서 개발했기 때문에 MS949 혹은 Windows-949라고도 불린다.

---

[24] 참고로 ANSI가 제정한 대표적인 표준이 앞서 살펴본 ASCII이다.

〈표 2-4〉 EUC-KR 코드표 일부분

	0	1	2	3	4	5	6	7	8	9	A	B	C	D	E	F
b0d0	겇	겉	겊	겋	게	겐	겔	겜	겝	겟	겠	겡	겨	격	겪	견
b0e0	겯	결	겸	겹	겻	겼	경	곁	계	곈	곌	곕	곗	고	곡	곤
b0f0	곧	골	곪	곬	곯	곰	곱	곳	공	곶	과	곽	관	괄	괆	
b1a0		괌	괍	괏	광	괘	괜	괠	괩	괬	괭	괴	괵	괸	괼	굄
b1b0	굅	굇	굉	교	굔	굘	굡	굣	구	국	군	굳	굴	굵	굶	굻
b1c0	굼	굽	굿	궁	궂	궈	궉	권	궐	궜	궝	궤	궷	귀	귁	귄
b1d0	귈	귐	귑	귓	규	균	귤	그	극	근	귿	글	긁	금	급	긋
b1e0	긍	긔	기	긱	긴	긷	길	깂	김	깁	깃	깅	깆	깊	까	깍
b1f0	깎	깐	깔	깖	깜	깝	깟	깠	깡	깥	깨	깩	깬	깰	깸	
b2a0		깹	깻	깼	깽	꺄	꺅	꺌	꺼	꺽	꺾	껀	껄	껌	껍	껏
b2b0	껐	껑	께	껙	껜	껨	껫	껭	껴	껸	껼	꼇	꼈	꼍	꼐	꼬
b2c0	꼭	꼰	꼲	꼴	꼼	꼽	꼿	꽁	꽂	꽃	꽈	꽉	꽐	꽜	꽝	꽤
b2d0	꽥	꽹	꾀	꾄	꾈	꾐	꾑	꾕	꾜	꾸	꾹	꾼	꿀	꿇	꿈	꿉
b2e0	꿋	꿍	꿎	꿔	꿜	꿨	꿩	꿰	꿱	꿴	꿸	뀀	뀁	뀄	뀌	뀐
b2f0	뀔	뀜	뀝	뀨	끄	끅	끈	끊	끌	끎	끓	끔	끕	끗	끙	
b3a0		끝	끼	끽	낀	낄	낌	낍	낏	낑	나	낙	낚	난	낟	날
b3b0	낡	낢	남	납	낫	났	낭	낮	낯	낱	낲	내	낵	낸	낼	냄
b3c0	냅	냇	냈	냉	냐	냑	냔	냘	냠	냥	너	넉	넋	넌	널	넒
b3d0	넓	넘	넙	넛	넜	넝	넣	네	넥	넨	넬	넴	넵	넷	넸	넹
b3e0	녀	녁	년	녈	념	녑	녔	녕	녘	녜	녠	노	녹	논	놀	놂

현재는 Windows에서 기본 문자 인코딩 방식으로 유니코드가 적용되어 있지만, 명령 프롬프트가 사용하는 기본 인코딩은 CP949를

사용하고 있다. 이러한 이유로 간혹 유니코드로 인코딩된 한글을 명령 프롬프트에 출력 시 한글이 깨져서 표현되는 현상이 나오곤 한다.

ANSI는 코드 페이지를 활용함으로써 다양한 언어를 작성할 수 있게 되었으나, 사용하는 코드 페이지에서 다루지 않는 언어는 올바르게 디코딩이 안된다는 단점이 있다. 예로 일본어는 CP932, 중국어 간체는 CP936을 사용하는데, CP949를 기준으로 인코딩된 문자를 CP932나 CP936을 사용하는 컴퓨터에서 디코딩할 경우 엉뚱한 결과를 얻게 된다.

3) 유니코드

유니코드(Unicode)란 언어 별로 독립적인 코드 페이지를 사용하는 ANSI의 한계점을 극복하기 위해 제정된 국제 표준 문자표이다. 유니코드는 최대 21비트에 전세계의 모든 문자를 포함한다. 0x0000부터 0xFFFF까지 즉, $65,536(=2^{16})$개의 문자를 배정해놓은 17개의 세트를 사용한다. 이러한 세트를 평면(plane)이라고 한다. 17개의 평면 중 현대에 사용되는 문자들은 대부분 첫 번째 평면, 즉 0번 평면에 들어가 있는데, 이 평면을 기본 다국어 평면(Basic multilingual plane; BMP)이라고 한다.

유니코드를 표시할 때에는 'U+'라는 기호 다음에 평면 숫자를 표시한 후, 문자에 해당하는 값을 표기한다. 단, 0번 평면의 경우 평면 숫자 표기를 생략한다. 예로, 한글 '가'는 0번 평면의 0xAC00에 해당하므로 (표2-5 참조) 별도의 평면 숫자 표기 없이 U+AC00으로 표기한다.

유니코드는 방대한 문자들을 포함하고 있고 평면을 표시하는 추가 바이트가 필요해 용량이 크다는 단점이 있다. 이러한 문제들을 해결하

〈표 2-5〉 유니코드 한글 문자 목록의 일부분

U+	0	1	2	3	4	5	6	7	8	9	A	B	C	D	E	F
AC00	가	각	갂	갃	간	갅	갆	갇	갈	갉	갊	갋	갌	갍	갎	갏
AC10	감	갑	값	갓	갔	강	갖	갗	갘	같	갚	갛	개	객	갞	갟
AC20	갠	갡	갢	갣	갤	갥	갦	갧	갨	갩	갪	갫	갬	갭	갮	갯
AC30	갰	갱	갲	갳	갴	갵	갶	갷	갸	갹	갺	갻	갼	갽	갾	갿
AC40	걀	걁	걂	걃	걄	걅	걆	걇	걈	걉	걊	걋	걌	걍	걎	걏
AC50	걐	걑	걒	걓	개	객	걖	걗	걘	걙	걚	걛	걜	걝	걞	걟
AC60	걠	걡	걢	걣	걤	걥	걦	걧	걨	걩	걪	걫	걬	걭	걮	걯

기 위해 UCS-2, UCS-4, UTF-8, UTF-16, UTF-32 등 다양한 인코딩 방식이 제시되었다. 이 중 UTF-N(Unicode Transformation Format - N bit) 방식들의 특징을 살펴본다.

- **UTF-32**
  - UTF-32는 한 글자당 32비트를 사용하는 인코딩이다. 앞의 2바이트는 평면 번호를, 뒤의 2바이트는 해당 평면의 어떤 문자인지를 나타낸다. 모든 글자를 4바이트의 고정 크기로 나타낸다는 장점이 있으나 용량 낭비가 커 현재는 거의 사용되지 않는다.
- **UTF-16**
  - UTF-16은 UTF-32의 단점을 해결하기 위한 가변 길이 인코딩 기법이다. 기본 다국어 평면을 사용할 경우에는 2바이트, 그 외의 문자는 4바이트를 사용하여 문자를 표현한다. 용량 낭비 문제를 어느 정도 해결하였으나 기존 아스키와 호환되지 않는다는 단점이 있다.

- **UTF-8**[25]
  - UTF-8은 문자에 따라 1바이트에서 4바이트를 사용하는 가변 길이 인코딩 기법이다. UTF-16과 다르게 아스키와 호환이 가능하다. 아스키에서 사용되는 문자를 사용할 경우에는 1바이트만 사용하고 기본 다국어 평면의 문자들은 2바이트 혹은 3바이트를 사용한다. 따라서 UTF-16보다 1바이트를 더 사용하는 경우가 발생하긴 하지만 아스키와 완벽하게 호환이 되므로 가장 널리 사용되는 인코딩 방식이다.

(4) 데이터 인코딩

데이터 인코딩은 바이너리,[26] 숫자, 문자, 시간 등 데이터를 정해진 규칙에 따라 특수한 형태의 데이터로 변환하는 것이다. 정보의 형태 표준화, 보안, 저장 공간 절약 등을 목적으로 활용한다.

1) Base64

Base64는 바이너리 데이터를 아스키 영역의 문자로 구성된 텍스트로 바꾸는 인코딩 방식이다. 따라서, 인코딩된 문자열은 알파벳 대문자(A-Z), 소문자(a-z), 숫자(0-9), 특수문자(+, /)로 구성되어 있으며 옵션으로 패딩(padding) 기호 '='을 사용한다. 패딩이란 일정한 크기를 맞추기 위해 빈 부분을 채워주는 것을 의미한다.

---

25 UTF-8 인코딩 방식에서는 한글도 3바이트를 사용한다.
26 0과 1로 구성된 데이터 형식을 지칭한다.

Base64 인코딩은 먼저 입력 데이터를 24비트만큼 읽어들인 뒤, 6비트 단위로 잘라 Base64 테이블의 문자로 변환하는 과정을 거친다. 디코딩은 이 과정을 역으로 수행한다.

예로 〈그림 2-11〉의 아스키로 인코딩된 'cat'이라는 단어를 Base64로 인코딩해보겠다. cat에 해당하는 아스키와 바이너리를 구한 후, 6비트 단위로 자르고 이를 〈표 2-6〉의 Base64 색인표에 대응되는 문자로 변환한다. 만약, 입력 데이터가 6비트 단위로 나누어 떨어지지 않는다면 패딩값 '='을 붙여준다. 〈그림 2-11〉의 예시에서는 'cat'이 'Y2F0'로 변환됨을 알 수 있다.

Text	c	a	t
ASCII	99	97	116
Binary	0 1 1 0 0 0 1 1	0 1 1 0 0 0 0 1	0 1 1 1 0 1 0 0
Index	24	54	5	52
Base64-Encoded	Y	2	F	0

〈그림 2-11〉 Base64 변환 과정 예시

Base64로 인코딩을 하게되면 예시에서와 같이 데이터의 크기가 증가하게 된다. 또한 인코딩 및 디코딩을 위한 추가 연산까지 필요하게 된다. 이러한 단점에도 불구하고 Base64는 현재에도 많이 사용되고 있는데, 그 이유로는 안전성이 있다. 예로 Email과 같이 문자 전송을 위해 만들어진 시스템에서는 바이너리 데이터를 주고 받을 방법이 마땅하지 않는데, Base64를 사용하면 문자로 변환할 수 있어 송수신이 가능하게 된다.

〈표 2-6〉 Base64 색인표

값	문자	값	문자	값	문자	값	문자
0	A	16	Q	32	g	48	w
1	B	17	R	33	h	49	x
2	C	18	S	34	i	50	y
3	D	19	T	35	j	51	z
4	E	20	U	36	k	52	0
5	F	21	V	37	l	53	1
6	G	22	W	38	m	54	2
7	H	23	X	39	n	55	3
8	I	24	Y	40	o	56	4
9	J	25	Z	41	p	57	5
10	K	26	a	42	q	58	6
11	L	27	b	43	r	59	7
12	M	28	c	44	s	60	8
13	N	29	d	45	t	61	9
14	O	30	e	46	u	62	+
15	P	31	f	47	v	63	/

2) 퍼센트 인코딩

퍼센트 인코딩(Percent encoding)은 URL에 문자를 표현하는 문자 인코딩 방식이다. URL 인코딩이라고도 불린다. URL에 사용할 수 없는 문자(특수문자, 한글 등) 혹은 URL로 사용할 수 있지만 의미가 왜곡될 수 있는 문자들을 '%XX'의 형태로 변환하는 인코딩 방식이다. 여기에서 XX는 16진수 값이다.

URL 인코딩이 필요한 이유는, 인터넷을 통해 문자를 전송할 때 아스키 인코딩 방식만이 가능하기 때문이다. 아스키 문자에 해당하지 않는 문자들은 인터넷을 통해 전송할 수 있는 형태로 변환해야 한다. 이런 경우 UTF-8로 문자들을 인코딩한 후에 각 바이트 값 앞에 %를 붙이는 방식을 사용한다.

또한, URL에서 용도가 정해져 있는 문자를 표현하기 위해서 사용한다. URL에서 '/'는 URL에서 각 레벨을 구분해 주며, '&'는 쿼리 파라미터들을 구분해주고, '='는 파라미터 값을 지정해 주는 역할을 한다. 만약 URL에 '/', '&', '=' 문자 그 자체를 추가하고 싶을 경우 별도의 변환 절차가 필요한데, 이 때에도 퍼센트 인코딩을 활용한다. 참고로 URL에서는 공백 문자가 허용되지 않으므로 이를 표현하는 방식으로 '%20' 혹은 '+'로 인코딩 한다.

〈그림 2-12〉는 한글에 대한 URL 인코딩의 예시이다. NAVER 검색창에 '디지털 포렌식'을 입력하였을 때의 URL을 나타낸 것이다. 그림에서 '디지털'과 '포렌식' 단어는 각각 UTF-8로 변환 후, '%'를 붙여 인코딩이 되었으며, 공백의 경우 '+'로 인코딩된 것을 확인할 수 있다.

검색 키워드 : 디지털 포렌식
https://search.naver.com/search.naver?where=nexearch&sm=top_hty&fbm=1&ie=utf8&**query=%EB%94%94%EC%A7%80%ED%84%B8+%ED%8F%AC%EB%A0%8C%EC%8B%9D**

〈그림 2-12〉 한글 URL 인코딩

(5) 압축

압축이란 데이터를 더 작은 저장 공간에 효율적으로 기록하기 위한 기술을 말한다. 일반적으로 반복되는 데이터를 간략히 기술하거나 불

필요한 정보를 삭제함으로써 데이터의 크기를 줄일 수 있다. 압축된 데이터 복원 시, 원본 데이터와 복원 데이터의 품질 차이에 따라 '무손실 압축'과 '손실 압축'으로 나뉜다.

무손실 압축은 압축된 상태에서도 원본 데이터와 동일한 형태를 유지하는 방식을 의미한다. 말 그대로 손실이 없다는 뜻으로 중복을 없애는 방식을 활용한다. 예로 AAAAAACCCCDDDJJJ라는 문자열이 있다면 각 문자가 나열되어 있는 숫자로 표현하여 A6C4D3J3으로 나타낼 수 있다. 이러한 방식을 런 렝스 부호화(Run-length encoding; RLE)라고 하며 이 외에도 Lempel-Ziv-Welch(LZW), Huffman Coding 방식 등이 있다. 손실이 반드시 없어야하는, 예로 여러 개의 문서 파일이나 프로그램들을 하나의 파일로 압축하는 경우에는 무손실 압축이 필수이다. 또한, 원본 이미지나 사운드를 온전히 보존하고 싶을 때에도 사용한다. 우리가 일상적으로 사용하는 파일들 중 확장자가 ZIP, 7z, PNG, BMP, WAV, FLAC 등에 해당하는 것들은 무손실 압축 방식에 의해 생성된 파일들이다.

손실 압축은 인간이 변화를 지각하기 어려운 수준에서 불필요하거나 중복되는 데이터를 삭제하여 파일의 크기를 줄이는 압축하는 방식이다. 따라서 손실 압축이 된 데이터는 원래의 데이터로 완전 복원하는 것이 불가능하다. 손실 압축 기법으로는 변환 코딩(Transform Coding), 이산 코사인 변환(Discrete Cosine Transform; DCT), 이산 웨이브릿 변환(Discrete Wavelet Transform, DWT) 등이 있다. 손실 압축 기법은 이미지나 오디오, 비디오에 주로 적용되는데, 특히 온라인 상에서 공유하기 위해 용량을 줄여야 하거나 굳이 초고화질의 영상이나 오디오가 필요하지 않는 기기에서 활용된다. 우리가 일상적으로 사용하는 JPEG이나 MP3,

MP4, MKV 등과 같은 확장자를 사용하는 파일들이 손실 압축 방식으로 생성된 파일들이다.

6. 디지털 기기

디지털 기기(Digital Device)는 디지털 데이터를 생성, 발신, 수신, 공유, 저장, 출력, 처리 등을 할 수 있는 전자적 기기를 의미한다. 디지털 기기의 종류에는 데스크탑이나 랩탑 같은 범용 시스템과 특정한 목적으로 만들어진 컴퓨터인 임베디드 시스템(Embedded System)이 있다. 임베디드 시스템은 소프트웨어를 하드웨어에 내장해 특수한 기능을 제공하는 시스템으로 미리 정의된 작업만을 수행하는 것이 특징인데 대표적으로 피쳐폰, 스마트 카메라, VDR(Video Disk Recorder), 오디오 플레이어, 네비게이션, 복합기 등이 있다.[27] 한편, ICT 기술의 발달로 사용자가 원하는 응용 소프트웨어를 제작하거나 설치할 수 있는 스마트폰, 스마트 TV, 스마트 워치 등이 등장하면서 범용 시스템이나 임베디드 시스템 둘 중 어느 하나에 해당된다고 보기 어려운 기기들도 등장하고 있다.

다음은 디지털 기기로 널리 활용되고 있는 디지털 기기에 대한 특징이다.

- **데스크톱 컴퓨터(Desktop Computer)**
  - 가장 대중적인 타입의 개인용 컴퓨터로, 책상이나 테이블 등의 위

---

27 임베디드 시스템은 범용 시스템의 반대인 비(非)범용 시스템이라고 보면 이해하기 편하다.

나 아래에 위치를 고정해 두고 사용하는 형태이다. 데이터나 명령 입력을 위해 입력장치를, 그리고 그 처리 결과를 사용자가 볼 수 있도록 해 주는 출력장치와 함께 상호작용하는 형식으로 사용한다. 데스크톱 컴퓨터와 모니터가 결합한 형태인 올인원(All-in-One) 컴퓨터가 출시되기도 한다.

- **랩톱(Laptop)**
- 노트북(Notebook)이라고도 불리는 랩톱은 한 위치에 고정하여 사용하는 데스크톱과 달리 휴대성을 위해 접을 수 있는 작은 형태로 만들어진 컴퓨터를 일컫는다. 다양한 외부 장치와 연결할 수 있는 USB 타입이나 C타입 포트(Port), 입력을 위한 키보드(Keyboard)나 터치패드(Touchpad), 그리고 출력을 위한 화면(Screen)으로 주로 구성돼 있다. 최근에는 다양한 기업이 시장경쟁력 강화를 위해 경량 랩톱을 많이 출시하는 추세이다.

- **스마트폰(Smartphone)**
- 전화가 가능한 휴대 전화에 컴퓨팅 기능을 추가한 모바일장치이다. 기존 컴퓨터와 유사하게 사용자가 원하는 기능을 수행할 수 있는 애플리케이션(Application)을 설치하여 사용할 수 있는데, 특히 스마트폰에서는 이를 앱(App)이라는 줄임말을 사용한다.

- **스마트 카메라(Smart Camera)**
- 스마트 카메라란 일반 카메라와 달리 영상에 나타난 의미를 찾고 경우에 따라 특정 이벤트의 탐지와 판단 등 미리 정해진 일련의 작업까지 기능하는 카메라이다. 즉 일반적인 카메라는 촬영한 영상 데이터만을 출력한다면, 스마트 카메라는 영상에 담긴 내용을 판단하는 데 도움이 되는 정보도 함께 출력하기도 한다. 스마트 카메라는 차량 번호를 인식하거나 침입 탐지, 제품의 불량 검사 등 다

양한 목적으로 사용되고 있다.

 디지털 포렌식에서는 종류와 관계없이 디지털 형태로 저장되거나 전송되는 정보를 확인할 수 있는 디지털 기기라면 조사 대상에 해당된다. 다만, 디지털 기기별로 하드웨어와 소프트웨어 구조는 천차만별이므로 본격적인 디지털 포렌식 조사에 앞서 조사 대상 기기의 구조를 파악하는 것이 중요하다.

CHAPTER 3
Computer

1 컴퓨터 구성 요소
2 부팅 절차
3 기억장치 종류
4 저장장치 인터페이스
5 데이터 입출력 단위
6 프로그래밍
7 역공학
8 운영체제
9 애플리케이션
10 프로세스

1. 컴퓨터 구성 요소

현대의 거의 모든 컴퓨터들은 폰노이만 구조(Von Neumann architecture)를 따르고 있다. 폰노이만 구조는 프로그램 내장 방식이라고도 불린다. 중앙처리장치(Central Processing Unit, CPU)와 기억장치, 입출력장치(Input & Output Device, I/O Device)가 분리되어 있고 버스(Bus)로 연결돼 있는 구조를 의미한다.

폰노이만 구조가 제안되기 이전에는 특정 기능을 수행하는 프로그램을 구동시키려면 해당 프로그램에 맞게 컴퓨터의 물리적인 회로 자체를 재구성해야만 했다. 가령 중앙처리장치의 배선을 뽑았다가 꽂았다가 하면서 회로 자체를 바꾸는, 하드웨어를 물리적으로 직접 조작하여 동작시키는 방식이었다. 이러한 방식은 상당한 전문성과 정확성을 요구하는 까닭에 한 프로그램을 구성하는 데에 많은 시간과 비용이 소요되어 매우 비효율적이었다.

〈그림 3-1〉 초창기 컴퓨터 애니악(ENIAC)[28]

    이를 해결하기 위해 폰노이만 구조에서는 중앙처리장치를 모든 기초적인 연산을 수행할 수 있도록 설계해두고, 내부 기억장치에 프로그램을 따로 입력해 중앙처리장치가 기억장치를 읽어 프로그램을 구동시키게 하였다. 그리하여 폰노이만 구조에서는 프로그램도 일반 자료처럼 정보의 형태로 입력할 수 있게 되어 소프트웨어 방식으로 컴퓨터를 조작할 수 있게 되었으며 다양한 작업이 가능해졌다.

---

28 출처: https://ko.wikipedia.org/wiki/%EC%97%90%EB%8B%88%EC%95%85

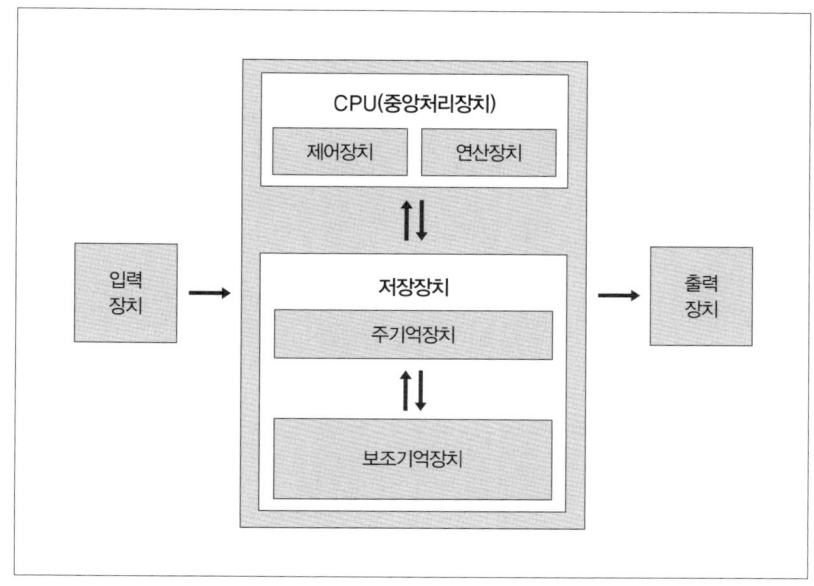

〈그림 3-2〉 폰노이만 구조

(1) 하드웨어

컴퓨터의 하드웨어(hardware), 즉 기계적/물리적 장치는 앞서 살펴본 바와 같이 중앙처리장치, 기억장치, 입출력장치, 그리고 버스가 있다.

CPU는 컴퓨터 시스템 전체를 제어하고 기억·해석·연산 기능을 관할한다. 기억장치는 프로그램 및 프로그램 수행을 위한 데이터를 저장하는 장치를 의미한다. 기억장치의 종류로는 CPU 내의 레지스터, 캐시기억장치, 주기억장치, 보조기억장치가 있다. 각 기억장치는 가격, 속도, 용량, 접근시간 등이 차이가 나므로 기억장치들 간의 상호보완을 위해 메모리를 계층적으로 구성하여 사용하며 이를 메모리 계층 구조

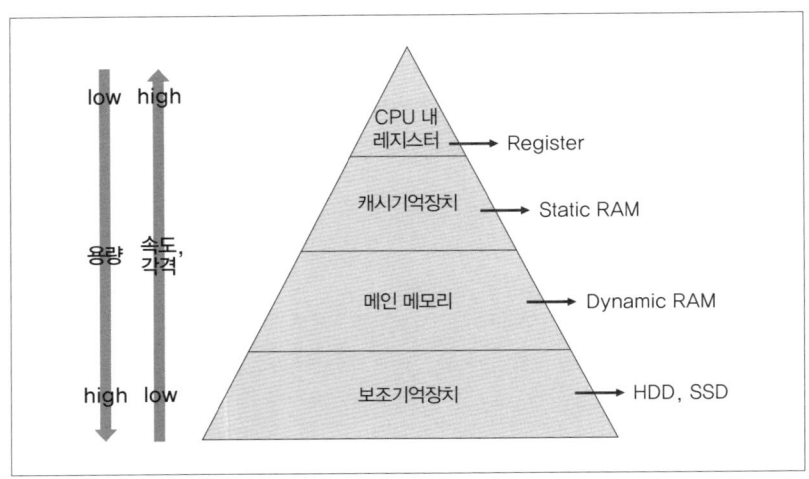

〈그림 3-3〉 메모리 계층 구조

(그림 3-3 참조)라고 한다.

입력장치는 컴퓨터에서 처리할 데이터와 정보를 외부에서 입력할 수 있게 하는 장치를 의미하며 마우스, 키보드, 스캐너, 조이스틱, 터치스크린 등이 있다. 출력장치는 컴퓨터 내부에서 처리된 결과를 출력하는 장치로 그래픽카드, 모니터, 프린터, 스피커 등이 해당된다. 버스는 CPU, 기억장치, 입출력장치 사이에서 정보를 전송하는 통로를 의미한다.

한편, 컴퓨터에는 시스템을 작동시키는 CPU나 RAM과 같은 핵심 부품들을 장착할 수 있는 슬롯과 기타 입출력장치를 연결할 수 있는 인터페이스를 제공하는 인쇄 회로 기판(Printed Circuit Board; PCB)이 내장되어 있는데, 이를 메인보드(mainboard)라 한다.

> **💻 AP(Application Processor)**
> AP란 컴퓨터의 CPU와 GPU, 메모리 컨트롤러, DSP(Digital Signal Processor), ISP(Image Signal Processor) 등의 기능들을 하나의 칩에서 수행할 수 있도록 모아놓은 부품을 의미한다. 전력 소모를 줄이고 모바일 기기에서 물리적 공간을 최소화하기 위해 스마트폰이나 태블릿 컴퓨터에서 주로 사용된다.

(2) 소프트웨어

소프트웨어(software)는 크게 시스템 소프트웨어와 응용 소프트웨어로 나뉜다. 시스템 소프트웨어는 컴퓨터 시스템을 제어하거나 운영하는 프로그램으로 운영체제(Windows, Android, iOS 등), 컴파일러, 입출력 제어 프로그램 등이 해당된다. 응용 소프트웨어는 시스템 소프트웨어를 기반으로하면서 특정 분야에서 특수 목적을 위해 사용하는 프로그램을 의미한다. 예로 문서 편집 프로그램(MS Office, 한글과 컴퓨터 등), 웹 브라우저(Chrome, Edge, Safari 등), 메신저(카카오톡, 라인, 텔레그램 등) 등이 해당된다.

(3) 펌웨어

펌웨어(firmware)란 특정 하드웨어장치에 포함된 소프트웨어를 의미한다. 하드웨어는 소프트웨어를 통해 전달된 정보를 받아들여 내부의 논리 회로를 거친 후 사용자에게 필요한 기능을 제공한다. 하지만 컴퓨터 시스템의 발전으로 인해 하드웨어 내에 존재하는 제한된 종류의 논리

회로만으로는 소프트웨어의 다양한 요구에 모두 대응할 수 없게 되었다. 따라서 하드웨어 내부 제어 부분에 저장공간을 생성하여 해당 공간에서 논리 회로의 기능을 보강하거나 대신할 수 있는 프로그램을 저장하여 이러한 문제를 해결하고자 하였고 이를 펌웨어라고 한다.

따라서 같은 종류의 하드웨어라도 내부 펌웨어가 다르면 기능과 성능 등이 달라질 수 있다. 이러한 펌웨어는 프로그램 형태의 소프트웨어이지만 사용자가 쉽게 수정할 수 없다는 하드웨어적인 특성도 가진다. 또한 펌웨어는 하드웨어의 기본적인 동작을 제어할 수 있다는 특징이 있다. 이러한 펌웨어의 대표적인 예시로는 BIOS(Basic Input/Output System)가 있다.

BIOS는 메인보드에 내장된 프로그램으로 컴퓨터를 시작할 때 가장 먼저 실행되는 소프트웨어이다. CPU와 주변 장치들이 정상적으로 작동되는지 진단하고 저장매체에 저장된 운영체제를 찾아 실행시키는 역할을 한다. 메인보드 제작사가 다양하므로 BIOS 또한 여러 종류가 있다. 한편, 현대 PC에서는 제약이 많은 BIOS를 대체할 목적으로 개발된 새로운 펌웨어 인터페이스인 UEFI(Unified Extensible Firmware Interface)[29]가 적용되면서 BIOS를 대체하는 용어로 사용되기도 한다.

---

29 엄밀히 말하면 UEFI 자체는 운영체제와 펌웨어 사이의 소프트웨어 인터페이스를 정의하는 명세서(Specification)를 의미한다. 따라서 UEFI 자체가 펌웨어가 아니고 UEFI 규격에 맞게 개발된 다양한 펌웨어들이 존재하는 것이다. 그러나 관행적으로 UEFI를 이러한 펌웨어들을 통칭하는 용어로써 사용되고 있다.

〈그림 3-4〉 BIOS 화면(왼쪽)과 UEFI 화면(오른쪽)[30]

2. 부팅 절차

컴퓨터를 부팅(Booting)[31]하기 위해서는 여러 단계들을 거치게 되는데, 이때 사용자의 육안으로 확인하기 어려운 과정들이 몇 포함되어 있다. 운영체제 실행 이전의 전체 부팅 과정은 크게 BIOS 로드, POST 실행, 부트로더(Bootloader) 실행의 단계로 진행된다.

먼저, 전원이 공급되어 CPU가 가동되면 CPU가 메인보드의 ROM[32]에서 BIOS를 로드한다. BIOS가 활성화된 후, POST(Power-on self-test)가 실행된다.

POST는 RAM과 저장 매체 등의 주변 장치가 바르게 동작하는지를

---

30 출처: https://ko.wikipedia.org/wiki/%EB%B0%94%EC%9D%B4%EC%98%A4%EC%8A%A4, https://www.msi.com/blog/uefi-bios
31 컴퓨터에 전원이 공급되고, 사용자가 운영체제를 사용할 수 있게끔 수행되는 과정을 의미한다. 쉽게 설명하자면 컴퓨터를 키고 나서 운영체제가 실행되기 직전까지의 과정을 말한다.
32 ROM에 대한 자세한 내용은 3장 3절에서 다룬다.

확인하기 위해 BIOS가 작동시키는 검사 과정을 의미한다. POST 과정이 끝나고 정상적으로 주변 장치들의 정상 작동이 확인되면, BIOS는 부팅할 저장 매체(HDD, SSD 등)를 선택하고 다음 단계로 이동한다. 만약 주변 장치들이 정상적으로 작동되지 않는다면 부팅을 중단한다.

이후, 저장 매체의 MBR(Master Boot Record)[33]에 저장되어 있는 정보를 통해서 부팅 가능한 볼륨(Volume)[34]을 찾고 부트로더(Boot loader)를 메모리에 로드한다. 부트로더는 운영체제의 일부분인 커널[35]을 메모리에 로드하게 되고 최종적으로 운영체제가 실행된다.

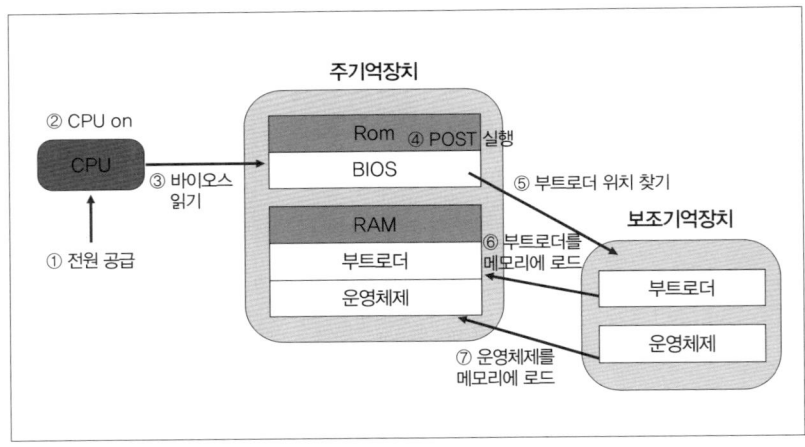

〈그림 3-5〉 부팅 절차

---

[33] MBR에 대한 자세한 내용은 8장에서 다룬다.
[34] 볼륨에 대한 자세한 내용은 6장에서 다룬다.
[35] 커널에 대한 자세한 내용은 3장 7절에서 다룬다.

3. 기억장치 종류

기억장치(Data Storage)는 컴퓨터에서 데이터를 일시적 혹은 영구적으로 보존하는 장치를 의미한다. '저장장치'라고도 하는데 이때는 비휘발성의 기억장치를 지칭한다.

디지털 데이터를 저장하는 방식으로 크게 자기장 방식과 광학 방식, 반도체 방식이 있다. 자기장 방식을 활용하는 대표적인 저장 매체로는 하드디스크 드라이브(Hard Disk Drive, HDD)가 있고, 광학 방식의 저장 매체로는 CD(Compact Disc)와 DVD(Digital Versatile Disc)가 있으며, 반도체 방식을 활용하는 저장매체로는 휘발성 메모리인 RAM(Random Access Memory)과 비휘발성 메모리인 ROM(Read-Only Memory), ROM의 일종인 플래시 메모리(Flash Memory) 등이 있다.

(1) 자기장 방식

자기장을 통해 기록하는 HDD의 내부에는 〈그림 3-6〉과 같이 LP판 같이 생긴 플래터(Platter)가 층을 이루고 있으며, 플래터에 접촉할 수 있는 헤드(Head)가 있다. 디지털 데이터는 자기장의 밀도 변화를 이용하여 자기적 패턴으로 기록된다. 플래터는 자성을 띄는 아주 작은 금속 입자들로 이루어진 막이 코팅되어 있는데 헤드를 이용하여 이 금속 입자들의 방향을 바꿈으로써 0과 1을 기록하는 방식이다.

〈그림 3-6〉 HDD 내부 구조[36]

　HDD는 원판 위에 자기를 정렬하여 정보를 기록하므로 물리적인 손상에 취약하다. 또한 뒤에서 살펴볼 반도체 방식의 SSD보다 속도가 훨씬 느리다는 단점도 있다. 그럼에도 불구하고 여전히 HDD가 널리 사용되고 있는데 상대적으로 가격이 저렴하다는 점과 장기 보존이 가능하다는 점, 수명이 더 길다는 장점이 있어 대용량의 정보를 저장해야하거나 오랫동안 보존해야 하는 자료가 있을 경우 선호하는 기억장치이다.

(2) 광학 방식

　광학 방식은 CD나 DVD, Blu-ray 디스크(BD)와 같은 매체의 표면에

---

36 https://ko.wikipedia.org/wiki/%ED%95%98%EB%93%9C_%EB%94%94%EC%8A%A4%ED%81%AC_%EB%93%9C%EB%9D%BC%EC%9D%B4%EB%B8%8C 그림 수정하여 제작

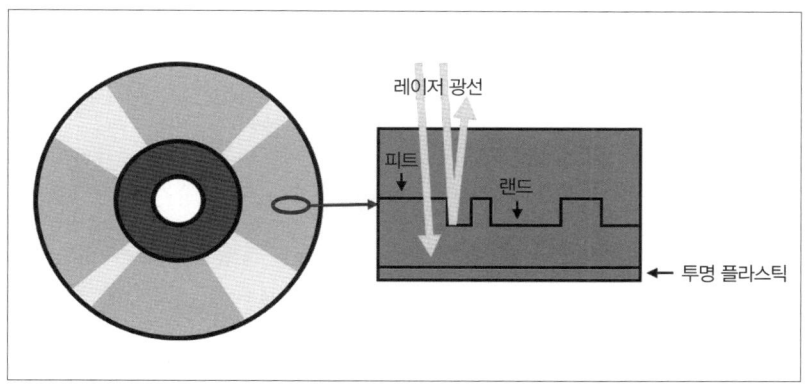

〈그림 3-7〉 광학 방식을 활용한 데이터 기록

미세한 홈을 파 디지털 정보를 기록한다. 저장된 정보를 읽을 때는 파인 홈에 레이저를 쏘면 홈에 따라 레이저가 차단되거나 통과하는데, 이와 같은 반사 굴절효과를 이용해 디지털 데이터를 확인한다. 여기에서 튀어나와 있는 부분을 피트(pit), 파여 있는 부분을 랜드(land)라고 하며 피트에서는 빛이 통과하여 0으로 읽히고 랜드에서는 빛이 반사되어 1로 읽히게 된다.

 자료를 한 번밖에 기록할 수 없는 방식이 있는가 하면, 저장된 파일을 여러번 지웠다 쓸 수 있는 방식도 있다. 현대에는 USB를 비롯한 반도체 방식의 저장장치에 밀려 일반인들에게는 거의 사용되지 않고, 자료를 수정이 불가능하도록 저장해야 하는 등의 특수한 목적이 있는 경우에 사용되곤 한다.

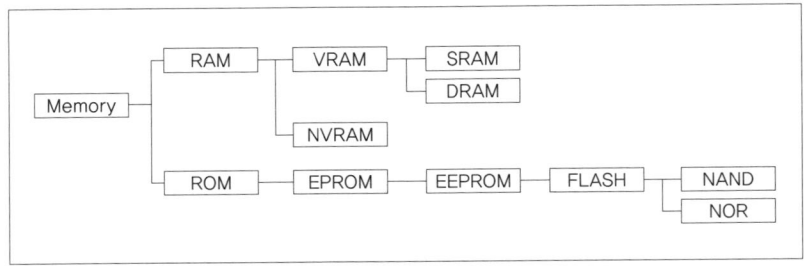

〈그림 3-8〉 메모리 반도체 종류

(3) 반도체 방식

반도체는 전류의 흐름을 제어할 수 있는 트랜지스터(Transistor)에 기반하여 전류가 흐를 때를 1, 흐르지 않을 때를 0으로 하여 디지털 데이터를 저장한다. 이러한 반도체 메모리는 전원이 꺼질 경우 정보가 사라지는 휘발성 메모리인 RAM(Random Access Memory; RAM)과 전원이 꺼져도 정보가 사라지지 않는 비휘발성 메모리(Read Only Memory; ROM)로 나뉜다.

1) 휘발성 메모리

휘발성 메모리에 속하는 VRAM(Volatile RAM)은 SRAM(Static RAM)과 DRAM(Dynamic RAM)으로 나뉜다. SRAM은 내용을 한번 기록하면 전원이 공급되는 한 그대로 유지된다. SRAM은 DRAM에 비해 월등히 속도가 빠르지만 구조가 복잡하고 공간도 많이 차지하여 가격이 비싸고 대용량 생산이 어렵다. 이러한 이유로 CPU의 캐시기억장치로 사용한다(그림 3-3 참조). DRAM은 기록된 내용을 유지하기 위해 커패시터(Capacitor)에 전하를 저장해 놓는 방식을 사용하는데, 커패시터에 있는 전하는 방전되므로 주기적으로 재충전을 해줘야 한다. 상대적으로 구조가 간단하여 가격이 저렴하고 대용량 생산이 가능하다는 장점이 있다. 이러한 이유로 DRAM을 컴퓨터의 메인 메모리로 사용한다.

한편, RAM의 일종인 NVRAM(Non-Volatile RAM)은 비휘발성을 띠는 RAM이다.[37] NVRAM은 비휘발성 RAM이므로 RAM의 장점과 ROM의 장점을 모두 갖고 있어 주기억장치와 보조기억장치로서의 역할이 모두 가능하다. 다만 현재는 NVRAM 생산 비용이 높아 단가가 비싸므로 메인보드에 장착되어 부팅과 관련된 설정파일을 저장하는 데 사용되고 있다. 향후, NVRAM의 대량 생산이 가능해진다면 현재 기억장치로 가장 널리 사용되고 있는 NAND 플래시의 점유율을 크게 떨어질 것으로 예상된다.

2) 비휘발성 메모리

비휘발성 메모리의 대표적인 예시로는 플래시 메모리가 있다. 플래시 메모리는 전기적으로 데이터를 지우고 다시 기록할 수 있는 EEPROM(Electrically EPROM)[38]에서 파생된 것으로 NAND 플래시와 NOR 플래시가 있다. NAND 플래시와 NOR 플래시의 특징은 〈표 3-1〉과 같다. NOR 플래시에 비해 상대적으로 속도는 느리지만 대용량 데이터를 저장할 수 있다는 장점으로 NAND 플래시가 널리 사용되고 있다.

---

[37] 메모리 반도체 분류에 따르면 휘발성 여부에 따라 RAM 계열로 구분하는데, 아이러니하게 NVRAM이 비휘발성을 띠고 있다. 이는 RAM을 연구개발한 결과로 휘발하지 않는 RAM을 만들었고, 이것이 NVRAM으로 발전하여 이러한 분류 체계를 따르는 것이다. 실제로 NVRAM과 ROM과는 그 원리 자체가 완전히 다르다.

[38] Erasable Programmable ROM. 자외선을 이용하여 메모리에 저장된 데이터를 삭제하거나 기록함

〈표 3-1〉 NAND 플래시와 NOR 플래시

구분	NAND	NOR
접근	순차(sequential) 접근	임의(random) 접근
읽기	느림	빠름
쓰기	빠름	느림
가격	저가	고가
용도	대용량 데이터 저장(SSD, SD 카드 등)	코드 저장 및 실행(펌웨어 저장소 등)

3) 저장 매체

SSD(Solid State Drive)는 휘발성 메모리인 DRAM과 NAND 플래시 메모리를 사용하는 저장 매체이다. NAND 플래시 메모리의 경우 SSD에서 장기적으로 보관하고자 하는 데이터들을 저장하는 장치로써의 역할을 수행한다. DRAM에는 SSD에서 특정 데이터가 어느 NAND 플래시의 몇 번째 주소에 저장되어 있는지에 대한 정보를 관리하는 매핑테이블이 저장되어 있다.

SSD는 하드디스크에 비해 빠르고 가볍다는 장점이 있어 데스크톱 및 랩톱 컴퓨터에서 보조기억장치로 사용되던 HDD를 대체하여 널리 사용되고 있다. 다만, 가격이 상대적으로 비싸고 자연적인 방전으로 인한 데이터 손실 위험도 있으므로 상황에 따라 적절하게 사용하는 것이 중요하다.

플래시 메모리를 사용하는 소형 저장장치로는 USB 플래시 드라이브, MMC, SD 등이 있다.

USB(Universal Serial Bus)는 PC와 주변 장치들을 연결하는 데에 쓰이는 보편적인 인터페이스 규격이다. 해당 인터페이스 포트에 연결하여 사용하는 플래시 메모리 기반의 휴대용 저장장치를 USB 플래시 드라이브라고 한다.

MMC(Multi Media Card) 또한 NAND 기반의 플래시 메모리를 기반으로 하고 있으며 최대 128 기가바이트의 용량을 지원한다. SD 카드가 출시되면서 점유율은 하락하였으나 SD 카드를 지원하는 대부분의 장치에서도 사용 가능하여 현재까지도 사용되고 있다.

SD(Secure Digital) 또한 플래시 메모리를 기반으로 하고 있으며 카드 형식을 사용한다. SD는 디지털 카메라, 스마트폰 등에서 주로 사용되며 쓰기 방지 기능을 지원한다. SD 카드의 최대 용량은 2 테라바이트이다.

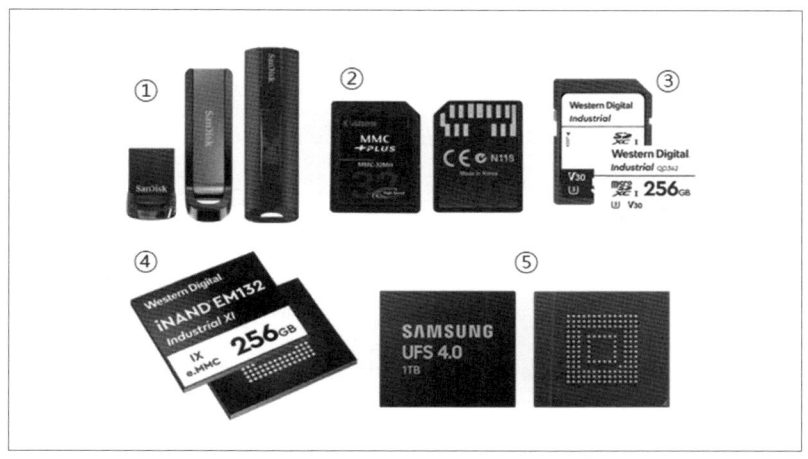

〈그림 3-10〉 플래시 메모리 종류 ①USB ②MMC ③SD ④eMMC ⑤UFS[39]

eMMC(Embedded MMC)는 MMC를 임베디드 기기에서 사용하기 위해 나온 것으로 MMC의 구성 요소인 플래시 메모리에 컨트롤러를 통합한 칩이다. 저가형 태블릿 컴퓨터나 스마트폰, MP3에 많이 사용되며 저가형 노트북에서는 SSD 대신 쓰이기도 한다.

UFS(Universal Flash Storage)는 eMMC과 SD를 대체하기 위해 개발 중인 플래시 메모리 규격으로 eMMC나 SD보다 성능 면에서는 우월하지만 가격이 비싸다는 단점이 있다. 따라서 스마트폰 중에서도 고가 제품 라인에만 탑재되는 경향이 있다.

4. 저장장치 인터페이스

저장장치 인터페이스(interface)는 호스트 시스템이 저장장치와 데이터를 교환할 때 사용하는 규격을 의미한다.

HDD나 SSD와 같은 저장장치를 연결하는 인터페이스로 SATA(Serial ATA)가 있는데, 이는 IDE(Intergrated Drive Electronics)라고도 불리는 ATA(Advanced Technology Attachment)를 개선한 것이다. ATA 인터페이스는 40개의 핀으로 구성된 직사각형의 포트를 사용한다(그림 3-11 참조). 2000년대 초반까지 많이 쓰이던 방식이지만 데이터 전송 속도가 상대

---

[39] 출처: https://www.westerndigital.com/ko-kr/products/product-portfolio, https://ko.wikipedia.org/wiki/%EB%A9%80%ED%8B%B0%EB%AF%B8%EB%94%94%EC%96%B4%EC%B9%B4%EB%93%9C, https://semiconductor.samsung.com/kr/newsroom/tech-blog/samsung-develops-first-ufs-4-0-storage-solution-compliant-with-new-industry-standard/.

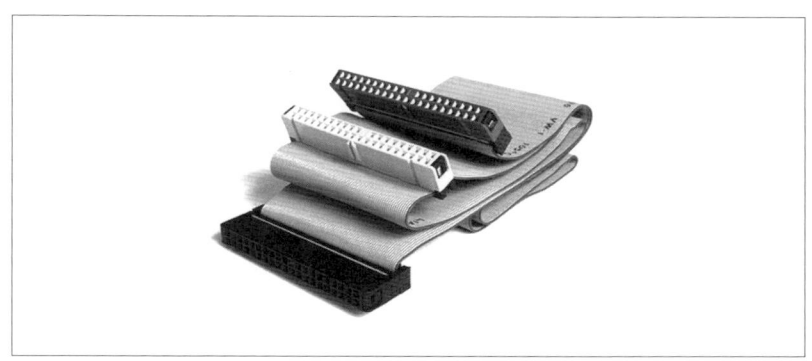

〈그림 3-11〉 ATA(IDE) 인터페이스를 위한 케이블[40]

적으로 느려 현대에는 SATA 방식이 주로 쓰이고 있다.

SATA는 기존 ATA 방식의 단점인 느린 데이터 전송 속도를 개선한 것으로, 세부 버전으로는 SATA1, 2, 3가 있다. SATA1의 속도는 1.5 Gbps, SATA2는 3 Gbps, SATA3는 6Gbps이다. 최근에 사용되는 저장장치는 SATA3에 기반한다.

한편 SATA에는 다양한 폼팩터(Form Factor)가 존재한다. 폼팩터란 물리적으로 연결되는 규칙을 의미하는데, 쉽게 저장장치를 장착하는 부분의 모양으로 구분할 수 있다. SATA 폼팩터에는 SATA, eSATA, mSATA, SATA M.2, SATA U.2, SATA Express 등이 있다. SATA는 일반적인 HDD나 SSD에 사용되며 eSATA는 외장 저장장치용으로, mSATA와 SATA M.2는 랩탑 등에 사용되는 소형 SSD용으로, SATA U.2는 서버용 SSD에 사용되며 SATA Express는 SATA 및 PCI Express 저장장치를

---

[40] 출처: https://www.startech.com/

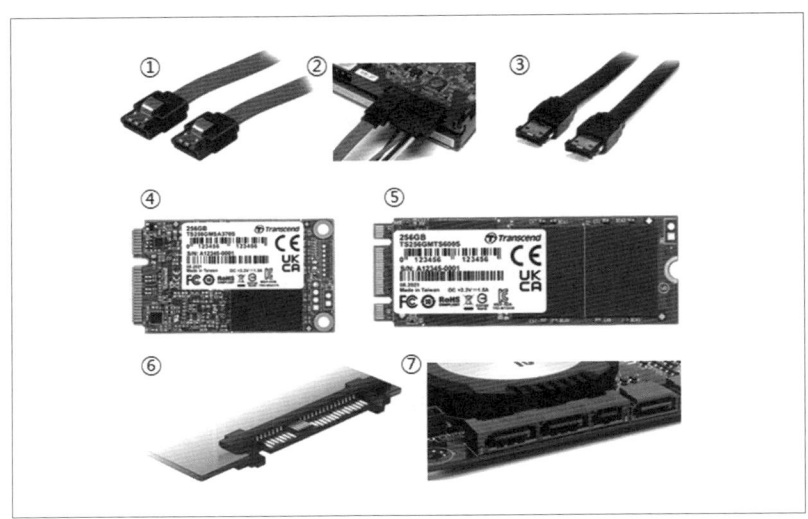

〈그림 3-12〉 SATA 폼팩터 ①SATA ②HDD에 SATA 케이블을 연결한 모습 ③eSATA ④mSATA ⑤SATA M.2 ⑥SATA U.2 ⑦SATA Express[41]

모두 지원하는 목적으로 사용된다.

- PCIe는 PCI Express의 줄임말로 메인보드에 그래픽 카드[42]나 네트워크 카드[43]나 사운드 카드[44] 등을 연결하기 위한 인터페이스인 PCI(Peripheral Component Interconnect)를 개선한 것이다. 핀 배열에 따라 x1, x2, x4, x8, x16으로 나눌 수 있다.

---

41 출처:https://www.startech.com/, https://th.transcend-info.com/, https://www.delock.com/
42 그래픽 작업을 전문적으로 빠르게 처리하고 디지털 신호를 영상 신호로 변환하여 모니터로 전송하는 장치이다.
43 네트워크 상에서 컴퓨터간 신호를 주고받는 하드웨어이다. 데스크톱 컴퓨터에서 랜선을 꽂는 부분이 네트워크 카드에 해당한다.
44 디지털 데이터를 아날로그 형태의 소리 변환하여 재생하는 장치이다.

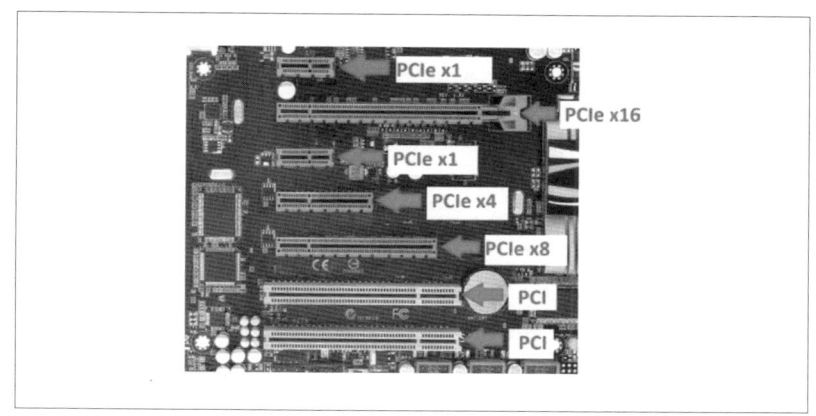

〈그림 3-13〉 PCI 및 PCIe 슬롯들[45]

이 외에도 SCSI(Small Computer System Interface), SAS(Serial Attached SCSI), Firewire, Thunderbolt 등의 인터페이스가 있다.

살펴본 바와 같이 다양한 인터페이스가 있으므로, 저장장치 내부에 있는 디지털 데이터를 읽어내려면 먼저 저장장치의 폼팩터를 확인하고, 해당 폼팩터에 연결할 수 있는 케이블과 케이블을 통해 전송되는 데이터를 읽을 수 있는 장치나 소프트웨어가 구비되어야 함을 알 수 있다.

5. 데이터 입출력 단위

데이터를 읽거나 기록할 때 사용되는 중요한 용어로 섹터(Sector)와 클러스터(Cluster)가 있다.

---

[45] https://www.trentonsystems.com/blog/pcie-gen4-vs-gen3-slots-speeds

섹터는 HDD에서 사용되는 최소의 저장 단위를 의미하며 크기는 일반적으로 512바이트이다.[46] 즉, 디스크에 저장되어 있는 데이터를 읽거나 특정 데이터를 디스크에 쓰고자할 때 512바이트 단위로 이뤄진다는 것이다. 따라서 물리적으로 데이터를 읽고 쓸 때 사용하는 주소 체계의 단위가 섹터가 되는 것이다. 예로 저장장치에 '0번째 섹터를 읽어라'라든지 '텍스트 파일을 100번째 섹터에 기록해라'와 같은 I/O(Input/Output) 명령을 내리는 것이다.

현재는 대부분 64비트 운영체제로 간혹 32비트 운영체제를 사용하지만 과거에는 8비트나 16비트 운영체제를 사용하였다. 여기에서 사용하는 비트는 주소를 표현하기 위한 단위로 이해하면 된다. 가령 16비트 운영체제에서는 2^{16}으로 총 65,536개의 주소를 표현할 수 있게 된다. 섹터가 512바이트이므로 16비트 운영체제에서 활용할 수 있는 용량의 최대 크기는 512 x 65,536 = 33,554,432 바이트로 32메비바이트(MiB)이다. 초창기 컴퓨터가 등장하였을 때에는 32메비바이트도 상당한 용량이었으나, 기술이 발전함에 따라 저장장치의 용량이 커지게 되면서 섹터 단위로만 주소를 지정하는 것에 문제가 생기게 되었다.

이러한 문제를 해결하기 위해 고안된 개념이 클러스터이다. 클러스터는 운영체제에서 디스크에 접근하기 위해 사용하는 단위이며 섹터 여러개를 하나의 클러스터로 간주한다. 예로 Windows 운영체제에서는 주로 8개의 섹터를 하나의 클러스터로 간주하는데, 이 경우 클러스터의 크기는 512 x 8 = 4,096바이트(= 4 KiB)가 된다. 이렇게 클러스

---

46 섹터의 크기를 512바이트로 간주해도 무방하다.

터를 I/O의 최소 단위로 사용하면 앞서 예시로 들었던 16비트 운영체제에서 사용 가능한 디스크의 최대 크기가 4,096 x 65,536 = 268,435,456 바이트로 256 메비바이트(MiB)가 된다.

디스크의 최대 용량 크기 증가 효과 외에도 데이터를 읽고 쓸 때 발생하는 디스크 I/O를 줄일 수 있다는 장점이 있다. 1절에서 살펴보았듯이 컴퓨터에서 사용되는 기억장치들 중 보조기억장치의 속도가 현저히 느리므로 I/O 횟수를 줄임으로써 전체 컴퓨터 속도가 향상되는 효과를 볼 수 있다. 단점

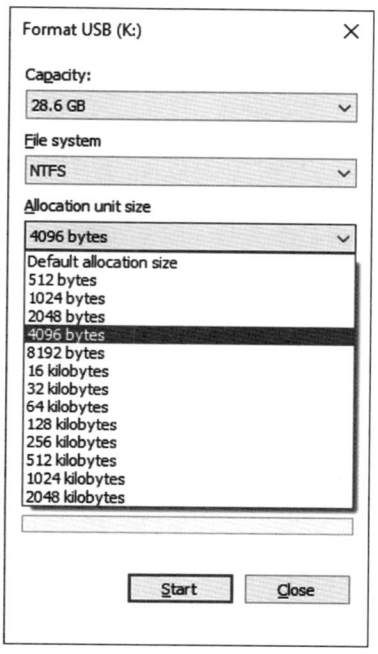

〈그림 3-14〉 USB 포맷 시 할당 단위 (클러스터) 설정 화면

으로는 낭비되는 공간이 발생할 수 있다는 점이다. 가령 4KiB 크기의 클러스터를 사용하는 경우, 10바이트 크기의 파일을 저장할 때에도 1개의 클러스터가 할당되므로 10바이트를 제외한 4,086바이트는 사용하지 못하고 버려지는 공간이 되는 것이다. 그림에도 불구하고 섹터 단위를 사용하는 것보다 클러스터 단위를 사용하는 장점이 훨씬 커 대부분의 시스템에서는 클러스터 개념을 사용하고 있다. 참고로 클러스터는 파일 시스템에 따라 블록(block)이라는 명칭으로 사용되기도 한다.

6. 프로그래밍

프로그래밍(programming)이란 개발자가 특정한 목적을 달성할 수 있도록 소스코드(source code)를 작성하여 하나의 프로그램을 만드는 것을 의미한다. 여기에서 프로그램은 특정 목적을 달성하기 위한 명령문들의 집합을 의미한다. 이때 사용하는 언어를 프로그래밍 언어(programming language)라고 한다. 즉, 컴퓨터와 의사소통할 수 있게 해주는 언어라고 할 수 있다.

가장 오래된 프로그래밍 언어 중 하나인 어셈블리어(Assembly Language)는 CPU가 읽고 처리할 수 있는 0과 1로 구성된 기계어(Machine Language)를 사람이 읽을 수 있도록 일대일 대응을 시켜주는 역할을 한다. 가장 기초적인 기능을 수행하므로 저급 언어(Low-level Language)라 불린다. 초창기 컴퓨터가 개발되었을 때 기계어를 쉽게 해석하기 위해 어셈블리어가 개발되었는데, 이 역시 기계어와 일대일 대응되는 일종의 줄임말이었기 때문에 사람이 보다 직관적으로 배우고 사용할 수 있는 고급 언어(High-level Language)의 필요성이 증가하게 되었다. 일상적

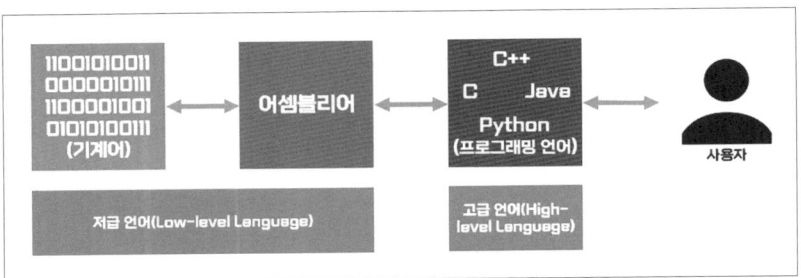

〈그림 3-15〉 저급 언어와 고급 언어

으로 프로그래밍 언어라고 불리우는 C, C++, C#, Java, Python 등이 고급 언어에 해당된다.

프로그래밍 과정은 일반적으로 소스코드→어셈블리어→기계어로 변환하는 과정을 의미한다. 우선 개발자가 고급언어로 작성한 소스코드에 다른 파일의 텍스트를 포함시키거나 일부 문장을 다른 문장으로 바꾸는 등의 전처리(Pre-processing) 작업을 수행한다. 다음으로 전처리된 글을 컴파일러(Compiler)가 어셈블리어로 된 파일로 변환한다. 생성된 파일은 어셈블링 과정을 거쳐 기계어로 된 목적파일(obj)로 변경된다. 하나의 프로그램에는 하나 이상의 목적파일과 라이브러리[47] 파일들이 사용되는데, 이런 다양의 파일을 하나로 묶는 과정을 링킹(Linking)이라고 한다. 이 과정을 거쳐서 최종 실행파일이 생성된다.

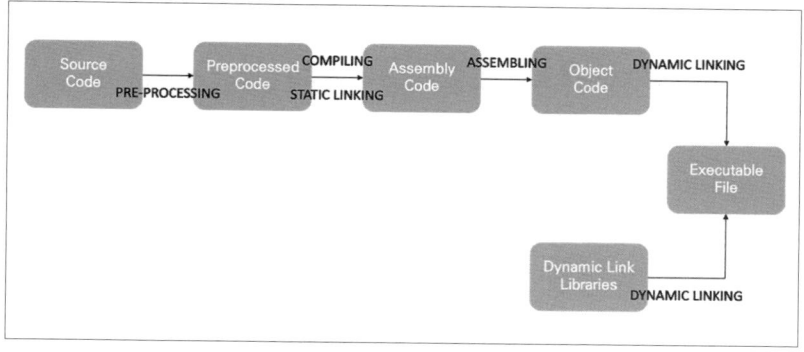

〈그림 3-16〉 프로그래밍 과정

---

[47] 프로그래밍 시 사용되는 프로그램의 구성요소로, 공통으로 사용될 수 있는 특정한 기능들을 모아놓은 것을 의미한다.

7. 역공학

역공학(Reverse Engineering)이란 장치 또는 시스템의 기술적인 원리를 구조 분석을 통해서 발견하는 과정을 의미하는데, 이러한 개념을 소프트웨어에 적용하면 프로그램의 원리와 로직을 파일 분석을 통해서 발견해내는 것으로 해석할 수 있다. 즉 프로그래밍의 역으로 해석할 수 있으며 이미 만들어진 실행파일을 분석하여 소스코드나 프로그램 설계 등의 대한 정보를 알아내는 것을 의미한다.

역공학에는 정적 분석(static analysis)과 동적 분석(dynamic analysis)이 있다. 정적 분석은 프로그램을 동작하지 않고 파일 자체를 분석하여 동적 분석에서의 힌트를 얻는 방법을 의미한다. 반면 동적 분석은 프로그램이 동작하는 상태에서 분석하는 방법으로 모니터링, 디버깅[48] 등이 있다.

역공학은 완성된 프로그램의 동작 방식을 파악하는 일종의 해킹 기법으로 의도에 따라 사이버 범죄에 사용될 수도 있고 정보보호 혹은 디지털 포렌식에 사용될 수 있다. 가령 소프트웨어 구매자만 사용할 수 있는 프로그램을 역공학을 통해 구매하지 않고도 사용할 수 있는 크랙 버전을 만들거나 프로그램의 취약점을 발견하여 사이버 공격에 사용하는 경우가 있을 수 있고, 반대로 악성코드를 분석하여 공격자를 추적하거나 추가 피해를 방지하는 방어용으로도 사용할 수 있다.

---

[48] 디버깅(debugging)이란 프로그램 개발 단계 중에 발생하는 오류나 버그(비정상적 연산)을 찾아내고 그 원인을 밝혀 수정하는 작업 과정을 의미한다.

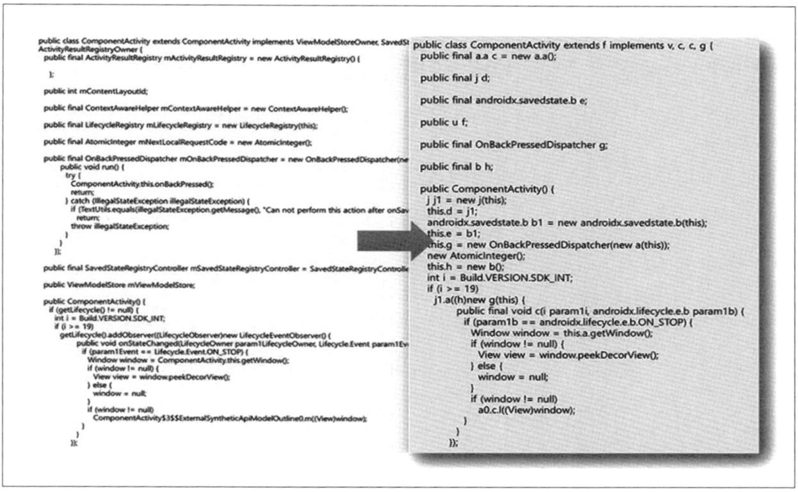

〈그림 3-17〉 코드 난독화 예시

한편 역공학을 방지하기 위한 기술들도 존재한다. 대표적인 기술로 난독화(obfuscation)가 있다. 말 그대로 읽기 어렵게 만든다는 것으로 역공학을 어렵게 하는 방식을 의미한다. 소스코드의 변수명을 의미없는 이름으로 변경하거나 숫자 또는 문자를 이동시키거나 단어를 바꾸는 등의 방식들이 있다. 또한 실행파일을 암호화하거나 압축하여 소스코드 분석을 어렵게 하는 패킹(Packing) 기법도 있다.

8. 운영체제

운영체제(operating system)는 시스템 소프트웨어의 한 부분으로 하드웨어의 리소스를 제어하거나 관리한다. 운영체제는 사용자와 하드웨어 간의 인터페이스에 해당되며, 사용자가 디지털 기기의 CPU, 메모리,

저장매체 등을 효율적으로 사용하도록 도와준다. 운영체제가 없다면 사용자가 컴퓨터의 모든 하드웨어를 직접 관리해야하므로 컴퓨터를 사용하기가 매우 불편해진다. 때문에 운영체제는 사용자의 편의성을 위해 반드시 필요한 프로그램이다.

운영체제는 프로세서, 기억장치, 입출력장치, 파일 및 정보 등의 자원을 관리하고 이를 위해 자원의 스케줄링 기능을 제공한다. 사용자와 시스템 간의 편리한 인터페이스를 제공하고 시스템의 각종 하드웨어와 네트워크를 관리하고 제어하는 등 다양한 역할을 수행한다.

대표적인 컴퓨터 운영체제로는 Windows, Mac OS, Unix 등이 있으며, 모바일 운영체제로는 Android, iOS 등이 있다. 운영체제마다 동작

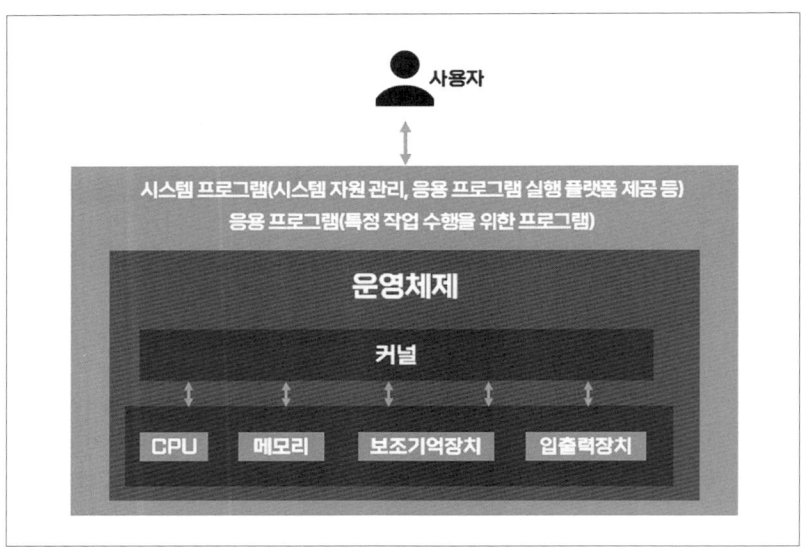

〈그림 3-18〉 운영체제 구조

방식과 사용 목적, 지원하는 기능이 다르므로 디지털 기기들은 각기 다른 운영체제를 사용한다. 예로 Windows의 경우 일반 PC에서 사용하는 Windows 10이나 Windows 11이 있는 반면, 서버 시스템에서 사용하는 Windows Server 2022가 있다.

운영체제는 크게 커널(kernel)과 인터페이스로 구성되어 있다. 커널은 프로세스 관리, 메모리 관리, 저장장치 관리와 같은 운영체제의 핵심적인 기능을 수행한다. 인터페이스는 커널에 사용자의 명령을 전달하고 실행 결과를 사용자에게 알리는 역할을 수행한다.

9. 애플리케이션

애플리케이션(Application)은 시스템 소프트웨어를 기반으로 하면서 특정 분야에서 특수 목적을 위해 사용하는 프로그램인 응용 소프트웨어를 지칭하는 말이다. 대개 사용자가 직접 사용하게 되는 소프트웨어를 뜻한다. 개발자가 특정 일을 처리할 수 있는 프로그램을 만들어 제공하면 사용자는 목적에 맞는 것을 골라 운영체제에 설치하고 실행하는 방식으로 사용된다. 스마트폰이 등장하면서 앱(App)이라고도 불리고 있다.

일상생활에서 흔히 사용하는 소프트웨어는 모두 애플리케이션에 해당한다. Microsoft Office, Photoshop, Chrome, Safari, Telegram, League of Legends 등 업무용, 교육용, 오락용, 게임용 등 다양한 기능의 애플리케이션들이 사용되고 있다. 애플리케이션을 실행하게 되면 사용 흔적이 자동으로 남겨지기도 하는데, 이러한 이유로 운영체제에 설치되어 있는 애플리케이션 사용 흔적들을 분석하면 사용자가 과거에 디지털 기기를 이용하여 어떤 행위를 하였는지 상당 부분 밝혀낼 수 있다.

10. 프로세스

프로세스(Process)는 실행 중인 프로그램을 의미한다. 프로그램은 어떤 작업을 수행하기 위해 저장장치에 저장되어 있는 파일로 정적인 상태로 표현한다면, 프로세스는 그 작업을 수행하는 동적인 상태로 표현할

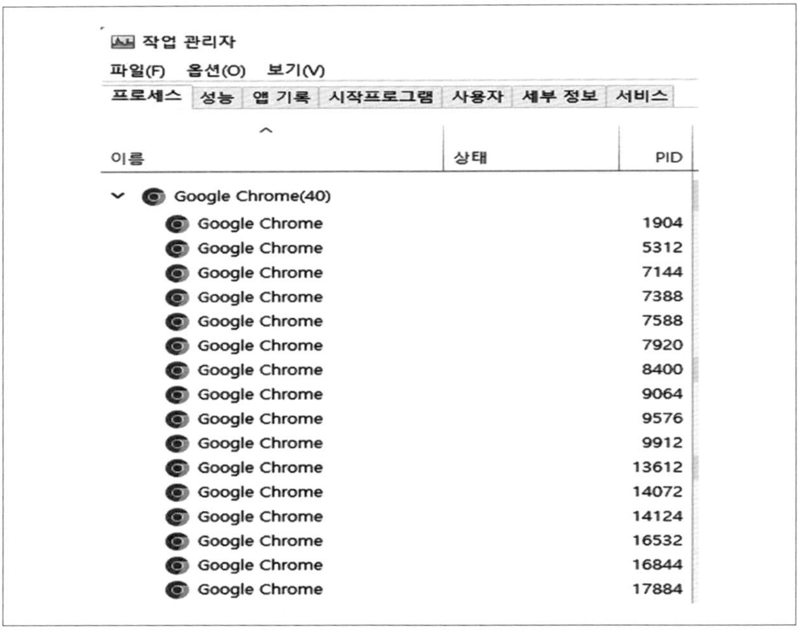

〈그림 3-19〉 하나의 프로그램(Chrome)에서 다수의 프로세스가 실행된 모습

수 있다. 하나의 프로그램에서 다수의 프로세스가 실행될 수 있다. 가령 〈그림 3-19〉과 같이 웹브라우저인 Chrome을 여러번 실행시키면 각자의 프로세스 ID를 갖고 있는 여러 개의 Chrome 프로세스가 실행되면서 화면에는 다수의 Chrome 실행창을 확인할 수 있게 된다.

프로그램에서 프로세스로의 전환 과정은 다음과 같다. 프로그램이 실행되면 운영체제는 프로그램을 메모리의 적당한 위치로 가져온다. 동시에 프로세스 제어 블록(Process Control Block, PCB)이라는 것을 만들어 프로세스 ID나 메모리 위치 정보 등 프로세스를 처리하는 데 필요한 다양한 정보를 담는다. 프로세스는 메모리에 존재하는 동적인 상태이므로 운영체제가 종료되면 메모리의 휘발성에 의해 프로세스 관련 정보들도 삭제된다.

CHAPTER 4
네트워크와 암호
Network & Cryptology

1 네트워크
2 인터넷
3 암호 기술
4 해시 알고리즘

1. 네트워크

네트워크(Network)란 노드(node)[49] 간에 데이터를 교환하는 망의 형태를 의미한다. 노드들이 케이블로 연결되어 있는 유선 네트워크와 케이블 대신 전파를 이용해 노드 간에 통신하는 무선 네트워크로 구분할 수 있다. 네트워크의 규모에 따라 PAN(Personal Area Network), LAN(Local Area Network), MAN(Metropolitan Area Network), WAN(Wide Area Network)으로 구분하곤 한다. 주로 PAN은 개인 영역에서의 네트워크를 의미하고, LAN은 가까운 건물 단위의 네트워크를, MAN은 도시 단위, WAN은 국가나 주(state) 단위의 네트워크를 지칭하곤 한다.

네트워크를 이해하기 위해 학습해야 할 중요한 개념으로는 프로토콜(protocol)과 계층(layer)이 있다.

---

[49] 노드(Node)란 네트워크에 연결되어 있는 하나의 기계를 의미한다. 컴퓨터나 프린터, 스마트폰과 같이 사람들이 일반적으로 사용하는 기기와 서버, 라우터, 허브 등과 같은 네트워크 장비들이 노드에 해당한다.

〈표 4-1〉 규모에 따른 네트워크 분류 설명

통신망	설명
PAN(Personal Area Network)	가장 작은 규모인 개인 영역 네트워크로 약 5m 전후의 인접한 영역에서의 연결에 사용된다.
LAN(Local Area Network)	근거리 통신망을 의미하며, 비교적 짧은 거리에서 신뢰성 있는 장치들 간의 고속 통신을 제공한다.
MAN(Metropolitan Area Network)	중거리 통신망은 LAN 보다는 큰 규모를 가지지만 광대역 네트워크인 WAN보다 작은 규모에서 연결을 지원한다.
WAN(Wide Area Network)	LAN과 LAN을 연결해 주는 광대역 네트워크이다.

(1) 프로토콜

프로토콜의 필요성을 이해하려면 네트워크가 발전해온 과정을 살펴봐야한다. 컴퓨터가 보급되기 시작하던 1980년대 초기에 다양한 네트워크가 구축되었다. 각 네트워크들은 각기 다른 통신 방법을 사용했는데, 이로 인해 서로 다른 네트워크에 속한 호스트(host)들 간에는 통신이 불가하였다. 이는 사람들이 서로 교류할 수 있는 장소(네트워크)는 마련되었지만 서로 사용하는 언어가 달라 의사소통이 불가능한 상황에 비유할 수 있다. 따라서 노드 간에 공통의 언어를 사용하도록, 즉 통신 규칙을 정할 필요성이 대두되었다. 이를 통신 프로토콜이라고 한다.

(2) 네트워크 계층

네트워크는 복잡한 시스템들 간의 통신인만큼 다양한 프로토콜들을 필요로 한다. 노드 간의 성공적 데이터 교환이 가능하도록 다양한 프로토콜들을 하나의 틀로 묶고자 하였는데, 이 때 사용한 개념이 계층이다. 통신 프로토콜들을 계층화함으로써 데이터 흐름을 쉽게 파악할 수 있게 되었고, 오류를 수정하거나 향상시켜야 하는 경우 해당 계층의 모듈만 교체하면 되어 설계와 구현이 용이해졌다. 이러한 계층 구조를 어떻게 표준화할 것인가에 대한 논의가 지속됐고, 그에 대한 결과로 국제 표준화기구인 ISO에서 OSI(Open Systems Interconnection) 7계층이라는 네트워크 모델을 발표하였다.

OSI 7계층은 가장 상위 계층에 속하는 응용 층(Application Layer, 7계층), 표현 층(Presentation Layer, 6계층), 세션 층(Session Layer, 5계층), 전송 층(Transport Layer, 4계층), 네트워크 층(Network Layer, 3계층), 데이터링크 층(DataLink Layer, 2계층) 그리고 가장 하위 계층에 속하는 물리 층(Physical Layer, 1계층) 등 7개의 계층으로 나누어진다.[50] 네트워크에 속하는 모든 기기들이 전부 7계층의 기능을 수행하는 것은 아니다. 예로 각종 케이블들은 하위 1계층의 기능만 구현되고 라우터(router)라는 장비는 3계층까지의 기능을, 게이트웨이(gateway)라는 장비에는 7계층의 기능이 구현되어 있는 등 장비마다 다른 역할을 수행한다.

(3) TCP/IP 5 계층

공식적으로 표준화된 OSI 7 계층이 있음에도 불구하고 현재 대부분

---

[50] 현재 인터넷에서 표준으로 사용하는 프로토콜은 후술할 TCP/IP이므로, 본 교재에서는 OSI 7 계층에 대한 설명은 생략한다.

의 통신은 TCP/IP(Transmission Control Protocol/Internet Protocol)에 기반하여 이뤄지고 있다. TCP/IP가 표준으로 사용되는 이유를 이해하려면 TCP/IP의 탄생 배경에 대한 이해가 필요하다. 1969년에 인터넷의 원형으로 알려진 아파넷(The Advanced Research Projects Agency Network)이 미 국방성에 의해 개발되었고, 1983년에 TCP/IP를 아파넷의 공식적인 프로토콜로 정하였다.[51] OSI 7 계층이 개념적으로는 뛰어날지라도 오랜기간 연구목적으로 운용되었던 TCP/IP는 안정성과 확장성 측면에서 뛰어났고 TCP/IP를 기반으로 각종 인터넷 서비스가 발전하였기에 실용성·상업성 측면에서도 우수하였다. 정리해 보자면 OSI 7 계층은 이론 상의 개념이고 실질적으로 사용되는 통신 프로토콜의 집합은 TCP/IP이다.

TCP/IP는 관점에 따라 4개 혹은 5개의 계층으로 구분한다. 〈표 4-2는〉 TCP/IP 5 계층을 기준으로 설명한 표이다.

〈표 4-2〉 TCP/IP 5계층

계층 명	특징	통신 단위	주요 프로토콜
Application (응용)	- 사용자의 요청을 받고 그에 대한 응답을 담당하는 계층 - 요청이나 응답 에러 발생 시 그에 대한 확인만 가능	Message (메시지)	- HTTP(HyperText Transfer Protocol) - DNS(Domain Name System)
Transport (전송)	- Message를 원하는 socket으로 전송해주는 계층 - Segment 내의 Port Number를 식별하여 맞는 응용프로그램으로 Segment 전송 - 하위 계층에서 올라온 packet에 대하여 error 또는 loss를 감지하고 이를 핸들링	Segment (세그먼트)	- TCP - UDP

---

51 OSI 7 계층은 1년 뒤인 1984년에 발표되었다.

계층 명	특징	통신 단위	주요 프로토콜
Network (네트워크)	- Transport 계층에서 보내고자 하는 packet을 목적지에 도착하도록 하는 역할 수행 - packet 내의 Source IP와 Destination IP를 식별해 전송 - packet이 목적지에 도달할 수 있는 최적의 경로를 선택하는 작업인 라우팅(routing) 수행	Packet (패킷)	- IP
Data Link (데이터링크)	- 노드와 노드 사이를 관장하는 계층 - 물리적 주소인 MAC(Media Access Control) 주소를 식별해 Frame을 전송 - 통신 단위인 Frame은 Header와 Data로 구성되는데, Header에는 Source와 Destination의 MAC 주소 저장	Frame (프레임)	- Ethernet - Wi-Fi
Physical (물리)	- 기기들이 연결되기 위한 물리적인 사항 결정 - 구리선, 광케이블 등의 물리적인 통신 채널을 통해 bit 신호를 주고 받는 역할 수행	Bit	- 10 Base T

TCP/IP 계층의 핵심 프로토콜은 IP와 TCP이다.

노드 간에 데이터를 주고 받기 위해서는 각 노드의 주소가 필요하다. 편지를 주고 받기 위해서는 편지 봉투에 집 주소가 적혀있어야 하는 것과 같은 원리이다. IP 프로토콜은 지정한 IP 주소에 데이터를 전달하는 역할을 수행한다. 일반적으로 많이 사용되고 있는 IPv4에서는 주소로 총 4바이트를 사용하고, IPv6에서는 총 16바이트를 사용한다.

TCP는 호스트 간에 데이터를 신뢰성 있게 주고 받기 위해 만들어진 프로토콜이다. 데이터를 보낼 때 다양한 네트워크 선로를 통해 전달되므로 연속적으로 데이터를 보내더라도 각기 다른 경로의 네트워크 선로로 전달될 수 있다. 이 과정에서 전달하는 데이터들의 순서가 의도치 않게 바뀌거나 혹은 중간에 손실될 수도 있다. TCP는 데이터 패킷에 일련 번호를 부여하여 데이터 손실을 찾아내고 순서를 재조합하여 신뢰성 있는 통신을 하게 도와준다. TCP에서는 상위 계층에 있는 응용프로그램을 구분하기 위해 Port 번호를 사용한다. 한 시스템에서 다양한 응용프로그램들이 네트워크를 통해 통신하므로 이들을 구분하기 위한 목적으로 Port 번호를 사용한다. IP가 집 주소라면 Port 번호는 편지를 받을 사람에 비유할 수 있다.

〈그림 4-1〉은 TCP/IP 기반에서 두 호스트가 통신하는 과정을 보여준다. Host A의 App X와 Host B의 App X가 통신하는 그림이다. 각 호스트에는 다양한 응용프로그램들이 실행되고 있고, 실행 중인 응용프

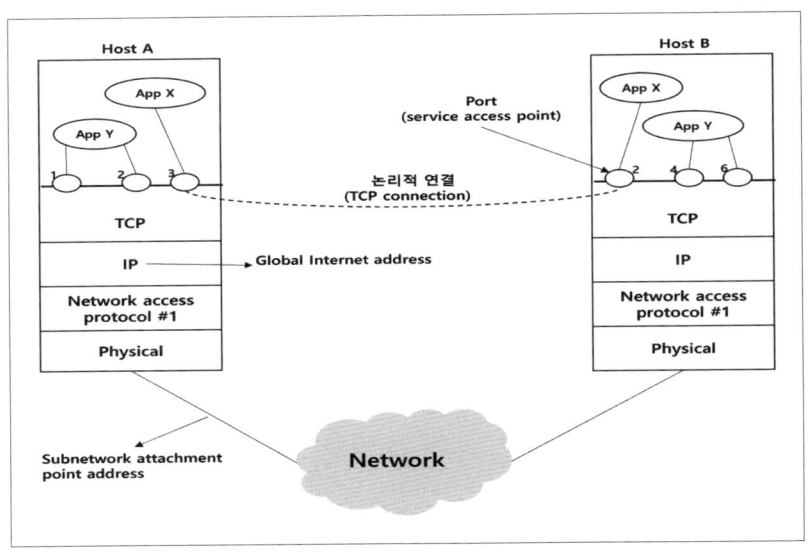

〈그림 4-1〉 TCP/IP 통신 개념도

로그램들을 구분하기 위한 포트번호(그림 4-1 예시에서 Host A는 1, 2, 3, Host B는 2, 4, 6)가 표시되어 있다. 전송 계층 아래의 네트워크 계층에는 Host A와 B는 고유한 주소인 IP가 부여되어 있다. 그 아래 데이터 링크 계층과 물리 계층을 거쳐 통신을 하게 된다.

참고로 데이터 링크 계층에서는 네트워크 선로를 타기 위해 거쳐야하는 인접한 노드들의 주소 개념인 MAC(Media Access Control) 주소가 있다. MAC 주소는 하드웨어 주소 또는 물리적 주소로도 불리는데 이는 MAC 주소가 물리적인 네트워크 카드에 대한 고유 식별자이기 때문이다.

2. 인터넷

인터넷(Internet)은 '네트워크들의 네트워크'로 여러 네트워크를 하나로 연결한다는 의미의 '인터 네트워크(inter-network)'이다. 전 세계 컴퓨터를 하나로 연결하는 거대한 통신망을 의미한다. 앞서 살펴본 바와 같이 인터넷은 TCP/IP를 통해 제공되고 있다.

인터넷 시스템은 수많은 서버(Server)와 클라이언트(Client)로 구성되어 있는데, 해당 용어에 대한 설명은 아래와 같다.

- **서버**: 클라이언트에게 서비스를 제공하는 컴퓨터 프로그램 및 장치를 의미
- **클라이언트**: 서버가 제공하는 서비스를 이용하는 컴퓨터 프로그램 및 장치, 그리고 그 사용자를 의미

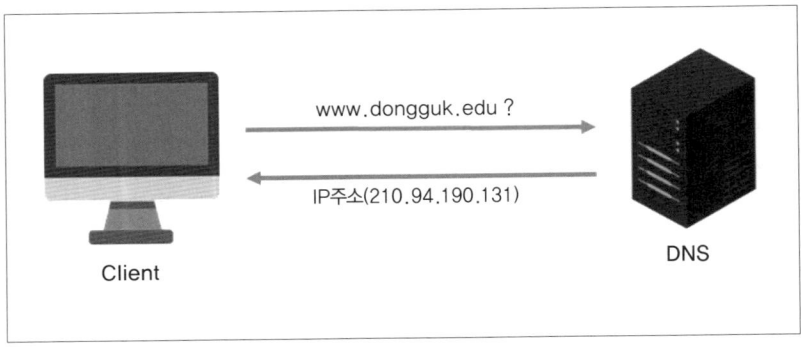

〈그림 4-2〉 도메인 네임 시스템

인터넷 상에서 통신을 할 때 송신 측에서는 데이터를 전달받을 컴퓨터나 서버를 특정해야하는데 이때 사용하는 것이 바로 IP 주소이다. IP 주소는 x.x.x.x 형태로 나타낼 수 있으며 각 x의 범위는 0~255이다. 그런데 클라이언트가 숫자로 조합된 IP 주소를 사전에 알아내는 것이 번거롭기도 하고, 사용자가 통신할 모든 IP 주소를 외우기는 더욱 어렵다. 이 때 사용되는 개념이 도메인 네임(domain name)이다. 도메인 네임은 〈그림 4-2〉의 www.dongguk.edu와 같이 사람이 인지하기 쉬운 문자나 단어로 구성되어 있다. 도메인 네임과 IP 주소를 매칭하는 작업은 DNS(Domain Name System) 서버에서 담당한다.

인터넷에서 사용할 수 있는 서비스로 DNS 외에 웹(World Wide Web; WWW), 이메일(e-mail), FTP(File Transfer Protocol) 등이 있는데, 그 중 웹 서비스가 가장 널리 사용되고 있다. 웹은 클라이언트의 웹 브라우저(web browser)와 HTML(HyperText Markup Language)이라는 언어를 사용하여 작성된 웹 페이지(web page)와 그에 종속된 여러 파일들이 저장되어 있는 서버가 데이터를 주고받을 수 있게 도와주며, 이때 사용되는 프로토콜이 HTTP(HyperText Transfer Protocol)이다. 간략하게 HTTP에 의해

> **📺 도메인과 URL의 차이**
>
> 도메인은 인터넷 상에서의 주소인 URL(Uniform Resource Locator)의 일부로 외우기 힘든 IP 주소를 기억하기 쉽게 만들어주는 네트워크 호스트의 '이름'을 의미한다. 따라서 도메인은 URL에 포함되는 개념이다. 아래 예시를 통해 URL과 도메인의 관계를 확인할 수 있다.
> http://www.google.com/search?q=동국대학교
> 프로토콜: http, 도메인: www.google.com, 디렉터리or파일: search, 쿼리 스트링: q=동국대학교

클라이언트와 서버가 통신하는 과정은 다음과 같다.

1. 사용자(클라이언트)가 웹 브라우저에 접속하고자 하는 URL 입력
2. DNS를 통해 알게된 도메인의 IP 주소로 HTTP 요청 메시지 생성 후 전송
3. 서버는 클라이언트의 HTTP 요청 메시지를 받고 그에 대한 HTTP 응답 메시지 작성
4. 서버는 클라이언트의 IP 주소로 요청한 웹 페이지와 그에 종속된 그림, 소리, 영상, 스크립트 파일 등을 전송
5. 클라이언트의 웹 브라우저는 서버로부터 받은 메시지를 해석하여 화면에 출력

3. 암호 기술

중요한 정보를 허가받지 않은 사람들은 보지 못하도록 하는 암호기술은 고대에서부터 사용되어 왔다. 왕이 지방 관리에게 보내는 비밀문서, 전쟁 중의 작전 지시, 스파이의 첩보 등의 중요 정보들을 적으로부터 보호하기 위한 비밀 통신 기법들이 발전해 왔다. 한편 반대편에서는 암호기술이 적용된 비밀 메시지들을 알아내기 위한 암호 해독 기술이 함께 발전되어 왔다.

암호 기술은 특히 인터넷이 보급화된 현대 시대에 더욱 중요해졌다. 네트워크를 통해 메시지를 주고 받을 때, 제3자는 그 내용을 알지 못하도록 하는 다양한 암호 기법들이 적용되고 있다. 네트워크 상에 전송되는 디지털 데이터들도 디지털 포렌식의 대상에 해당한다. 본 절에서는 암호 기술과 관련된 다양한 용어들과 개념들을 개괄적으로 살펴본다.

(1) 암호 기술 관련 용어

암호 기술과 관련된 용어들은 다음과 같다.

- **암호학(cryptology)**: 암호학의 어원은 '숨겨진', '비밀'을 의미하는 그리스어 '크립토스(Kryptos)'와 '학문'을 의미하는 '로고스(logos)'로 알려져있다. 정보를 보호하기 위한 언어학적 및 수학적 방법론을 다루는 학문으로 크게 암호화 분야와 암호해독 분야로 나뉜다.
- **평문(Plaintext)**: 암호 알고리즘의 입력 대상으로 암호화되지 않은

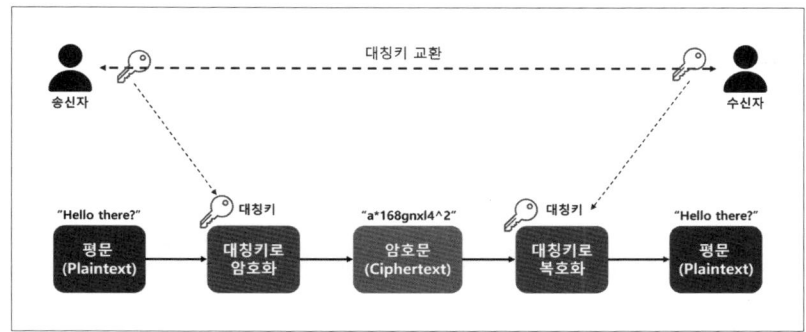

〈그림 4-3〉 대칭키 암호 개념도

정보를 의미한다.
- **암호문(Ciphertext)**: 평문에 암호 기술을 적용하여 해독하기 어려운 형태로 변형된 것을 의미한다.
- **암호화(Encryption)**: 보안이 필요한 평문을 해독이 어려운 암호문으로 변환하는 과정이다.
- **복호화(Decryption)**: 암호화의 역으로, 암호문을 평문으로 되돌리는 과정이다.
- **암호화 방식(Cryptography)**: 암호화 및 복호화를 포함하는 개별적인 암호화 원리를 말한다.
- **암호화 알고리즘(Cryptographic Algorithm, Cipher)**: 암호화/복호화, 키 생성, 인증, 서명 등과 같은 암호화 프로세스를 설명하는 데 사용되는 일련의 수학 방정식 혹은 잘 정의된(well-defined) 절차를 의미한다.
- **키(Key)**: 키는 암호화 및 복호화하는 핵심 정보값으로 암호화 알고리즘 수행 시 반드시 필요하다. 평문에서 암호문으로 변환할 때에는 암호화 키가 필요하고, 암호문에서 평문으로 변환할 때에는 복

호화 키가 필요하다.
- **암호 공격**(Cryptographic attacks): 암호 시스템의 약점을 찾아 암호 시스템의 보안을 우회하는 방법을 통칭한다.
- **암호 분석**(Crytanalysis): 암호문을 통해 평문과 키를 찾아내고자 분석하는 것을 의미한다.
- **비밀번호**(Password): 시스템에 허가된 사용자임을 확인할 때 제시해야 하는 미리 정해진 문자열을 의미한다.[52]

(2) 현대 암호

1) 대칭키 암호

대칭키 암호(Symmetric-key Algorithm)는 평문의 암호화에 사용하는 키와 암호문의 복호화에 사용하는 키가 동일한 알고리즘을 이야기한다. 자물쇠를 잠그고 열 때 같은 키를 사용하는 것처럼 사람이 직관적으로 이해하기 쉬운 방식이다. 〈그림 4-3〉과 같이 암호화와 복호화에 사용되는 키가 동일하다.

대칭키 알고리즘은 암호화하는 평문의 단위에 따라 스트림 암호와 블록 암호로 분류할 수 있다.

---

[52] 우리나라에서는 Password를 '암호'로 부르기도 한다. 살펴본 바와 같이 암호 기술과 관련된 용어들이 많은데, 번역에 '암호'라는 단어를 다수 사용한 까닭에 의미가 혼돈되곤 한다.

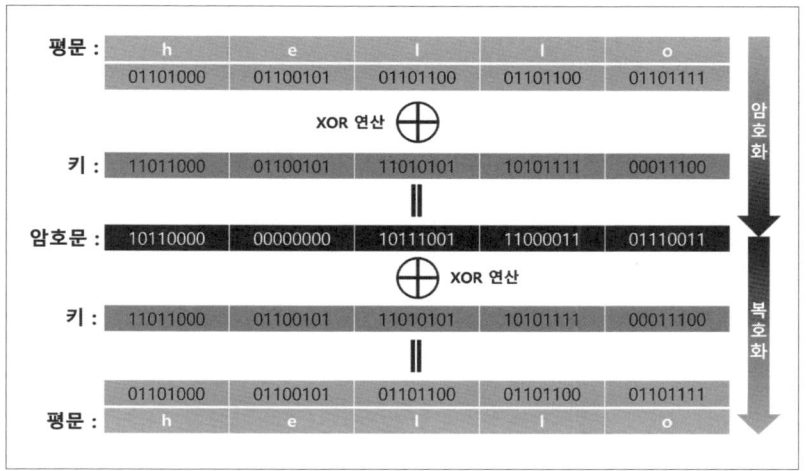

〈그림 4-4〉 스트림 암호 예시

- **스트림 암호**

  스트림 암호(Stream Cipher)는 평문과 같은 길이의 키 스트림을 생성하여 암호화 및 복호화한다. 〈그림 4-4〉의 예시의 경우 암호화 하고자 하는 평문 길이와 같이 5바이트 크기의 키를 이용하여 hello를 암호화하는 것을 확인할 수 있다. 평문과 키의 2진수 값을 XOR 연산하여 암호화하고 암호문과 키를 마찬가지로 XOR 연산하여 평문으로 복호화할 수 있다.

- **블록 암호**

  블록 암호(Block Cipher)란 평문을 블록 단위로 쪼갠 후, 각 블록을 암호화하는 대칭키 암호 시스템을 의미한다. 대표적인 블록암호로는 DES(Data Encryption Standard)와 AES(Advanced Encryption Standard)가 있다.

DES는 미국 국립표준국(National Bureau of Standards, NBS)[53]이 1977년에 IBM 사의 제안을 바탕으로 제정한 블록 암호 표준 규격이다. 64비트 평문을 56비트의 키를 이용하여 64비트 암호문으로 암호화하는 방식이다. 당시에는 보안성이 뛰어났으나 컴퓨터 하드웨어가 발달함에 따라 현대에는 권장하지 않는 알고리즘이다.

AES는 마찬가지로 미국 국립표준기술연구소에 의해 표준으로 지정된 블록 암호이다. 128비트 평문을 128비트 암호문으로 출력하는 알고리즘인데, 키의 크기를 128비트나 192비트, 256비트 중 하나로 선택할 수 있다. 키의 크기에 따라 AES-128, AES-192, AES-256으로 불린다.

살펴본 암호화 알고리즘의 동작 방식들은 이미 공개가 되어 있는데, 이는 키를 제외한 암호 시스템의 다른 모든 내용이 알려지더라도 암호 체계는 안전해야 한다는 Kerckhoffs's principle[54]에 의한 것이다. 이는 후술할 비대칭키 암호에서도 동일하게 적용된다.

한편, 대칭키는 후술할 비대칭키 암호에 비해 필요한 연산량이 적기 때문에 데이터 처리량이 커 계산 속도가 빠르다는 장점이 있다. 단점으로는 키의 공유가 어렵다는 점이 있다. 대칭키 알고리즘을 이용해 n명이 안전한 통신을 하고자할 경우, 서로 다른 대칭키가 필요하므로 총 n(n-1)/2개의 대칭키가 필요하다. 만약 신규 참여자가 생기게 되면 〈그림 4-5〉와 같이 기존 참여자 수만큼의 새로운 대칭키가 필요하게 된

---

53 현재는 미국 국립표준기술연구소(National Institute of Standards and Technology; NIST)로 개편되었다.
54 케르크호프스, 혹은 커코프의 원리라고 부른다.

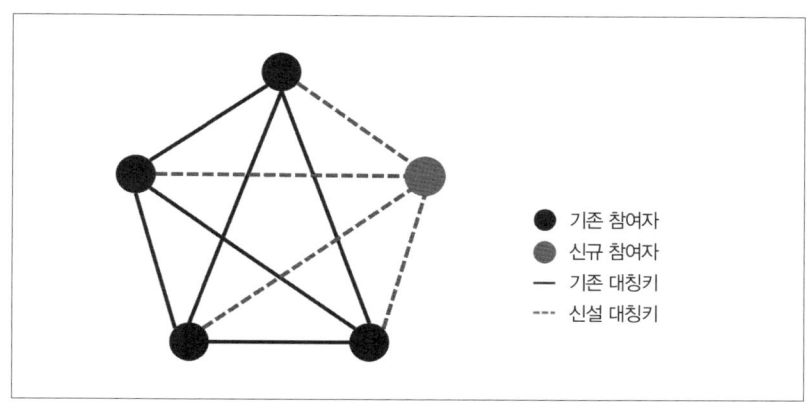

〈그림 4-5〉 대칭키 암호에 필요한 키 예시

다. 또한, 안전한 통신을 위해서는 송신측과 수신측이 같은 키를 공유해야하는데, 키를 배송하는 과정에서 공격자에게 유출될 수 있다는 약점이 있다.

2) 비대칭키 암호

비대칭키 암호(Asymmetric-key Algorithm)는 대칭키 암호의 단점을 극복하기 위해 제시되었다. 대칭키 암호 방식에서는 통신 대상자와의 키 교환에 어려움이 있었는데, 비대칭키 암호 방식에서는 두 종류의 키를 만들어, 제3자에게 공개되어도 보안에 문제가 없는 키와 반드시 지켜야 하는 키로 구분하였다. 이들을 각각 공개키(Public Key)와 개인키(Privage Key)[55]

---

[55] 비대칭키 암호(Asymmetric-key Algorithm)는 대칭키 암호의 단점을 극복하기 위해 제시되었다. 대칭키 암호 방식에서는 통신 대상자와의 키 교환에 어려움이 있었는데, 비대칭키 암호 방식에서는 두 종류의 키를 만들어 제3자에게 공개되어도 보안에 문제가 없는 키와 반드시 지켜야 하는 키로 구분하였다. 이들을 각각 공개키(Public Key)와 개인키(Privage Key)라고 부른다. 공개키로 암호화한 데이터는 개인키로만 복호화할 수 있고, 반대로 개인키로 암호화한 데이터는 공개키로만 복호화할 수 있다.

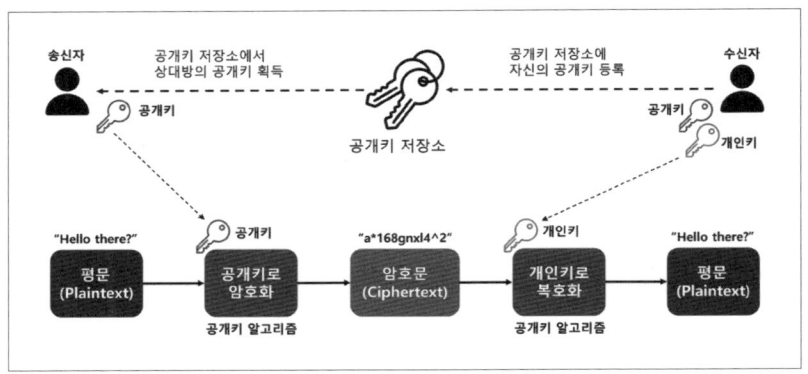

〈그림 4-6〉 비대칭키 암호 개념도

라고 부른다. 공개키로 암호화한 데이터는 개인키로만 복호화할 수 있고, 반대로 개인키로 암호화한 데이터는 공개키로만 복호화할 수 있다.

앞서 설명한 대칭키 알고리즘과 달리 비대칭키 알고리즘은 암호화에 사용되는 키와 복호화에 사용되는 키가 다르다는 특징이 있다. 예로 송신자 A는 수신자 B의 공개키로 보내고자 하는 메시지를 암호화하고 이를 전송한다. B는 수신한 암호문을 개인키로 복호화한다. 만약 제3자가 네트워크에 전송 중인 암호문을 가로챈다 하더라도, B의 공개키로 암호화된 데이터는 B의 개인키로만 복호화가 가능하므로 메시지의 기밀성(Confidentiality)을 지킬 수 있다.

비대칭키 암호는 소인수분해 문제나 이산대수 문제와 같이 수학적으로 풀기 어려운 문제를 기반으로 만들어 진다. 다음은 대표적인 비대칭키 암호에 대한 설명이다.

• RSA

RSA(Rivest-Shamir-Adleman)은 소인수분해 문제에 기반하여 만들어진 비대칭키 암호이다. 충분히 큰 두 소수 p와 q를 곱한 수가 주어졌을 때, 이를 인수분해 하여 p와 q를 알아내는 것은 매우 어렵다는 특징을 활용한 것이다. 다음은 p와 q를 이용해 공개키와 개인키가 생성된 후에 RSA가 평문·암호문을 암·복호화 과정을 설명하는 간단한 예시이다.

1. 공개키 〈34, 3〉, 개인키 〈34, 11〉[56]
2. 평문: 7[57]
3. 암호화: 7^3 % 34 = 3 (암호문은 3)
   - 7의 3승을 34로 나눈 나머지를 계산하는 과정
4. 복호화: 3^{11} % 34 = 7

RSA는 세계적으로 가장 널리 알려진 비대칭키 암호로 후술할 SSL을 비롯하여 실생활에서도 널리 사용되고 있다.

• ElGamal

ElGamal은 이산대수 문제의 어려움에 기반하여 만들어진 비대칭키 암호이다. 이산대수 문제는 p가 소수이고, g가 원시 원소(Primitive Element)[58]일 때, g, x, p를 이용하여 y= g^x mod p[59]를 구하기는 쉬우나 g, y, p만 주어졌을 때 지수승 x를 구하기는 어렵다는 문제이다. 암호문의

---

[56] RSA는 대칭키 암호와는 다르게 키들이 두 숫자의 쌍(pair)으로 구성되어 있다.
[57] 암호화할 데이터를 숫자로 간주한다. 예로 암호화하고자 하는 평문이 문자일 경우, 2장에서 살펴본 문자 코드에 대응되는 값을 입력하면 된다.
[58] 원시 원소에 대해 이해하려면 대수학의 체(Field) 및 유한체(Finite Field)에 대한 배경 지식이 필요하다. 해당 내용에 대한 설명은 본 교재의 범위를 넘어가므로 생략한다.
[59] mod는 나머지를 구하는 연산이다. 예로 5 mod 2는 5를 2로 나눈 나머지, 즉 1이다.

길이가 평문의 약 2배가 되는 특징 때문에 타 알고리즘에 비해 더 많은 메모리 공간이 필요하고 상대적으로 속도가 느리다는 단점이 있다.

• 타원곡선 암호

타원곡선 암호(Elliptic Curve Cryptography; ECC)는 타원곡선 상의 이산대수 문제에 기반한 비대칭키 암호이다. 타원곡선 암호는 타 암호 시스템과 비교하여 키의 길이가 짧으나 안전성 측면에서는 동등한 성능을 보여 효율성이 좋다. 계산에 필요한 리소스도 상대적으로 적어 휴대용 장비와 같이 자원이 제한되는 환경에서 선호되는 방식이다.

비대칭키 암호 시스템을 사용하면 사전에 비밀키를 나눠갖지 않은 사용자들도 이미 공개된 공개키를 활용함으로써 비밀 채널 없이도 안전하게 통신할 수 있다는 장점이 있다. 대칭키 알고리즘의 경우 키가 통신 채널의 개수만큼 필요했지만 비대칭키 알고리즘의 경우 통신 참

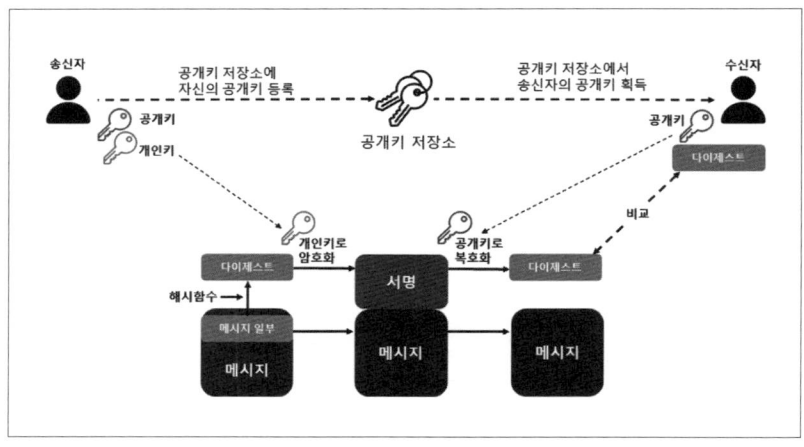

〈그림 4-7〉 전자서명 개념도

여자의 수만큼의 키만 있으면 되므로, 대칭키 암호에 비해 확장성이 뛰어나다. 단, 대칭키 암호에 비해 암호화나 복호화의 속도가 느리고, 키의 길이가 길다는 단점이 있다. 따라서, 대칭키 암호와 비대칭키 암호 방식의 장점을 혼합하여 비대칭키 암호를 이용해서 대칭키 암호의 키를 전달하는 하이브리드 방식이 주로 사용되고 있다.

> **비대칭키를 활용한 전자 서명**
>
> 전자 서명(Digital Signature)이란 서명자의 신원 또는 서명자가 해당 전자문서에 서명하였다는 사실을 나타내는 데 이용하는 전자적 형태의 정보를 말한다. 전자 서명은 앞서 설명한 비대칭키의 암호화 및 복호화 절차와 반대로, 송신자가 자신의 개인키로 문서에 서명, 즉 암호화를 하고 수신자는 송신자의 공개키로 복호화함으로써 검증하는 절차를 수행한다.

3) 하이브리드 암호

대칭키 암호와 비대칭키 암호의 장점을 혼합한 방식이다. 송신자 A는 안전한 통신을 하고자하는 수신자 B와 대칭키 암호를 위한 키 K를 공유하기 위해 우선 K를 수신자의 공개키 PK_B로 암호화한다. 암호화된 데이터를 전달받은 수신자 B는 본인의 개인키 SK_B로 복호화하고 대칭키 암호키 K를 획득한다. 이후, 송신자에게 올바르게 키 K를 전달받았다는 것을 알리는 일련의 절차를 거친 후, 대칭키 암호를 이용하여 안전한 통신을 수행한다. 〈그림 4-8〉은 이를 도식적으로 나타낸 것이다.

클라이언트와 서버와의 안전한 통신을 위해 사용되는 SSL(Secure Socket Layer)/TLS(Transport Layer Socket)가 하이브리드 암호 방식이 적용된 대표적 예시이다. 웹 브라우저의 주소창에 보안연결(HTTPS)이라고

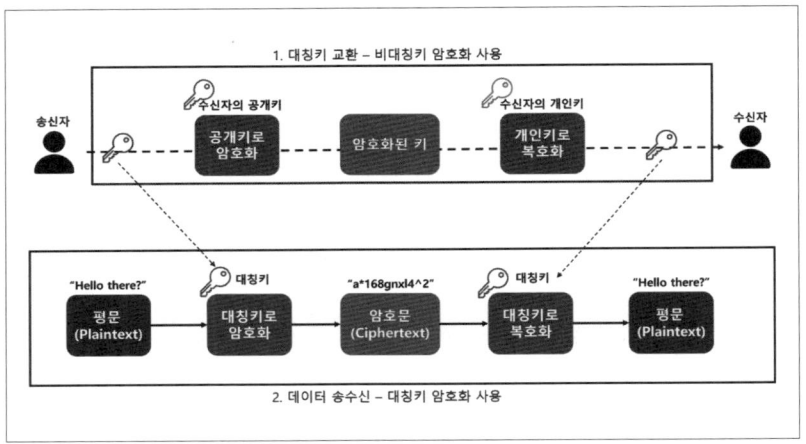

〈그림 4-8〉 하이브리드 암호 개념도

표시가 된 웹 페이지는 SSL/TLS가 적용된 안전한 통신을 지원하는 사이트에 해당한다.

(3) 암호 공격

1) 무차별 대입 공격

무차별 대입 공격(Brute Force Attack)은 비밀번호나 암호화 키를 무작위로 계속해서 입력함으로써 암호 기술을 무력화하는 공격 기법이다. 대부분의 암호화 방식은 이론적으로는 무차별 대입 공격에 안전하지 않다. 따라서 보안 강화를 위해 무차별 대입 공격에 소요되는 시간과 비용을 높임으로써 현실적으로 공격이 실용적이지 못하게 만드는 전략을 취한다.

2) 사전 공격

사전 공격(Dictionary Attack)이란 비밀번호에 자주 사용되는 단어나 문구를 담은 사전을 제작한 후, 사전에 있는 단어를 입력하거나 해당 단어들을 조합함으로써 비밀번호를 알아내는 공격 기법이다. 사전에 있는 단어의 대문자와 소문자를 뒤섞기도 하고, 단어에 숫자나 특수기호를 첨부하기도 하는 등 다양한 조합 방식을 이용하여 공격을 수행한다.

3) 부채널 공격

부채널 공격(Side Channel Attack)은 암호 시스템의 물리적 구현 과정의 정보를 기반으로 공격하는 기법이다. 소리나 소요 시간, 소비 전력, 전자기파 등을 통해 암호 공격에 활용할 수 있는 추가 정보를 얻는 방식이다.

4. 해시 알고리즘

해시 알고리즘(Hash Algorithm)은 임의로 설정된 길이의 데이터를, 고정된 길이의 데이터로 매핑하는 함수이며 해시 함수, 해시 함수 알고리즘이라고도 불린다. 해시 알고리즘에 의해 계산된 결과 값은 해시값(Hash value), 해시코드(Hash code), 해시 체크섬(Checksum), 메시지 다이제스트(Message Digest), 핑거프린트(Fingerprint) 혹은 간단하게 해시라고도 부른다. 해시함수에는 암호학적 해시함수와 비암호학적 해시함수, 유사도 해시가 있다.

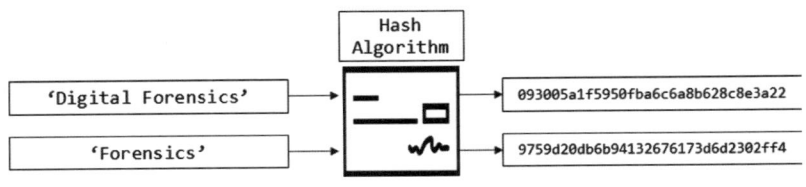

〈그림 4-9〉 해시 알고리즘의 예시(MD5)

(1) 암호학적 해시함수

암호학적 해시함수(cyrptographic hash function)는 역상저항성, 제2역상저항성, 충돌 저항성을 특징으로 가지며, 대표적 알고리즘으로는 MD5, SHA256, SHA512 등이 있다.

- **역상저항성**(Preimage Resistance)

역상저항성은 해시값이 주어졌을 때 그 해시값을 생성하는 입력값을 알아내기가 불가능하다는 특성이다. y가 주어졌을 때, h(x)=y인 x를 찾는 것이 불가능하다는 것이다.

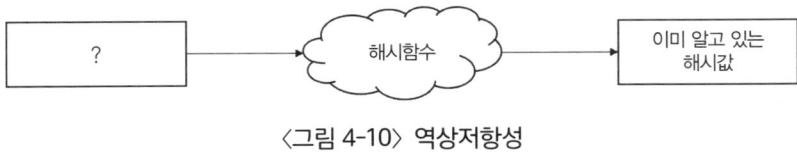

〈그림 4-10〉 역상저항성

- **제2역상저항성**(Second Preimage Resistance)

제2역상저항성은 어떤 입력값과 그에 대한 해시값이 주어졌을 때, 동일한 해시값을 가지는 다른 입력값을 찾을 수 없어야 한다는 특성이다.

h(x)=y인 x와 y가 주어지고, h(x')=y(x != x')인 x'를 찾는 것이 어렵다는 것이다.

〈그림 4-11〉 제2역상저항성

• **충돌저항성**(Collision resistance)

충돌이란 해시함수가 서로 다른 두 개의 입력값에 대해 동일한 출력값을 내는 것으로, 무한한 개수의 입력값에 비해 길이가 고정된 출력값은 경우의 수가 유한하기 때문에 나타나는 현상이다. 해시 충돌은 해시함수를 이용한 알고리즘의 효율성을 떨어뜨리기 때문에 의도적인 해시 충돌(충돌 공격)의 가능성을 최소화해야 한다. 충돌을 어렵게 만드는 특성이 충돌저항성인데 이는 해시값이 같은 입력값 두 개를 찾을 수 없다는 특성이다. h(x)=h(x') (x != x')인 x, x'를 찾는 것이 어렵다는 것이다.

〈그림 4-12〉 충돌저항성

해시함수는 역상저항성, 제2역상저항성, 충돌저항성의 특성으로 인해 다양한 분야에서 사용되는데 그 중 가장 흔한 분야는 데이터의 무결성 확인이다. 데이터의 한 비트만 변경되어도 해시값 전체가 변경되는 특성을 이용한 것으로 디지털 포렌식에서는 분석 조사 대상 파일이 수집 당시의 원본과 다르지 않음을 증명하는데 사용된다.

(2) 비암호학적 해시함수

역상저항성과 충돌저항성을 보장하는 암호학적 해시함수와는 다르게 비암호학적 해시함수는 데이터의 빠른 조회와 효율성에 중점을 둔다.
예를 들어 대표적인 비암호학적 해시 함수인 CRC32(Cyclic Redundancy Check 32)는 입력값을 8비트의 결과값으로 매핑한다. 이는 0x00000000부터 0xFFFFFFFF까지 개의 경우의 수가 있는 것으로, 암호학적 W해시함수 중 안전하지 않다고 알려져있는 MD5의 128비트나 SHA-1의 160비트로 나타낼 수 있는 경우의 수에 비해 훨씬 작은 값이다. 따라서 비암호학적 해시 함수는 충돌이 발생할 가능성이 높다. 그 대신 알고리즘이 단순하여 데이터베이스의 색인이나 데이터 오류검사를 빠르게 수행할 수 있다.

(3) 유사도 비교 해시

암호학적 해시 함수나 비암호학적 해시함수는 출력 값이 정확히 일치하는지를 확인함으로써 데이터의 무결성이 유지되었는지, 혹은 오류가 발생하였는지 검증한다. 그와 다르게 완전히 일치하는 값을 찾는 목적이 아닌, 유사한 데이터를 찾고자하는 알고리즘으로 퍼지 해시(Fuzzy Hash)가 있다. 퍼지 해시는 입력 데이터를 블록 단위로 나눠 해시 연산을 수행함으로써 출력값으로 연속적인 스트림을 제공한다. 출력된 스트림들이 어느정도 유사한지를 비교함으로써 두 데이터간의 유사도를 출력한다.

유사도 해시 알고리즘은 파일은 나누는 기준에 따라 FLC(Fixed Length Chunking)과 VLC(Variable Length Chunking)으로 나뉜다. FLC는 파일을 일정한 크기로 나눠 블록에 대한 해시 연산을 수행하는 반면, VLC는 롤링해시(Rolling Hash)와 MD5나 SHA1 해시를 함께 사용한다. FLC의 대표적인 알고리즘으로는 sdhash, VLC의 대표적 알고리즘은 ssdeep[60]이 있다. 이 두 알고리즘 외에도 Nilsimsa hash, mvHash, TLSH 등 다양한 해시 알고리즘이 존재한다.

---

60 본래 ssdeep은 유사도 해시 계산 도구의 이름이나, 해당 도구에서 사용되는 알고리즘의 이름으로 불리곤 한다. 사용되는 알고리즘의 명칭은 computing context triggered piecewise hashes (CTPH)이다.

CHAPTER 5
Digital Evidence

1 디지털 데이터의 특성
2 증거
3 디지털 증거의 정의
4 디지털 증거의 증거능력
5 디지털 증거 관련 쟁점

　프레임워크는 사전적으로 판단이나 결정을 위한 틀 혹은 체제나 체계를 의미한다. 디지털 포렌식 분야에서는 프레임워크가 인터페이스 패키지, 실무적 절차, 연구 결과를 정리한 체계 등의 다양한 의미로 사용된다. 본 교재에서는 다양한 프레임워크 중 '디지털 증거 중심 디지털 포렌식 프레임워크(Digital Forensics Framework based on Digital Evidence)'를 기반으로 디지털 포렌식을 설명한다.

　디지털 포렌식은 수사기관의 수요로 인해 탄생한 학문이다. 따라서 디지털 포렌식에서 사용되는 용어들 중 상당수는 형사(刑事)와 관련이 깊다. 특히 디지털 증거는 디지털 포렌식의 탄생과 직접적으로 관련이 있으므로 디지털 포렌식을 학습하려면 반드시 이해해야 하는 개념이다.

1. 디지털 데이터의 특성

　일반 증거와는 다르게 디지털 증거만의 독특한 증거 수집·보존을 위

〈표 5-1〉 디지털 데이터의 특성과 관련 쟁점

디지털 데이터의 특성	특성 설명	관련 쟁점
비가시성	디지털 데이터는 육안으로 확인이 불가능함	전문성, 신뢰성
휘발성	내·외부 영향의 의해 쉽게 사라질 수 있음	진정성, 무결성
복제 용이성	디지털 데이터는 복제가 쉽고 원본과 사본의 구분이 불가능함	원본성, 압수방법(이미징)
변조 가능성	위변조 및 삭제가 용이함	진정성, 무결성
대규모성	하나의 물리적 매체에도 다수의 디지털 자료가 저장되어 있음	압수 방법(선별 압수)
초국경성	디지털 데이터의 영향 범위가 국경을 초월함	압수 방법(원격지 압수)

한 절차가 필요하고 형사소송법 상 증거능력을 부여하기 위한 요건이 존재하는데, 이는 디지털 데이터의 특성에 기인한다. 〈표 5-1〉은 디지털 데이터의 특성과 그로 인한 쟁점들을 정리한 것이다. 본 절에서는 디지털 데이터의 특성에 대해 살펴보고 관련 쟁점들은 다음 절부터 자세히 다루겠다.

(1) 비가시성

정보 저장 매체에 저장된 디지털 데이터는 0과 1로 이루어져 있어, 사람이 디지털 데이터가 표현하고자 하는 내용을 곧바로 인식하는 것은 불가능하다. 디지털 데이터를 사람이 볼 수 있는 형태로 변환한 후, 모니터나 프린트와 같은 장치에 출력함으로써 그 내용을 확인을 할 수 있다. 디지털 데이터를 사람이 해석할 수 있게 변환하는 과정에서 디지털 데이터의 누락이나 변경은 없었다는 것을 보장해야 한다.

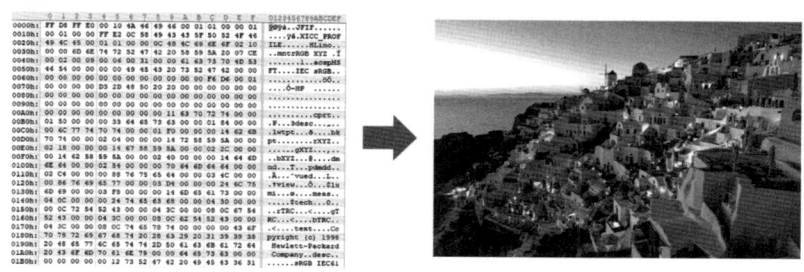

〈그림 5-1〉 디지털 데이터의 비가시성 예시

(2) 휘발성

휘발성은 디지털 데이터가 내·외부의 영향에 따라 쉽게 삭제 및 변조될 수 있는 성질을 의미한다.

외부의 영향은 정보저장 매체에 가해지는 충격, 열 등의 요인들을 의미한다. 하드디스크의 경우 충격과 열 등에 취약하기 때문에 쉽게 데이터가 변경될 수 있다. 대표적인 정보 저장 매체인 하드디스크(hard disk drive, HDD)의 경우 충격과 열 등에 취약하여 올바르게 보관되지 않을 경우 데이터가 삭제되거나 변조될 위험이 있다. SSD(solid state drive)는 반도체를 이용하여 디지털 데이터를 저장하는데, 장기간 전원을 연결하지 않고 방치한다면 데이터의 손실이 일어날 수 있다.

컴퓨터 메모리나 네트워크 상에서만 일시적으로 존재하는 데이터는 컴퓨터에 전원이 연결된 상태 즉, 활성 상태에서만 존재하는 데이터라는 의미에서 활성 데이터라고 부른다. 활성 데이터에는 프로세스 정보나 암·복호화 키와 같은 중요 정보가 다수 포함되어 있지만, 컴퓨터 전원이 꺼지면 데이터가 휘발되어 해당 정보들을 획득할 수 없게 된다.

(3) 복제 용이성

디지털 데이터는 물리적 형태를 가진 물체가 아니므로 데이터가 저장된 정보 저장 매체가 아닌 데이터 그 자체가 가치를 갖는다. 즉, 서로 다른 매체에 저장되어 있더라도 동일한 디지털 데이터가 저장되어 있다면 그 가치 또한 동일하다. 파일 복사를 예로 들면, 스마트폰에서 저장되어 있는 사진 파일을 컴퓨터로 복사하게 되면 매체만 다를 뿐 두 파일을 구성하는 디지털 데이터는 완전히 동일하다. 이러한 복제 용이성은 디지털 데이터, 나아가 디지털 증거의 '원본'은 무엇인가에 대한 이슈를 만든다.

(4) 변조 가능성

디지털 데이터는 삭제와 변경이 용이하다. 사진의 크기를 조정하거나 영상의 길이를 줄이는 등 누구나 쉽게 파일을 변경할 수 있다. 컴퓨터를 능숙하게 다루는 사람은 간단한 명령어만으로 대량의 파일을 수정하거나 삭제하는 것이 가능하다. 디지털 데이터 자체를 변조하여 저장된 정보를 수정하는 것도 가능하다. 이러한 변조 가능성 혹은 용이성은 디지털 증거가 본래의 정보를 담고 있는 것이 맞는지, 분석하는 과정에서 변경되지 않았는지와 같은 디지털 증거의 무결성에 대한 여러 논쟁을 유발한다.

(5) 대규모성

정보 저장 매체의 발전으로 과거에는 상상하지 못했던 방대한 분량의 정보를 기록할 수 있게 되었다. 또한, 정보화 사회가 되면서 한 개인 혹은 조직이 일상생활 중에 생성하는 데이터의 규모가 거대화되었다. 이에 따라 대량의 데이터로부터 증거로서 유의미한 정보를 담고 있는 데이터를 선별하는 작업의 중요성이 커지게 되었다. 데이터 복잡성과 처리 시간의 증가는 디지털 포렌식 조사자가 해결해야 하는 주요 이슈이다.

(6) 초국경성

디지털 데이터의 초국경성은 국가나 지역의 경계를 쉽게 넘나들며 전 세계적으로 이동할 수 있는 특성을 말한다. 인터넷과 클라우드 기술의 발전에 따라 데이터의 전송, 저장 및 접근이 국적과 지리적 위치에 구애받지 않음을 의미한다. 이는 범죄자, 피해자, 디지털 증거가 각기 다른 국가나 지역에 존재할 수 있다는 사실을 시사한다. 특히, 사이버 범죄 수사 시 사법관할권[61]이나 국가 주권 문제와 같은 법적, 행정적, 정치적 이슈가 발생하곤 한다.

---

61 사법기관이 그 재판 관할의 범위를 정하고 법령을 적용하여 구체적인 사안의 심리와 판결의 집행을 행하는 권한

2. 증거

일상 생활에서 증거는 '어떤 사실을 증명할 수 있는 근거'라는 뜻으로 사용되곤 한다. 한편, 형사절차에서의 증거는 '피고인과 범죄사실을 구체적으로 입증하는 사실관계 확인 자료'를 의미한다. 본 절에서는 디지털 증거를 설명하기에 앞서 '증거'의 개념에 대해 살펴보도록 하겠다.

(1) 증거란

형사소송은 사실관계를 확정하고 그에 따른 형법의 적정한 적용을 목적으로 한다. 법률의 적용은 사실관계가 확정되면 법률 지식에 의해 기계적으로 이루어지는 경우가 대부분인 반면, 사실관계 확정은 사후에 남아있는 여러 자료들을 통해 추정해야하므로 상대적으로 어려운 작업이다. 사실관계를 확실하게 하기 위해 사용되는 자료를 바로 '증거'라고 한다. 증거에 의하여 사실관계가 확인되는 과정을 '증명'이라 하며, 증명의 대상이 되는 사실을 '요증사실'이라 한다.

증거에는 '증거방법'과 '증거자료'의 두 가지 의미가 포함된다. 증거방법이란 사실인정의 자료가 되는 유형물(증인, 감정인, 증거물, 증거서류 등)을 말하며 증거자료는 증거방법을 조사하면서 얻어진 내용 그 자체를 의미한다. 증거방법을 조사하여 증거자료를 획득 및 감지하는 절차를 '증거조사'라 한다.

형사소송법 제307조 제1항에서 "사실의 인정은 증거에 의하여야 한다."고 규정하고 있다. 또한 형사소송법 제307조 제2항에서도 "범죄사실의 인정은 합리적인 의심이 없는 정도의 증명에 이르러야 한다."라고 규정하며 증거재판주의를 증거법의 기본 원칙으로 삼고 있다. 이는 디지털 증거에도 당연하게 적용되는 원칙이다.

(2) 증거능력과 증명력

1) 증거능력

'증거능력'은 증거가 엄격한 증명의 자료로 사용될 수 있는 법률 상의 자격을 의미한다. 사실인정에 대한 증명은 그 자료가 반드시 증거능력이 있어야 하고, 적법한 증거조사를 거쳐야 한다. 법관의 주관적·개별적 판단에 좌우되지 않는 것이 원칙으로, 증거능력은 입법자에 의하여 형식적·객관적으로 결정된다. 기존에는 존재하지 않았던 디지털 형태의 증거가 법정에 제출되기 시작하던 1990년대 후반부터 디지털 증거의 증거능력에 대한 논쟁이 지속적으로 발생되어 왔다. 이에 대해서는 이어지는 4절에서 자세히 다룬다.

2) 증명력

'증명력'이란 증거능력의 관문을 통과한 증거가 요증사실을 증명할 수 있는 가치를 의미하며 이는 문제가 되고 있는 사실을 증명할 수 있는 실질적 가치, 신빙성의 정도에 해당한다. 증명력에 대한 판단은 형사소송법 제308조(자유심증주의)에 의해 법관의 자유로운 심증에 맡긴다.

(3) 진술증거와 비진술증거

'진술증거'는 사람의 진술을 증거로 하는 것이다. 사람의 지각에 남아있는 범죄 흔적의 내용을 구두나 서면 등의 방법으로 외부에 표현하는 경우가 진술증거에 해당한다. 반면 '비진술증거'는 단순한 증거물이나 신체의 성질·상태 등 사람의 진술을 내용으로 하지 않은 증거를 의미한다. 진술증거는 그 진술에 임의성이 인정(외부의 부당한 영향이나 압력이 없음을 의미)되어야 증거능력이 있다고 판단한다. 또한, 진술증거는 전문증거 여부에 따라 '전문법칙'이 적용된다. 전문법칙과 관련된 내용은 다음 전문증거와 전문법칙에서 다루도록 한다.

(4) 전문증거와 전문법칙

진술증거는 '본래증거'와 '전문증거'로 나눌 수 있는데, 전문증거에 해당되는 경우 전문법칙에 의해 증거능력이 인정되지 않는다. 본래증거란 범죄사실에 관련된 체험을 한 사람이 중간의 매개체를 거치지 않고 직접 법원에 진술하는 것을 의미하고 전문증거는 직접 체험한 사람의 진술이 서면이나 타인의 진술이라는 매개를 통해 법원에 전달되는 것을 뜻한다. 가령 A가 B를 폭행하는 현장을 목격한 C의 진술은 본래증거에 해당하는 반면, C로부터 "A가 B를 폭행하더라"라고 전달들은 D가 진술할 경우 전문증거에 해당된다.

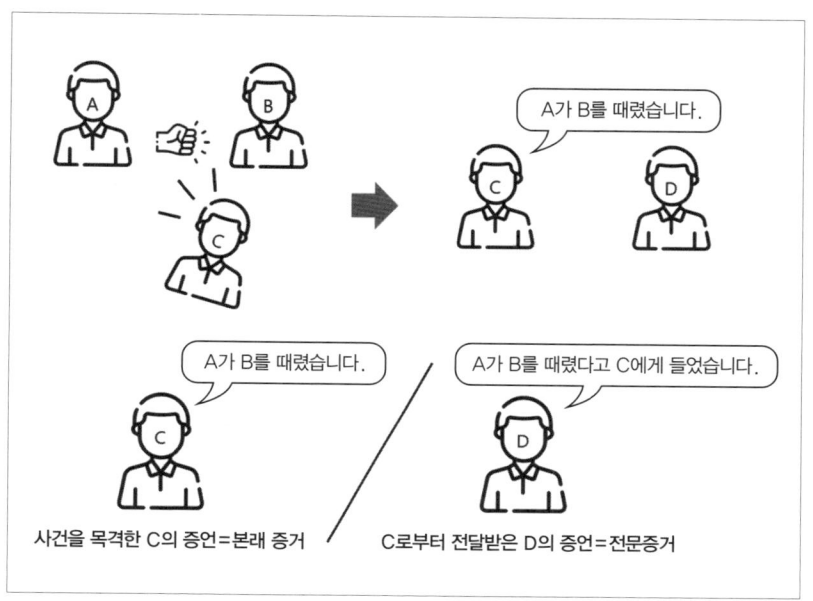

〈그림 5-2〉 본래증거와 전문증거의 차이 예시

전문법칙이란 전문증거는 원칙적으로 증거능력이 인정되지 않는다는 증거법칙으로 형사소송법 제310조의2(전문증거와 증거능력의 제한)에 의한다. 전문증거의 증거능력은 다음과 같은 이유를 근거로 제한한다.

- 원진술자의 잘못된 기억의 가능성
- 원진술자의 진술을 잘못 알아들을 수 있는 위험성
- 애매하거나 이해하기 어려운 원진술자의 표현을 잘못 해석할 가능성
- 원진술자의 진술을 왜곡할 위험성
- 경험 전달 과정에서 오류나 허위가 개입될 가능성
- 반대신문 기회의 결여(신용성 부족 파악 불가능) 등

다만 전문증거라하더라도 예외적으로 증거능력을 부여하는 경우가 있다. 실체적 진실을 발견하기 위해 전문증거가 반드시 필요할 경우, 가령 원진술자의 사망이나 소재불명 등을 이유로 원진술과 동일한 내용의 진술을 구하는 것이 불가능하거나 곤란한 경우가 해당된다. 또한 사건 직후의 충동적 발언이나 죽임 직전 임종시 진술, 이익에 반하는 진술 등 진술의 진실성을 담보할만한 구체적인 정황이 있을 경우 신용성의 정황적 보장을 인정하여 증거능력을 부여할 수 있다.

이외에 디지털 증거의 전문증거 및 전문법칙의 예외에 대해서는 '4절 디지털 증거의 증거능력'에서 다룬다.

3. 디지털 증거의 정의

디지털 증거에 대한 공식적인 정의는 내려진 바 없다. 다만, 다양한 조직 혹은 연구자들이 디지털 증거에 대해 다음과 같이 나름대로 정의 내리고 있다. 다음은 주요 디지털 포렌식 정의를 나열한 것이다.

- 범죄와 관련하여 증거로서의 가치가 있는 전자정보(경찰청 훈령 – 디지털 증거 수집 및 처리 등에 관한 규칙)
- 범죄와 관련하여 디지털 형태로 저장되거나 전송되는 증거로서의 가치가 있는 정보(대검찰청예규 – 디지털 증거의 수집·분석 및 관리 규정)
- Any information of probative value that is stored or transmitted in a binary form, 2진 형식으로 저장되거나 전송되는 증거가치가 있는 모든 정보(Scientific Working Group on Digital Evidence(SWGDE) – 디지

털 증거 관련 법집행기관·학계·산업계 실무그룹)
- 범죄가 어떻게 일어났는지에 대하여 입증 또는 반박할 수 있거나, 범죄 의도나 알리바이와 같은 범죄의 핵심 요소들을 이끌어낼 수 있는 정보로 컴퓨터를 사용하여 저장되거나 전송되는 데이터(Eoghan Casey, Digital Evidence and Computer Crime(2nd ed.), Academic Press (2004), 12.)

이 외에도 연구자 및 관련 조직·분야에 따라 각기 다르게 정의를 내리고 있지만, 공통적으로 '디지털 혹은 2진 형태'를 띄는 '증거가치'를 지닌 '정보'로 정의하고 있다. 디지털 증거는 2진수로 표현된 디지털 데이터 그 자체가 아닌, 디지털 데이터를 바탕으로 얻은 정보라는 점을 유의해야 한다.

본 교재에서는 다양한 정의 중 디지털 증거를 가장 종합적·포괄적으로 다루고 있는 SWGDE의 정의[62]를 인용하겠다.

4. 디지털 증거의 증거능력

본 절에서는 디지털 증거의 증거능력 인정 요건들에 대해 살펴본다. 〈그림 5-3〉은 디지털 증거의 증거능력 테스트를 도식적으로 나타낸 것이다. 각 요건들에 대해 차례로 살펴보겠다.

---

[62] 출처: https://www.swgde.org/glossary

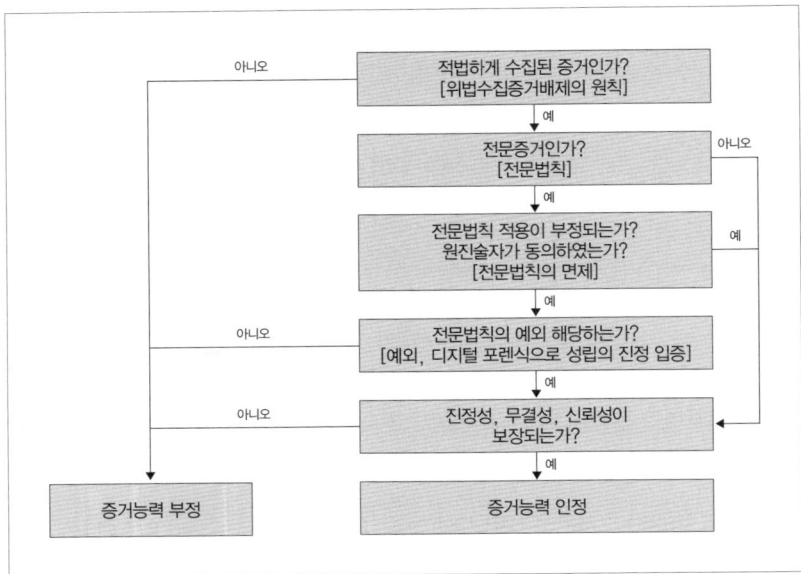

〈그림 5-3〉 디지털 증거의 증거능력 테스트

(1) 위법수집증거배제원칙

디지털 증거 또한 일반적인 증거들과 같이 형사소송법 제308조의 제2항에 따라서 적법한 절차에 따르지 아니하고 수집한 증거는 증거로 할 수 없다. 이를 위법수집증거의 배제 원칙이라고 한다.

> 🖥️ **형사소송법 제308조의2(위법수집증거의 배제)**
> 적법한 절차에 따르지 아니하고 수집한 증거는 증거로 할 수 없다.

1) 사건 관련 정보 압수수색

우리나라 형사소송법에는 '피고 사건과 관계가 있는' 것에 한정하여 압수할 것을 명시하고 있다.

> 📱 **형사소송법 제106조(압수)**
> ① 법원은 필요한 때에는 피고사건과 관계가 있다고 인정할 수 있는 것에 한정하여 증거물 또는 몰수할 것으로 사료하는 물건을 압수할 수 있다. 단, 법률에 다른 규정이 있는 때에는 예외로 한다.
>
> **제109조(수색)**
> ① 법원은 필요한 때에는 피고사건과 관계가 있다고 인정할 수 있는 것에 한정하여 피고인의 신체, 물건 또는 주거, 그 밖의 장소를 수색할 수 있다.
>
> **제215조(압수, 수색, 검증)**
> ② 사법경찰관이 범죄수사에 필요한 때에는 피의자가 죄를 범하였다고 의심할 만한 정황이 있고 해당 사건과 관계가 있다고 인정할 수 있는 것에 한정하여 검사에게 신청하여 검사의 청구로 지방법원 판사가 발부한 영장에 의하여 압수, 수색 또는 검증을 할 수 있다.

사건과 관련있는 것만으로 한정하는 이유는 법익 침해 가능성 때문이다. 특히 디지털 기기를 압수할 경우, 디지털 데이터의 대규모성으로 인해 압수수색 영장의 범죄사실과 관련 없는 정보가 수집될 가능성이 매우 크다. 가령, 회사에서 사용하던 PC를 수집해 간다면 사건과는 전혀 관련이 없는 메신저로 나눈 사적 대화들도 통째로 압수될 수 있다.

2) 압수 방법 준수

압수 방법 및 절차가 앞서 살펴본 요건을 충족하지 못하였다면 위법수집에 해당된다. 우리 형사소송법에서는 정보의 범위를 정하여 출력하거나 복제할 것을 기본 원칙으로 삼고 있다. 따라서 압수수색 현장에서 어떤 매체가 디지털 증거를 저장하고 있는지 확인하려면 디지털 데이터를 논리적으로 해석할 수 있어야하며, 해석된 데이터들 중 사건과 관련있는 데이터들만을 수집하도록 정보의 범위를 명확하게 지정하는 기술이 필요하다.

> **형사소송법 제106조(압수)**
> ③ 법원은 압수의 목적물이 컴퓨터용 디스크, 그 밖에 이와 비슷한 정보저장 매체(이하 이 항에서 "정보저장 매체 등"이라 한다)인 경우에는 기억된 정보의 범위를 정하여 출력하거나 복제하여 제출받아야 한다. 다만, 범위를 정하여 출력 또는 복제하는 방법이 불가능하거나 압수의 목적을 달성하기에 현저히 곤란하다고 인정되는 때에는 정보저장 매체 등을 압수할 수 있다.

다만 범위를 정한 출력 또는 복제가 불가능한 경우, 예로 컴퓨터가 물리적으로 고장이 났거나 중요 증거로 보이는 파일이 암호화되었을 경우, 매체 내의 디지털 데이터를 읽으려면 특수한 장비가 필요한 경우와 같은 특별한 상황에서는 물리적 매체 그 자체도 압수가 가능하도록 예외를 두고 있다.

3) 참여권 보장

일반 증거와 마찬가지로 디지털 증거를 압수수색할 때에도 수사기관은 피고인의 참여권을 보장해야 한다. 특히, 디지털 증거를 다루는 경우에는 현장에서의 압수수색이 수사기관이나 별도 분석실에서도 이어지는 경우가 종종 있는데 이 때에도 참여권은 보장되어야 한다. 예로 앞서 설명한 형사소송법 제106조 제3항의 예외 상황에 의해 1차적으로 현장에서 정보저장매체 자체를 압수해온 경우, 해당 매체에서 사건과 관련있는 정보를 수사관이 본인의 사무실이나 분석실에서 검색하는 과정 또한 압수수색에 해당하므로 피고인의 참여권을 보장해야 한다.

> **형사소송법 제121조(영장집행과 당사자의 참여)**
> 검사, 피고인 또는 변호인은 압수·수색영장의 집행에 참여할 수 있다.
>
> **제122조(영장집행과 참여권자에의 통지)**
> 압수·수색영장을 집행함에는 미리 집행의 일시와 장소를 전조에 규정한 자에게 통지하여야 한다. 단, 전조에 규정한 자가 참여하지 아니한다는 의사를 명시한 때 또는 급속을 요하는 때에는 예외로 한다.

(2) 디지털 증거와 전문법칙

1) 디지털 증거의 전문증거 여부

디지털 증거는 생성 방식에 따라 크게 컴퓨터에 의해 생성된 증거(Computer Generated Evidence; *CGE*)와 컴퓨터에 저장된 증거(Computer Stored Evidence; *CGE*)로 나눌 수 있다. *CGE*는 컴퓨터 시스템이 작동하면서 자동적으로 기록된 증거들을 의미한다. 반면 *CGE*는 사람이 작성한 기록을 컴퓨터에 저장한 것으로 대부분 인격적 주체가 생성한 진술적 증거로 전문법칙이 적용된다. 다만 진술증거라 하더라도 원진술의 존재 자체가 요증사실의 구성요소를 이루는 경우, 즉 그 존재가 증거인 경우에는 비전문증거로 간주하여 전문법칙을 적용하지 않는다.

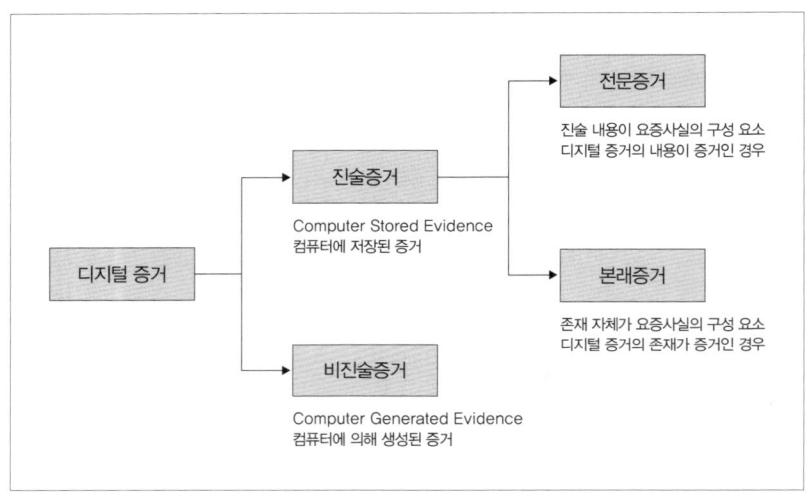

〈그림 5-4〉 전문증거 여부에 따른 디지털 증거의 분류

비진술증거에 해당하는 디지털 증거의 예시로는 시스템이 구동되면 자동으로 생성되는 이벤트로그와 같은 시스템 로그파일, 방화벽 로그, 인터넷 웹 히스토리 등이 있다. 진술증거이면서 본래증거인 디지털 증거로는 협박 내용의 이메일, 위조된 전자문서, 이적 표현물, 영업비밀이 담겨있는 유출된 파일 등이 해당된다. 그 외 요증사실이 기록된 각종 파일들은 전문증거에 해당된다.

2) 디지털 전문증거와 전문법칙

디지털 증거 중 진술증거이면서 전문증거에 해당하는 경우라도 증거로서의 효력을 갖지 못하는 것은 아니다. 전문법칙은 진술서에 대해서 형사소송법 제313조의 제1항에서 전문증거는 공판준비나 공판기일에서의 그 작성자 또는 진술자의 진술에 의하여 그 성립의 진정함이 증명된 때에는 증거로 할 수 있다고 명시하여 전문증거이지만 재판에서 증거로 사용할 수 있는 예를 들고 있다. 쉽게 설명하자면, 디지털 전문증거를 생성한 작성자 또는 진술자가 해당 증거를 본인이 생성한 것이 맞다고 진술한다면 증거로 할 수 있다는 조항이다.

> **제313조(진술서 등)**
> ① 전2조의 규정 이외에 피고인 또는 피고인이 아닌 자가 작성한 진술서나 그 진술을 기재한 서류로 그 작성자 또는 진술자의 자필이거나 그 서명 또는 날인이 있는 것(피고인 또는 피고인 아닌 자가 작성하였거나 진술한 내용이 포함된 문자·사진·영상 등의 정보로 컴퓨터용 디스크, 그 밖에 이와 비슷한 정보저장 매체에 저장된 것을 포함한다. 이하 이 조에서 같다)[63]은 공판준비나 공판기일에서의 그 작성자 또는 진술자의 진술에 의하여 그 성립의 진정함이 증명된 때에는 증거로 할 수 있다. 단, 피고인의 진술을 기재한 서류는 공판준비 또는 공판기일에서의 그 작성자의 진술에 의하여 그 성립의 진정함이 증명되고 그 진술이 특히 신빙할 수 있는 상태에서 행하여 진 때에 한하여 피고인의 공판준비 또는 공판기일에서의 진술에 불구하고 증거로 할 수 있다. 〈개정 2016. 5. 29.〉

위에서 살펴본 디지털 전문증거의 증거능력의 요건에 대한 해당 조항은 상당한 논쟁을 불러일으켰다. 디지털 전문증거가 특정인 소유의 PC나 스마트폰에서 발견되더라도, 당사자의 진술이 없다면 증거로 인정받을 수 없다는 것이 정보화시대에 적합하지 않다는 주장과 전문증

---

[63] 괄호 부분은 2016. 5. 29 개정되면서 추가된 내용이다.

거이므로 전문법칙에 적용받는 것이 당연하다는 주장이 첨예하게 대립해왔다. 그러던 중, 2010년대 스마트폰의 대중화와 함께 사회 전반이 디지털화되면서 전자의 의견에 힘이 실리게 되었다. 실제로 2015년의 한 대법원 판례[64]문을 살펴보면, 진술에 의해 성립의 진정함을 증명하는 것에 대한 부정적인 견해가 유력하였음을 알 수 있다.

> **대법원 2015. 7. 16. 선고 2015도2625 전원합의체 판결**
>
> ⋯ 압수된 디지털 저장 매체로부터 출력한 문서를 진술증거로 사용하는 경우 ⋯ 그 작성자 또는 진술자의 공판준비나 공판기일에서의 진술에 의하여 그 성립의 진정함이 증명된 때에 한하여 이를 증거로 사용할 수 있다는 것이 대법원의 확립된 판례이다 ⋯ 이에 관하여는 1954. 9. 23. 제정되고 1961. 9. 1. 개정된 형사소송법 제313조 제1항의 규정은 21세기 정보화시대를 맞이하여 그에 걸맞게 해석하여야 하므로, 디지털 저장 매체로부터 출력한 문서에 관하여는 저장 매체의 사용자 및 소유자, 로그기록 등 저장 매체에 남은 흔적, 초안 문서의 존재, 작성자만의 암호 사용 여부, 전자서명의 유무 등 여러 사정에 의하여 동일인이 작성하였다고 볼 수 있고 그 진정성을 탄핵할 다른 증거가 없는 한 그 작성자의 공판준비나 공판기일에서의 진술과 상관없이 성립의 진정을 인정하여야 한다는 견해가 유력하게 주장되고 있는 바, 그 나름 경청할 만한 가치가 있는 것은 사실이나, 입법을 통하여 해결하는 것은 몰라도 해석을 통하여 위와 같은 실정법의 명문조항을 달리 확장 적용할 수는 없다.

이러한 사회적 요구에 맞춰 2016년에 형사소송법 제313조의 제2항이 다음과 같이 개정되었다.

---

[64] 대법원 2015. 7. 16., 선고, 2015도2625, 전원합의체 판결

> 📄 **제313조(진술서 등)**
> ② 제1항 본문에도 불구하고 진술서의 작성자가 공판준비나 공판기일에서 그 성립의 진정을 부인하는 경우에는 과학적 분석결과에 기초한 디지털포렌식 자료, 감정 등 객관적 방법으로 성립의 진정함이 증명되는 때에는 증거로 할 수 있다. 다만, 피고인 아닌 자가 작성한 진술서는 피고인 또는 변호인이 공판준비 또는 공판기일에 그 기재 내용에 관하여 작성자를 신문할 수 있었을 것을 요한다. 〈개정 2016. 5. 29.〉

디지털 전문증거에 대하여 진술 뿐만 아니라 '디지털 포렌식'에 의한 과학적 방법으로도 성립의 진정을 증명할 수 있음을 명시하고 있다. 위 조항을 통해 디지털 포렌식이 디지털 증거를 수집하고 분석하는 역할 외에도 디지털 증거의 증거능력 판단의 기준이 되는 중요 개념임을 알 수 있다.

(3) 디지털 증거의 진정성·무결성·신뢰성

디지털 증거가 전문법칙에 해당하지 않거나 예외에 해당되어 증거로 활용될 수 있음을 인정받았다면, 최종적으로 제출된 디지털 증거를 진정성, 무결성, 신뢰성 측면에서 살펴보아야 한다.

1) 진정성
진정성(Authenticity)은 디지털 증거가 생성 또는 획득된 이후로 변경되거나 조작되지 않은 채, 디지털 기기나 시스템에서 원래 존재했던 정보를 정확하게 표현하고 있는지에 대해 판단하는 것을 말한다.

법정에 제출된 디지털 증거가 앞서 살펴본 요건들을 만족하면서 표방하는 바 그대로의 데이터임을 인정받으려면 증거가 생성 혹은 전송된 후로부터 수집·이송·분석을 거쳐 법정에 제출되는 전 과정에서 변조되었을 가능성이 없음을 입증해야 한다. 여기에서 중요한 원칙으로 관리 연속성(Chain of Custody, C_oC)[65]이 있다. 관리 연속성이란 디지털 증거의 발견 방법과 처리 방법을 비롯하여 증거와 관련된 모든 사항을 명확히 기술하고 보관·이송 과정에서 인수인계 과정에 대한 기록과 검증이 필요함을 판단하는 것을 말한다. 관리 연속성을 준수하기 위해 증거 발견과 수집, 조사, 보관 등의 모든 절차에서 담당자와 장소, 시간 등의 정보를 모두 기록하여야 한다.

2) 무결성

무결성(Integrity)은 디지털 증거가 출처(source)[66]로부터 수집되어 보관, 분석되는 과정에서 부당한 수정, 변경, 손상이 없도록 유지해야 하며 이를 검증할 수 있는지에 대해 판단하는 것을 말한다.

무결성을 입증하기 위한 대표적 방안은 암호학적 해시 함수를 사용하는 것이다. 암호학적 해시 함수는 알고리즘의 특성 상, 입력값이 단 1비트만 변경되어도 변경 전의 해시 값과는 완전히 다른 해시값이 출력된다. 따라서 디지털 증거를 획득한 뒤 해당 증거의 출처, 즉 디지털 데이터에 대한 해시값을 계산하여 보관해 놓고, 법정에서 무결성에 대

---

[65] Chain of Custody에 대한 공식적인 영문 번역은 없다. '관리 연속성', '보관 연계성', '절차 연속성' 등으로 번역하곤 한다.
[66] 디지털 증거를 생성하거나 보관하는 시스템, 혹은 그 구성 요소들을 통칭한다. 이에 대한 자세한 내용은 7장에서 다룬다.

한 증명을 요하는 경우에 해시값 계산 과정을 재현함으로써 목적을 달성할 수 있다.

3) 신뢰성

신뢰성(Reliability)은 디지털 증거가 출처로부터 완전하고 정확하게 표현된 것인지를 판단하는 것을 말한다. 이는 디지털 데이터의 비가시성에 의한 것으로 조사자와 디지털 포렌식 도구의 신뢰성과 깊은 관련이 있다.

조사자의 전문성이나 디지털 포렌식 도구의 요구사항에 대한 명확한 규정은 마련되어 있지 않다. 디지털 포렌식은 디지털 형태의 정보를 다루므로 그 범위가 매우 넓고 ICT의 발전 속도가 빨라 신뢰성 평가를 위한 기준을 도출하는 것이 까다롭기 때문이다. 우리나라에서는 조사자의 전문성에 대한 논쟁은 종종 발생하나, 도구의 신뢰성 자체가 본격적으로 문제가 된 사례는 없는 것으로 보인다. 참고로 미국에서는 Daubert v. Merrell Dow Phamaceuticals , Inc. 사건 판결[67]에서 과학적 증거의 유효성과 신뢰성 문제에 대한 도버트 기준(Daubert standard)을 제시하였다.

1. 해당 기술이나 이론이 (실험실이 아닌) 실제 환경에서 검증된 것인지 여부
2. 해당 기술이나 이론이 동료들의 검토(peer review)와 공표(publication)

---

[67] Daubert v. Merrell Dow Phamaceuticals , Inc., 509 U.S. 579, 113 S.Ct . 2786, 125 L.Ed2d 469(1993))

를 거쳤는지 여부
3. 알려진 혹은 잠재적인 오류율은 어느정도인지 여부
4. 해당 기술이나 이론의 작동 제어에 대한 표준이 존재하는지 여부
5. 해당 기술이나 이론이 '관련된 과학자 사회(the relevant scientific community)'에 일반적으로 받아들여진 것인지 여부

다만, 도버트 기준에서도 지침의 모호함이 있어, 이후 해당 기준을 명확히 하고자하는 지침들이 제시되어 왔으나, 여전히 신뢰성 평가는 디지털 포렌식 분야의 숙제로 남아있다.

> 🖥️ **원본성(Originality)이란?**
> 디지털 증거의 원본성은 일상적으로 사용하는 원본성과 다른 의미로 사용된다. 디지털 증거는 매체에 독립적인 개념이므로 원본과 사본의 구분이 불가능하다. 예로 스마트폰에 있던 사진 파일과 PC에 저장된 복사본 파일 모두 디지털 데이터 그 자체와 출력물(사진) 모두 등가를 이룬다. 이러한 이유로 디지털 포렌식에서의 원본성은 복제 또는 가시성 있는 형태로 변환된 자료를 원본으로 판단할 수 있는지에 대한 것을 의미한다. 참고로 디지털 증거와 관련하여 앞서 설명한 디지털 데이터의 성질들로 인해, 일반적 증거의 '원본'과 대응되는 단어로 '진본'이라는 용어를 사용하곤 한다.

(4) 민사소송에서의 디지털 증거

사회 전 분야에서 디지털 트랜스포메이션(Digital Transformation)이 일어남에 따라 현대 사회에서 발생하는 대부분의 정보는 전자적 형태로 생성되고 있다. 따라서 민사소송에서도 디지털 증거가 분쟁해결의 핵심이 되고 있다.

민사소송에서는 디지털 증거의 증거능력 요건을 앞서 살펴보았던 형사에서만큼 엄격히 요구하지 않는다. 이는 민사와 형사의 목적과 기능이 본질적으로 다르기 때문이다. 형사절차의 목적은 실체적 진실을 발견하는 것으로, 형사소송을 통해 형벌을 통한 정의 실현을 하고 오판 우려를 최소화하고자 하는데 반해, 민사소송에서는 형식적 진실주의를 원칙으로 한다. 민사소송절차는 서로 대립하는 이해관계 당사자들이 벌이는 법정 다툼이다. 따라서 민사소송절차는 개인 상호간의 관계에 개입해 어느 한쪽 편을 들어주기 위한 제도이므로 원고와 피고가 각자의 주장을 위해 제출한 디지털 증거의 증명력에 주로 초점을 맞춘다.[68]

　민사에서는 디지털 증거의 증거능력보다 증거 확보 자체가 문제가 되곤 한다. 형사에서는 수사기관이 영장에 기반하여 사건과 관련한 증거들을 수색 및 압수할 수 있는 반면, 민사에서는 상대방이 소유하고 있는 자료를 획득할 수 있는 강제성이 없다. 특히 디지털 데이터의 경우에는 비가시성, 휘발성, 대규모성 등으로 당사자가 직접 디지털 기기나 매체의 내부 정보를 분석하여 관련 증거를 찾아야 하는데, 소송 상대방의 적극적인 협조가 없다면 불가능하다.

　한편, 영미법계에서는 민사소송에서 상대방이나 제3자로부터 소송에 관련된 정보를 얻거나 사실을 밝혀내기 위한 사실 확인 및 증거수집 절차를 시행하고 있는데 이를 디스커버리(Discovery) 제도라 한다. 디스커버리 제도는 법률 분쟁에서 당사자 간에 증거 자료를 교환하거나 공

---

[68] 다만, 변호사들의 디지털 포렌식에 대한 이해도가 높아지면서 민사소송에서도 디지털 증거의 증거능력과 관련된 논쟁이 다수 발생되고 있다.

개하는 절차를 의미한다. 이 제도는 공정한 재판을 위해 필요한 정보를 서로 나누는 것을 목적으로 하며, 숨겨진 정보나 증거를 미리 알게 함으로써 재판이나 변론의 과정에서 불공평한 상황이 발생하는 것을 예방한다. 만약 증거 훼손 또는 포렌식 명령 불이행과 같이 디스커버리의 의무를 성실하게 이행하지 않았을 경우 막대한 배상금을 지불하거나 조기 패소를 당할 수 있다. 전자정보를 포함하는 디스커버리 제도를 이디스커버리(e-Discovery)라고 한다. 이디스커버리는 일반적으로 〈그림 5-5〉의 전자증거개시 참조모델(Electronic Discovery Reference Model; EDRM)을 따른다. 제출할 혹은 제출받을 증거를 식별하여 수집하고 분석한다는 점에서 디지털 포렌식과 유사한 점이 많다. 주로 식별, 보존, 수집, 처리, 분석 단계에서 디지털 포렌식 기술이 활용되곤 한다. 특히, 상대방이 증거보존조치(Litigation Hold)[69] 의무를 다하지 않았는지 확인할 때에 안티 포렌식 탐지 기술이 적극 활용된다.

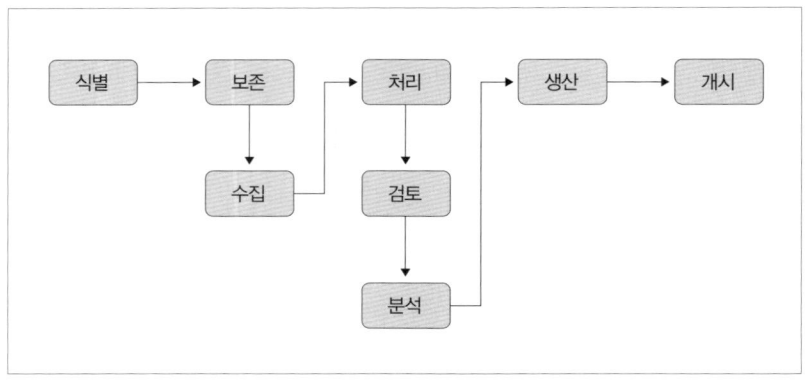

〈그림 5-5〉 전자증거 개시 참조모델

---

[69] 소송이 합리적으로 예상될 때 소송과 관련된 모든 정보와 데이터들을 보존해야하는 의무를 뜻한다.

5. 디지털 증거 관련 쟁점

(1) 선별압수

형사소송법 제106조(압수)에서는 피고사건과 관계가 있다고 인정할 수 있는 것에 한해 기억된 정보의 범위를 정하여 출력하거나 복제할 것을 명문화하고 있다. 만일 압수한 증거가 사건과 관련있는 것이라 인정되지 않는다면, 적법하게 수집된 증거가 아니라고 판단하여 위법수집증거배제원칙에 의해 증거가 효력을 잃고 배제될 수 있다. 따라서 우리나라 수사기관은 선별압수를 원칙으로 삼고 있다.

선별압수는 피압수자의 인권 보호, 개인정보보호 측면에서 취지는 좋으나 이를 수사기관이 엄격하게 적용하기에는 현실적 어려움이 존재한다. ICT 기술의 발전으로 정보저장 매체의 용량이 커지고, 1인당 소지하는 전자기기의 수가 증가하면서 사건과 관련있는 데이터를 선별하는 작업이 까다로워지고 있다. 또한, 클라우드 기술이 보급화되면서 사건 현장에서 물리적으로 접근 가능한 디지털 매체 외에 원격지에도 피압수자가 생성하는 상당한 양의 데이터가 존재하므로, 선별 압수에 대한 기술적, 절차적 어려움이 커지고 있다. 특히, 암호화나 은닉기술과 같은 정보보호 기법이 일반 디지털 기기에도 보편적으로 적용됨에 따라 일반적인 검색 기술로는 선별압수의 목적 달성이 어려워지고 있는 현실이다.

(2) 도구의 신뢰성

형사소송법 제313조 제2항에 의해 작성자가 그 성립의 진정을 부인하는 경우에는 과학적 분석결과에 기초한 디지털포렌식 자료, 감정 등 객관적 방법으로 성립의 진정함이 증명되면 디지털 전문증거도 증거로 사용할 수 있다. 정보화시대에 발맞추어 실체적 진실발견을 위해 디지털 증거에 대한 증거능력의 요건을 명문으로 규정하였다는 점에서 의의가 있으나, '객관적 방법'의 명확한 정의와 범위에 대해서는 해석상 논란의 여지가 있다.

'과학적 분석결과에 기초한 디지털 포렌식 자료, 감정'은 디지털 증거의 증거능력 인정 요건 중 '신뢰성'과 밀접한 관련이 있다. 디지털 데이터의 특성 상 자동화된 프로그램, 즉 디지털 포렌식 도구가 필수적으로 사용되는데, 해당 도구가 과학적 분석결과에 기초한 결과를 산출해내는지, 도구의 결과물에 기반한 감정이 객관적 방법에 해당하는지의 여부를 판단하는 기준에 대해서는 명확히 정의내려진 바 없다. 도구에는 오류 내제의 위험이 항상 존재하고, 도구를 사용하는 과정에서의 휴먼에러(human error)가 잠재되어 있다. 도구의 신뢰성 평가에 대한 지속적인 연구가 필요한 대목이다.

(3) 온라인 수색

범죄 및 테러 조직들은 일반적으로 은밀하고 암호화된 통신기술을 사용하기 때문에, 사후에 사건 관련 디지털 증거를 확보하더라도 복호화가 불가능하여 해당 조직들을 추적하거나 수사하는 것에 어려움을 겪는 경우가 많다. '온라인 수색'은 이에 대한 해결책으로 제시된 방안으로 국가가 정보통신망에 연결되어 있는 타인의 시스템에 비밀리에 접근하여 범죄혐의자가 알지 못하게 관련된 정보를 전자적인 방식으로 수색하여 범죄의 혐의를 밝히는 것을 의미한다. 온라인 수색은 수색대상 시스템에 트로이 목마 혹은 백도어와 같은 악성코드를 설치하여 범죄혐의자의 동의 없이 컴퓨터 내에 존재하는 데이터를 읽고 다운로드를 받는 등의 방식으로 이루어진다.

온라인 수색과 관련된 논쟁의 핵심은 '위법수집증거배제원칙'의 적용이다. 온라인 수색의 허용과 관련한 의견으로 제한적 허용론과 부정론이 있다.

제한적 허용론에서 온라인 수색은 국가의 매우 강력한 수사도구로 기능할 수 있지만 동시에 강력한 프라이버시 침해도구가 될 수 있으므로 완전히 허용하기 보다는 엄격한 요건을 갖고 허용을 해야 함을 주장한다. 허용의 근거로는 범죄 행위자가 국내에 머물러 있지 않은 경우와 서버가 수사공조를 받기 어려운 나라에 있는 경우, 일반적인 압수 및 수색 방법으로는 디지털 증거를 획득할 수 없는 경우 등이 제시되었다. 엄격한 요건에는 강제수사 법정주의나 영장주의 원칙을 적용하여 법률에 명시되어 있는 종류와 내용에 한하여 강제수사가 이루어져야 한다는 것을 포함한다.

반면, 부정론에서는 온라인 수색을 개인 정보에 대한 자기결정권과 프라이버시에 대한 개인의 기본권을 침해하며 정보시스템의 신뢰성과 완전성을 침해하는 위헌적인 수사방식으로 바라본다. 온라인 수색의 필요성과 효과에 대해서는 동의하지만 법적으로는 비례성 원칙, 법관에 의한 통제, 증언 거부권 등이 고려되어야하며, 이를 모두 고려하더라도 자유와 안전의 균형을 무너뜨릴 수 있기에 구체적인 입법은 어렵다는 견해이다.

(4) 역외 압수수색

최근 ICT 기술의 발전으로 물리적으로 접근 가능한 디지털 기기뿐만 아니라 원격지의 서버 데이터에 대해서도 압수의 필요성이 높아지고 있다. 예로 구글이나 네이버, 드랍박스와 같은 IT 업체들이 제공하는 클라우드 서비스에 업로드된 피압수자의 자료는 서비스 제공 업체의 서버에 저장되어 있다. 만약 클라우드 서버에 업로드 되어 있는 자료가 사건과 관련이 있는 자료라면 실체적 진실을 규명하기 위해 반드시 수집해야한다.

국내 서비스인 경우에는 업체의 협조를 받을 수 있겠으나, 해외 서비스인 경우에는 업체 혹은 해당 국가의 적극적 협력이 없으면 증거 확보가 쉽지 않다. 설사 협력을 받는다 하더라도 장시간이 소요되어 신속한 증거 확보가 어렵다. 이러한 문제를 현실적으로 해결하기 위한 방안으로 제시된 것이 역외 압수수색(혹은 원격 압수수색)이다. 역외 압수수색은 수사 과정에서 역외 서비스에 대한 계정과 비밀번호를 확보하였을 때, 수사기관 사무실 혹은 제3의 기관의 전문가 입회 하에 해외 서버에 접속하여 관련 증거를 확보하는 것이다.

역외 압수수색과 관련한 쟁점으로 위법수집증거배제원칙과 진정성 및 무결성에 관한 것이 있다.

첫째, 위법수집증거배제원칙과 관련한 영장주의와 참여권 보장이 있다. 압수수색의 영장에는 압수하는 장소와 압수 대상, 압수 일자 등을 기재하게 되어있다. 하지만 역외 압수수색은 수사관이 네트워크로 연결된 상태에서 영장에 적시된 장소를 벗어난 곳에 존재하는 서버에 저장된 데이터를 수색하여 확인하는 것으로 영장의 내용과 다른 장소, 대상 또는 방법으로 인해서 문제가 발생할 수 있다. 참여권은 피압수자에게 당연하게 보장되어야할 권리이나, 피압수자가 자신의 계정과 비밀번호를 이용하여 역외 압수수색할 것이라는 것을 인지하게 된다면 계정 삭제나 비밀번호 변경, 혹은 서버에 있는 데이터 변조 및 삭제할 가능성도 높다. 따라서 압수수색 집행의 목적을 달성하기 위한 현실적인 기술 및 절차에 대한 논의가 계속되고 있다.

둘째, 진정성과 무결성 증명에 관한 문제가 있다. 네트워크를 통해 증거를 수집하기 때문에 통신 과정에서의 에러로 인한 자료의 변경 혹은 유실 가능성이 존재한다. 따라서 수집된 데이터가 진본이 맞는지, 또한 서버에 있는 데이터를 가져오는 과정에서 어떠한 변조도 없었는지를 증명할 수 있는, 즉 무결성을 검증할 수 있는 기술과 절차에 대한 논의도 진행되고 있다.

CHAPTER 6
Digital Forensics Framework

1 기술 관점의 프레임워크
2 프로세스 중심의 프레임워크

　프레임워크는 소프트웨어 개발 분야에서 특정 목적을 달성하기 위해 재사용 가능한 구조와 도구의 집합으로, 개발자가 표준화된 방식으로 소프트웨어를 효과적으로 구축할 수 있게 지원하는 환경을 의미한다. 예로 웹 개발 프레임워크인 장고(Django), 모바일 개발 프레임워크인 리액트 네이티브(React Native)와 플러터(Flutter), 게임 개발 프레임워크인 유니티(Unity)와 언리얼 엔진(Unreal Engine) 등이 있다.

　디지털 포렌식 분야에서는 프레임워크라는 용어를 소프트웨어 개발 분야에서 사용하는 정의 그대로 사용하기도 하면서, 한편으로는 성공적인 포렌식 조사를 위한 프로세스(process), 절차(procedure)[70], 정책, 도구 등을 포함하는 전반적인 체계를 지칭하는 용어로 사용되기도 한다. 특히, 디지털 증거의 진정성 입증이 중요한 디지털 포렌식에서는 CoC를

70　디지털 포렌식 프로세스(process)와 절차(procedure)는 종종 혼용되곤 한다. 특히 우리나라에서 process와 procedure를 모두 '절차'로 번역하여 두 용어를 동일한 의미로 사용하는 경우가 많다. 디지털 포렌식 프로세스는 조사를 위한 일련의 단계나 흐름을 뜻하고, 절차는 특정 포렌식 작업을 수행하기 위한 구체적인 단계나 지침을 의미한다.

위한 프로세스 중심의 프레임워크가 다수 제안되었다.

두 가지의 프레임워크 정의가 혼용되는 이유는 디지털 포렌식이 컴퓨터 공학에 기반한 학문이면서, 동시에 각종 법률적·정책적 요구사항을 반영하여 의사결정을 내려야하는 실무와 밀접한 관련이 있기 때문이다. 본 장에서는 디지털 포렌식 분야의 대표적 프레임워크들을 살펴보겠다.

1. 기술 관점의 프레임워크

디지털 포렌식 조사관에게는 디지털 데이터를 저장하거나 전송하는 그 어떤 것이든 조사 대상이 되므로 그 범위가 매우 넓다. 또한 조사 대상이 되는 디지털 기기나 운영체제, 응용프로그램들이 수시로 업데이트되고 신규 서비스들이 지속적으로 출시되고 있다. 이러한 이유로 디지털 포렌식의 모든 기술을 포괄하는 프레임워크는 현실적으로 개발하기 어렵다.

따라서 디지털 포렌식 분야에서 기술 관점의 프레임워크들은 확장성 있는 플랫폼을 제공하고자 하는 목적으로 개발되고 있다. 프레임워크 개발자가 제공하는 핵심 기능 외에도 사용자가 원하는 기능은 자체적으로 개발하거나 업데이트할 수 있도록 하는, 일종의 집단 지성을 활용하는 방식이다. 연구자들은 필요에 따라 확장 프로그램 형태인 플러그인(Plugin)을 개발하거나, 소스코드 자체를 커스터마이징하고 이를 공개함으로써 프레임워크 프로젝트 발전에 기여하고 있다. 실무자들은 프레임워크를 이용하여 사건을 분석하고 그에 대한 피드백을 제공함으로써 지속적으로 발전 가능한 생태계를 구축하고 있다. 이처럼 프레임워크는 다양한 연구 결과와 노하우가 반영되어 있다는 점에서 디지털 포렌식 입문자에게 있어 매우 유용한 학습 도구이다.

(1) Volatility

Volatility는 오픈 소스 메모리 포렌식 프레임워크로, 비영리 기관인 Volatility 재단에 의해 제작되었다.[71] 2007년에 첫 번째 버전이 공개된 이후로 수년간 진행된 연구를 기반으로 발전해왔다. 무료 오픈 소스 프로젝트이므로 누구나 사용 가능하고 또 누구나 업데이트가 가능하다. 디지털 포렌식 연구자 및 실무자들은 새로운 기능을 플러그인 형태로 제작하고, 이를 공개함으로써 일반 사용자들에게 검증을 받고, 부족한 부분이 있다면 개선이 되는 선순환 체계가 구축되어 왔다.

현재 Volatility 재단에서 공식적으로 배포하고 있는 버전은 Volatility 2와 Volatility 3가 있고, 각 버전별로 다양한 하위 버전들이 존재한다. 또한, Windows, Mac OS, Linux 운영체제에서 동작하는 실행파일과 직접 수정하고 컴파일할 수 있는 소스 코드도 제공하고 있다. Volatility의 동작 원리를 이해하려면 개발에 사용된 프로그래밍 언어인 Python에 대한 배경 지식이 필요하다.

Volatility의 특징은 메모리 덤프(memory dump) 파일을 입력 받는다는 것이다. 여기에서 메모리는 주기억장치, 즉 RAM을 의미한다. 메모

---

[71] 출처: https://www.volatilityfoundation.org/

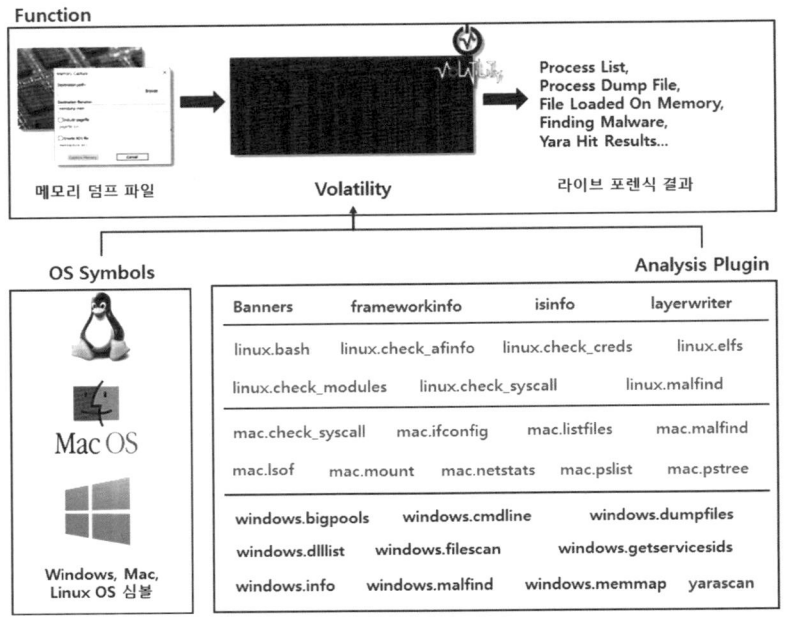

〈그림 6-1〉 Volatility 개념도

리 덤프 파일이란, 활성 상태[72]인 PC의 RAM에 저장되어 있는 비트 스트림을 복사한 파일을 의미한다. 즉, 실행 중인 컴퓨터의 RAM을 곧바로 분석하는 것이 아니라 우선 RAM에 일시적으로 저장되어 있는 모든 디지털 데이터를 파일로 복제한 후, 해당 파일을 분석하는 방식이다. Volatility는 각종 플러그인을 통해 메모리 덤프 파일에 저장되어 있는 다양한 정보를 사용자에게 가시화해준다. Volatility는 CLI(Command Line Interface)를 제공하므로 〈그림 6-1〉의 상단과 같이 명령창에서 텍스트 형식으로 결과 값을 출력해준다.

---

72 컴퓨터가 켜져있는 상태를 의미한다.

Volatility 플러그인에는 Volatility 재단이 직접 제공하는 정통 플러그인 외에 서드 파티(Third Party) 플러그인들 다수 개발되어 있다.[73] Voliatilty가 메모리 분석의 '프레임워크'라고 불리는 이유가 바로 이러한 플러그인 확장성에 있다.

(2) Autopsy

Autopsy는 BasisTech에서 제공하는 오픈 소스 디지털 포렌식 프레임워크이다. 디스크를 분석하여 내부에 저장되어 있는 파일과 폴더들을 해석할 수 있는 오픈소스 The Sleuth Kit(TSK)[74]가 핵심 엔진으로 포함되어 있고, TSK로 추출하는 내용들을 분석하여 디지털 포렌식 조사에 활용 가능한 여러 정보들을 제공한다.

Autopsy는 Volatility의 플러그인과 유사하게 모듈을 통해 다양한 기능을 추가할 수 있다. 마찬가지로 Autopsy 자체적으로 제공하는 모듈[75]이 있고, 연구자나 실무자들이 자신들의 필요에 의해 제작한 서드파티 Add-one 모듈[76]들이 있다. 대부분 모듈들은 python에 기반하여 개발되었으므로 모듈의 내부 로직을 이해하려면 python에 대한 배경 지식이 필요하다.

---

[73] 깃허브(Github)에 'Volatility Plugin'과 같은 검색어를 통해 서드 파티 플러그인들을 확인할 수 있다. 출처: https://github.com/search?utf8=✓&q=volatility+plugin
[74] 출처: https://www.sleuthkit.org/sleuthkit/
[75] 출처: https://sleuthkit.org/autopsy/docs/user-docs/
[76] Autopsy의 공식 깃허브에서 확인할 수 있다.
출처: https://github.com/sleuthkit/autopsy_addon_modules/

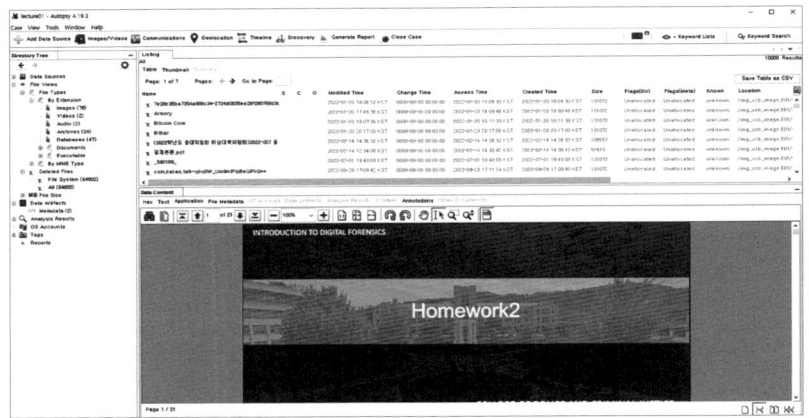

〈그림 6-2〉 Autopsy 실행 화면

Autopsy는 케이스(case) 단위로 프로젝트를 생성할 수 있고, 각 케이스에 다수의 증거 파일 입력도 가능하여 고가의 상용 포렌식 도구들과 유사한 체계를 갖추고 있다. 실제 디지털 포렌식 조사 시 상용 프로그램과의 교차 검증을 위해 사용되곤 한다. 또한 〈그림 6-2〉와 같이 GUI(Graphical User Interface)를 제공하여 초보자도 쉽게 사용할 수 있다는 장점이 있다.

(3) CARPE

CARPE(Comprehensive Analysis and Research Platform for digital Evidence)는 고려대학교 디지털포렌식연구센터에서 개발한 오픈 소스 프레임워크이다.[77] Autopsy와 유사하게 디스크 분석을 위한 핵심 기능은 TSK를 활

---

77 출처: https://github.com/dfrc-korea/carpe

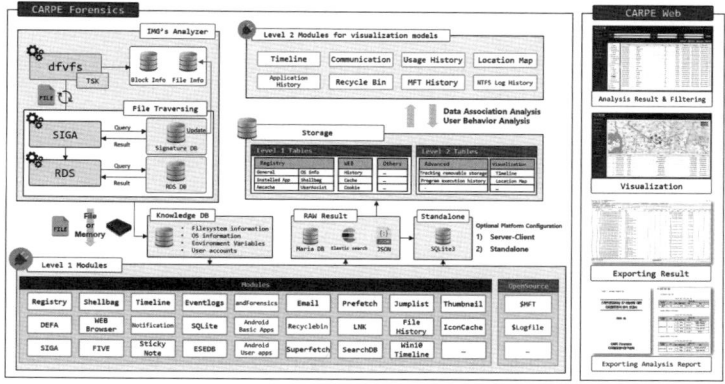

〈그림 6-3〉 CARPE Forensics 구성도[78]

용하고, 디지털 포렌식 조사를 위한 기능들은 모듈에서 처리한다. 타 프레임워크와 마찬가지로 python을 기반으로 개발되었다.

CARPE는 국내에서 자체 개발한 프레임워크라는 점에서 의의가 있다. 또한 네이버 클라우드나 카카오톡과 같은 국내에서 주로 사용되는 서비스들에 대한 분석 모듈들도 제공하고 있어, 국내 디지털 포렌식 수사 시 활용 가능하다.

2. 프로세스 중심의 프레임워크

최초의 디지털 포렌식 워크샵이라고 여겨지는 2001년 8월 Digital Forensics Research Workshop (DFRWS)에서 논의한 'A Road Map for

---

[78] CARPE 공식 홈페이지에서 제공하는 구성도 https://github.com/dfrc-korea/carpe

Digital Forensic Research'[79]에서도 디지털 포렌식을 위한 '프레임워크'를 규정하려면 'Digital Forensic Science'에 대한 정의와 함께 'Process'가 반드시 수립되어야 함을 강조하고 있다. 이에, 디지털 포렌식 분야에서는 다양한 디지털 포렌식 조사에서 범용적으로 활용할 수 있는 프로세스 중심의 프레임워크에 대한 연구가 활발히 진행되어 왔다. 순서도(flowchart)로 프레임워크를 소개하고, 각 기호의 내부 내용을 정의하는 식의 연구가 주를 이루었다.

그러던 중, ICT 기술 발전과 PC 외의 다양한 유형의 디지털 기기들과 IT 서비스들이 등장하면서 기존에 제시된 프레임워크가 디지털 포렌식 조사에 적합하지 않게 되었다. 즉, 모든 디지털 기기와 서비스들을 아우를 수 있는 프로세스를 개발하는 것이 한계에 봉착한 것이다. 이에 대한 현실적인 대안으로 연구자들은 각 기기 혹은 서비스 별 프레임워크를 개발하게 되었다.

본 절에서는 범용 프레임워크와 특수 목적 프레임워크에 대해 살펴보겠다.

(1) 범용 프레임워크

디지털 포렌식이라는 용어가 본격적으로 사용되기 전인 1995년 Mark M. Pollitt이 컴퓨터 포렌식의 네 단계 절차를 제시하였다.[80]

---

79 Gary, P. (2001, November). A road map for digital forensic research. In Digital Forensics Research Workshop.
80 Pollitt, M. (1995, October). Computer forensics: An approach to evidence in cyberspace. In

〈그림 6-4〉 DFRWS에서 제시한 디지털 포렌식 절차 프레임워크

Acquisition, Identification, Evaluation, Admission의 네 단계로, 각 단계의 결과로 물리적 미디어, 논리적 데이터, 정보, 그리고 증거가 추출되는 모델이었다. 이후 Computer Crime에 대응하기 위한 실무적인 방법론으로 2001년 Prosise 등이 'pre-incident preparation', 'detection of incidents', 'initial response', 'response strategy formulation', 'duplication', 'investigation security measure implementation', 'network monitoring', 'recovery', 'reporting and follow up'로 이어지는 구체적인 프로세스를 제시[81]하였다.

2001년에는 DFRWS에서 7단계로 구성된 프레임워크를 제시하였다. 디지털 포렌식 관련 연구자들과 실무자들 모여 '디지털 포렌식'이라는 용어와 함께 프로세스 표준화를 논했다는 점에서 상징성이 있다.

---

[81] Proceedings of the National Information Systems Security Conference (Vol. 2, pp. 487-491). Mandia, K., & Prosise, C. (2001). Incident response: investigating computer crime. McGraw-Hill, Inc..

이후 디지털 포렌식 분야에서 프레임워크는 절차 모델, 프로세스 모델, 가이드라인 등의 명칭으로 제시되었다. 학계에서는 ICT 발전에 대응할 수 있는 다양한 프레임워크들을 제시하였는데, 실무적 활용을 고려하다보니 각 절차도 세분화되어 왔다. 예로 2013년에 발표된 Kohn의 Integrated digital forensic process model에서는 5개의 절차와 40개의 세부 절차로 구성된 프로세스가 제시되었다.

또한, 산·학·연·관 전문가들이 모여 프레임워크를 표준화하고자 하는 노력도 지속되어 왔다. 미국 국립표준기술연구소에서 컴퓨터 보안사고 대응을 위한 포렌식 분석 가이드라인을 제시하였고, 디지털 포렌식 ISO/IEC 표준이 발표되기도 하였다.

제시된 프레임워크들은 당시의 디지털 포렌식 현안들을 고려하여 다양한 사건에 적용될 수 있도록 개발되었다. 그러나, 각 국가마다 또는 조직마다 업무 절차가 다르고 디지털 포렌식을 적용하는 목적에 차이가 있어 디지털 포렌식 조사 시 각기 다른 프레임워크가 적용되고 있다.

과거부터 현재까지 제안되어 온 다양한 프레임워크들을 학습하는 것은 디지털 포렌식 전문성을 기르는 데 큰 도움이 된다. 디지털 포렌식의 발전 과정과 당시의 현안들을 살펴볼 수 있을 뿐 아니라 당면했던 문제를 해결하기 위한 연구자들의 고민을 살펴볼 수 있다는 점에서 프레임워크들은 유익한 학습 자료이다.

(2) 특수 목적 프레임워크

앞서 살펴본 범용 디지털 포렌식 프레임워크들은 주로 현장에서 물리적으로 접근 가능한 컴퓨터들을 대상으로 설계되었다. 현대 사회에는 PC 이외에도 다양한 디지털 기기들과 운영체제, 온라인 서비스들이 사용되므로 디지털 포렌식 조사 시 기존에 제시된 범용 프레임워크들을 그대로 적용하기에는 한계가 있다. 또한, 실제 실무에서 조사 절차를 수립하려면, 앞서 살펴본 범용 절차 프레임워크들의 각 단계가 세분화되어야할 필요가 있다.

특수 목적 프레임워크는 디지털 기기, 운영체제, 애플리케이션, ICT 인프라 자체 등을 대상으로 제시되고 있다.

우선, 특정 디지털 기기를 대상으로 하는 프레임워크들은 디지털 포렌식 조사관이 물리적으로 접근 가능한 기기들에 대한 조사 프로세스를 소개하고 있다. 예로 IoT를 대상으로 하는 프레임워크, 모바일을 대상으로 하는 프레임워크, 드론을 대상으로하는 프레임워크 등이 있다.

운영체제 대상 프레임워크는 특정 운영체제를 대상으로 포렌식 분석 시 필요한 조사 체계를 제시한다. Windows를 비롯하여 Mac, Linux 등을 대상으로 한다. 최근에는 스마트 기기의 사용량이 급증하면서 Andorid나 iOS 기기에 대한 프레임워크들이 연구되고 있다.

단일 애플리케이션에 집중하는 프레임워크도 다수 제시되고 있다. 대중적으로 널리 사용되어 디지털 포렌식 조사 시 결정적인 증거가 포함되어 있을 가능성이 높은 애플리케이션들에 대한 연구가 다수 진행되고 있다. 특히, 스마트폰이 전세계적으로 보급되면서 텔레그램이나 왓츠앱 등 메신저나 소셜 네트워크 서비스에 대한 프레임워크들이 제시되고 있다.

ICT 인프라에 큰 변화가 있을 때에도 다양한 프레임워크들이 제시된다. 예로 클라우드 컴퓨팅이 등장하면서 기존 디스크 물리적 수집이 불가능하게 되어 이에 대처할 수 있는 새로운 프레임워크들이 발표되었다. 빅데이터 솔루션이 보급되면서 대용량의 데이터로부터 디지털 증거를 찾아내는, 기존의 단말기 조사 프레임워크와는 다른 접근이 제시되었다. 최근 블록체인 기반의 가상자산이 주요 조사 대상이 되면서 디지털 포렌식 프레임워크에도 새로운 패러다임이 필요하게 되었다.

위와 같은 특수 목적의 프레임워크 혹은 해당 프레임워크에서 활용되는 기술들을 범용 디지털 포렌식의 조사 절차 및 기술과 구분하기 위해 특정 조사 대상에 '포렌식'이라는 단어를 붙인 복합어로 표현하곤 한다. 예로 운영체제 포렌식, 네트워크 포렌식, 스마트폰 포렌식 등이 있다.

특수 목적의 프레임워크는 각각의 기기, 운영체제, 애플리케이션, ICT 인프라에 특화된 체계적인 디지털 증거 수집 및 분석을 도와준다. 다만, 이러한 접근법에도 몇 가지 한계점이 있다. 우선, 새로운 유형의 기기 혹은 서비스가 등장할 때마다 그에 대응하는 프레임워크를 제시하기 위한 단발성 연구가 주를 이루게 되었다. 프레임워크가 다양하다 보니 장기적인 디지털 포렌식 기술 개발을 위한 로드맵 수립이 어려워지고 이에 따라 중복되는 연구개발이 많아진다는 단점도 있다.

이러한 한계점을 보완하고자 제시된 프레임워크로 '디지털 증거 중심 디지털 포렌식 프레임워크(Digital Forensics Framework based on Digital Evidence)'[82]가 있다. 타 프레임워크와는 다르게 절차 중심이 아닌 디지털 증거 관점에서 디지털 포렌식의 요소들과 기술 절차를 설명하는 것이 특징이다. 본 교재는 디지털 증거 중심 디지털 포렌식 프레임워크에 기반하여 디지털 포렌식을 설명하도록 하겠다.

---

[82] Jeong, D. W. (2018). Digital Forensics Framework Based on Digital Evidence. Department of Information Security Graduate School Korea University.

CHAPTER 7
Components of Digital Forensics

1 디지털 증거 출처
2 이벤트
3 디지털 증거 후보군
4 디지털 증거

본 장에서는 디지털 증거 중심 디지털 포렌식 프레임워크(Digital Forensics Framework based on Digital Evidence, DFF)의 구성 요소들을 설명한다. 디지털 포렌식 조사 대상으로부터 디지털 증거를 찾아가는 과정에서 필요한 용어들을 소개한다.

1. 디지털 증거 출처

디지털 증거 출처(Source of Digital Evidence, SDE)는 디지털 증거를 저장하고 있을 것으로 예상되는 시스템을 의미한다. 본격적인 디지털 포렌식 조사 작업이 시작될 때, 조사자는 SDE를 접하게 된다. 따라서 SDE는 이후 설명할 디지털 증거 후보군, 이벤트, 디지털 증거를 학습하기 위한 기초 개념이다.

SDE는 디지털 포렌식 조사의 흐름이 나타나도록 시스템 구성 요소들을 계층화한 형태로 표현된다. 일반적으로 디지털 포렌식 조사 시 최초로 접하게 되는 것은 PC나 스마트폰, 외장하드와 같은 '물리적 매체'이다. 물리적 매체에서 전자기적으로 저장되어 있는 '물리적 데이터'를 읽어내고, 물리적 데이터를 사용자나 애플리케이션이 읽고 쓸 수 있는 형태인 '논리적 데이터'로 해석하는 것이 통상적인 순서이다. *SDE*는 이러한 흐름을 반영한 5개의 계층으로 이루어져 있다.

*SDE*의 가장 하위 계층은 '디지털 기기' 계층이다. 정보를 디지털 형태로 변환하여 처리, 저장, 전송하는 전자장치가 이 계층에 해당하며, 일반적으로 디지털 포렌식에서 다루는 디지털 기기는 사람이 사용할 수 있는 입출력장치가 부착되어 있다. 두 번째 계층은 '기억장치' 계층이다. 이 계층부터 본격적으로 디지털 데이터를 다루게 되며, 하위 계층과는 물리적 매체 형태로, 상위 계층과는 물리적 데이터 형태로 상호작용한다. 다음으로 운영체제가 기억장치에 기록된 데이터에 접근할 수 있도록 일차적으로 구성된 영역에 해당하는 계층이 있다. *DFF*에서는 이 계층을 보조기억장치에서 사용하는 명칭을 차용하여 '볼륨' 계층으로 부른다.[83] 네 번째 계층은 운영체제와 애플리케이션이 볼륨 계층의 데이터를 읽고 쓰는 최소 단위에 해당하는 계층이다. 마찬가지로 이 계층의 명칭도 보조기억장치에서 사용하는 명칭을 차용하여 '파일' 계층이라 부른다. 마지막 계층은 '콘텐츠' 계층으로, 파일 계층의 디지털 데이터를 사람이 인지할 수 있도록 변환된 정보들이 이 계층에 속한다. 〈표 7-1〉은 5개의 계층과 각 계층의 주요 요소들을 정리한 것이다.

---

[83] 디지털 포렌식 분야에서는 전통적으로 HDD나 SSD와 같은 보조기억장치가 주요 연구 대상이었으며, 실제로 대다수의 디지털 증거는 보조기억장치에서 발견된다.

〈표 7-1〉 디지털 증거 출처 계층별 주요 항목

구분	계층	주요 항목		
물리 매체	디지털 기기	데스크톱 컴퓨터, 랩톱, 스마트폰, 웹 서버, 파일 서버, 데이터베이스 서버, NAS, 스마트워치, 태블릿 PC 등		
물리적 데이터	기억장치	HDD, SSD, CD, SD card 등	RAM	NVRAM
논리적 데이터	볼륨	FAT32, NTFS, EXT, APFS, ReFS 등	Process	Firmware Volume
	파일	OOXML, PDF, JPEG, MPEG, PKZIP 등	Kernal, Stack, Heap, Data, Text	Firmware File, Boot loader
	콘텐츠	Text, Number, Timestamp, Binary, Picture 등		

하위 계층에서부터 상위 계층까지의 흐름은 컴퓨터나 스마트폰에서 텍스트나 숫자와 같은 콘텐츠를 추출하는 과정으로 간주할 수 있다. 디지털 증거는 5장에서 살펴본 대로 증거 가치가 있는 정보이다. SDE의 계층들 중 콘텐츠 계층이 정보에 해당하므로, 조사 대상이 어느 계층이든지 간에 우선적으로 SDE 최상위 계층의 요소들을 식별해야 한다.

SDE의 계층들은 다음과 같은 특징이 있다.

- 하위 계층으로부터 상위 계층의 요소들을 확인할 수 있다.
- 예) 디지털 기기를 통해 HDD나 SSD와 같은 기억장치를 확인할 수 있고, 기억장치의 물리적 데이터를 해석하여 볼륨 공간을 확인할 수 있다.
- 인접하지 않은 상위 계층의 요소들을 확인하는 것도 일부 가능하다.
- 예) 파일이 저장된 주소를 알고 있다면, 기억장치의 물리적 데이터에 직접 접근하여 파일을 추출할 수 있다. 혹은 볼륨 계층의 디

지털 데이터를 유니코드로 해석하여 콘텐츠 계층의 일부 요소들을 확인할 수 있다.
- 하위 계층의 요소들을 분석하여 과거에 존재했던 상위 계층의 요소들을 복구할 수도 있다.
 - 예) 메신저 대화 내용이 저장되어 있는 데이터베이스 파일의 내부 구조를 분석하여 삭제된 메시지를 복구할 수 있다.
- 특수한 경우를 제외하고 상위 계층으로부터 하위 계층의 요소들을 확인하는 것은 불가능하다.
 - 예) 문자나 숫자와 같은 콘텐츠만 주어졌을 때 해당 콘텐츠가 포함되어 있던 파일이 어떠한 디지털 데이터로 구성되어 있던 것인지 알 수 없다.
- 상위 계층의 요소들을 분석하여 하위 계층의 요소들에 대한 정보를 확인할 수도 있다.
 - 예) 사진 파일의 속성 정보를 통해 촬영 기기의 제조사와 모델명을 알 수 있다.

〈그림 7-1〉은 각 계층의 관계를 도식적으로 나타낸 것이다. 박스 기호는 각 계층의 요소들을 나타낸 것이다. 점선 테두리 박스 기호는 복구된 요소를 의미하며, 점선 테두리에 회색으로 채워진 박스는 복구는 되지 않았지만 과거에 존재했다는 사실이 밝혀진 요소들을 나타낸 것이다. 화살표는 시작점으로부터 도착점을 확인할 수 있다는 의미이다.

위와 같이 *SDE*를 계층 형태로 추상화하면 다음과 같은 장점이 있다.

- 잠재적 디지털 증거에 해당하는 콘텐츠의 출처를 명확하게 확인할

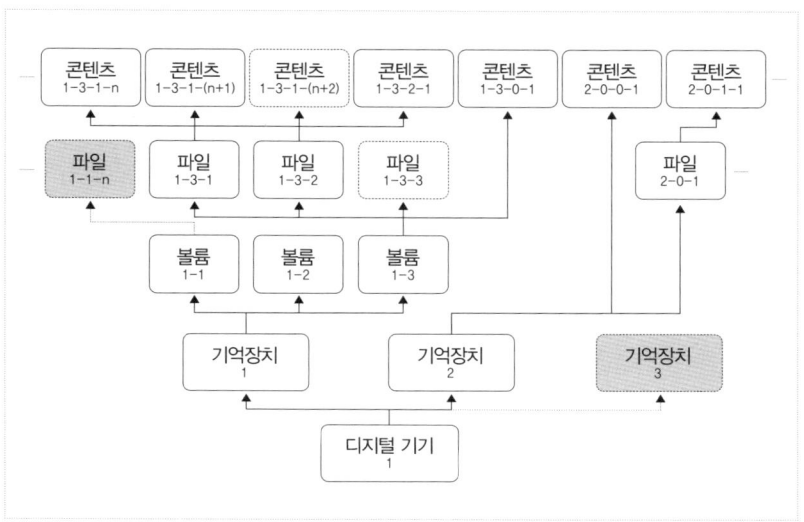

〈그림 7-1〉 디지털 증거 출처 계층 관계도

수 있다. 이는 디지털 증거의 진정성을 충족하는 데 도움이 된다. 예로 〈그림 7-1〉의 콘텐츠 1-3-2-1은 1번 기억장치의 3번 볼륨에 있는 2번 파일로부터 해석되었다는 것을 알 수 있다.

- 또한, 조사자가 디지털 포렌식 조사 시 적용해야할 기술이 무엇인지 판단하는 데 도움을 준다. 예를 들어, 계층 관계도를 구성하는 박스들과 이들을 연결하는 화살표는 8장에서 다룰 식별(identification) 기술에 의해 그려지고 연결된다. 점선 박스는 9장에서 다룰 복구(restoration) 기술이며, 회색으로 채워진 박스는 12장에서 다룰 분석(analysis) 기술로 확인 가능한 부분이다.
- 연구 개발이 필요한 분야를 파악하는 데에도 도움이 된다. 디지털 포렌식 기술이 적용되는 부분을 시각적으로 확인할 수 있어 어떤 기술에 대한 연구가 필요한지 알 수 있다. 또한, 다양한 사건에서

확인한 *SDE* 계층 관계도들과의 비교 분석을 통해 디지털 포렌식 기술이 중복 개발되는 것을 방지할 수 있다.
- 디지털 포렌식 연구 개발을 위한 로드맵을 수립할 때 유용하다. 새로운 디지털 기기가 등장하거나 ICT 환경이 변화하더라도 각 계층의 요소들만 변경될 뿐 전체적인 틀은 그대로 유지된다. 이러한 *SDE* 계층화의 특징은 일회성 연구가 아닌 지속적으로 활용 가능한 기술 개발을 위한 장기적 계획 수립에 도움을 준다.

이어서 각 계층에 대해 자세히 살펴보겠다.

(1) 디지털 기기

디지털 기기(Digital Device)는 정보를 디지털 형태로 변환하여 처리, 저장, 전송하는 전자장치를 의미한다. 데스크탑, 랩탑, 서버, NAS(Network Attached Storage), 스마트폰, 스마트워치 등 일상적으로 사용되는 대부분의 기기들이 여기에 해당된다.

일반적인 디지털 기기의 내부에는 디지털 데이터를 저장하고 있는 기억장치가 물리적으로 장착되어 있고, 사용자가 해당 데이터를 생성, 열람, 수정, 삭제할 수 있는 입출력장치가 연결되어 있다. 일부 디지털 기기는 〈그림 7-2〉와 같이 기억장치와 물리적으로 연결되어 있지 않고 네트워크를 통해 통신하기도 한다.

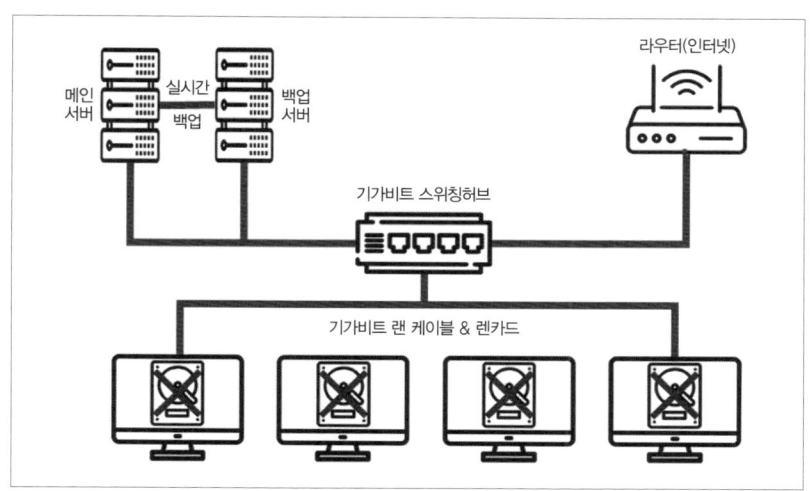

〈그림 7-2〉 Diskless 시스템 개념도[84]

(2) 기억장치

기억장치(Data Storage)는 데이터를 임시 혹은 영구 저장하기 위해 사용하는 장치를 의미한다. 3장에서 살펴본 바와 같이 기억장치는 전자기적으로 디지털 데이터를 저장하는 역할을 하며 주기억장치와 보조기억장치로 구분할 수 있다. HDD, SSD, USB, 외장하드, RAM, NVRAM 등이 여기에 해당된다.

기억장치에서 상위 계층인 볼륨을 해석하려면 우선 전자기적으로 저장된 물리적 데이터를 2장 3절에서 설명한 주소 체계에 기반하여 논리적 데이터로 변환해야 한다. 이를 통해 디지털 포렌식 조사자가 디지털

---

[84] 우리나라에서는 노하드 시스템(No-hard System)이라는 용어를 사용하고 있다.

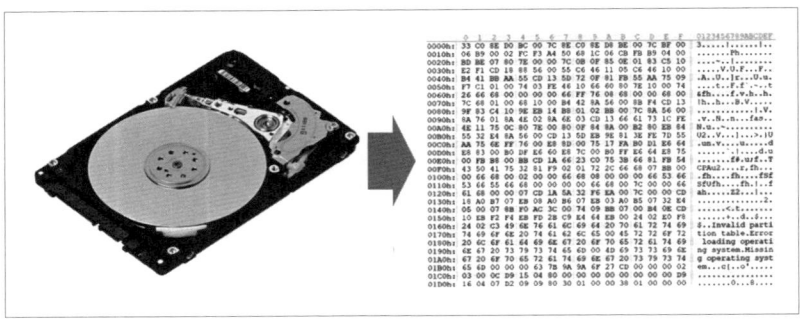

〈그림 7-3〉 디지털 데이터 해석 과정

데이터를 가시적으로 해석할 수 있게 된다.

일반적으로 기억장치는 디지털 기기에 연결되어 있으나 별개로 존재하는 경우도 있다. HDD나 SSD가 분리된 채로 보관되는 경우도 있고 USB나 외장하드와 같이 별개의 물리적 형태의 장치로 제공되기도 한다.

(3) 볼륨

세 번째 계층은 운영체제가 기억장치에 기록된 데이터에 접근할 수 있도록 일차적으로 구성된 논리적인 영역이다. 디지털 포렌식 조사의 주요 대상이 되는 보조기억장치에서는 이 영역을 '볼륨(volume)'[85]이라고 부르는데, DFF에서는 해당 용어를 차용하여 편의상 볼륨 계층이라 명명한다. 흔히 Windows 운영체제에서 C 드라이브나 D 드라이브 등으로 불리는 영역이 볼륨에 해당된다.

---

[85] 주기억장치에서는 프로세스 영역이 여기에 해당된다.

볼륨은 파티션(Partition)이라는 단어와 혼용되기도 한다. 〈그림 7-4〉와 같이 파티션은 하나의 기억장치 내에서 구분된 공간을 지칭하는 반면, 볼륨은 접근 가능한 공간 그 자체를 지칭한다.[86] 따라서 다수의 저장장치가 결합하여 구성된 경우에는 파티션이 아닌 볼륨이라는 용어를 사용하는 것이 적절하다.[87]

Logical Volume	논리적 볼륨 1		논리적 볼륨 2
Volume Group	볼륨 그룹 1		
Physical Volume	물리적 볼륨 1	물리적 볼륨 1	물리적 볼륨 1
Partition	파티션 1	파티션 2	파티션 1
Storage Device	기억장치 1		기억장치 2

〈그림 7-4〉 파티션과 볼륨의 관계도[88]

---

[86] 이러한 특징으로 파티션을 물리적 볼륨(physical volume)이라고도 한다.
[87] 볼륨은 개념상으로 파티션을 포함하는 용어이나 PC나 스마트폰 같은 일반적인 디지털 기기에서는 단일 저장 매체에서 하나 이상의 볼륨을 생성하는 경우가 대부분이고, 다수의 저장 매체로부터 논리적인 볼륨을 생성하여 사용하는 경우는 드물다. 이러한 이유로 데스크탑 운영체제에서는 여전히 파티션이라는 용어를 사용하고 있고, 많은 이들이 파티션과 볼륨을 혼용하고 있다.
[88] 그림에서는 2개의 기억장치가 볼륨 그룹을 구성하여 디스크의 제약을 뛰어넘는 2개의 볼륨을 구성하고 있으나, 우리가 일반적으로 사용하는 PC에서는 기억장치에서 구분된 파티션(아래에서 두 번째)이 그대로 볼륨이 되는 경우가 대부분이다.

일반적으로 볼륨에는 파일과 폴더들이 나름의 체계 하에 저장되는데 이를 파일 시스템(file system)이라고 한다. 도서관을 볼륨으로 비유하자면, 도서관에 있는 책들을 파일로, 도서관에서 책을 배치하는 체계(주제별, 연도별, 전공별 등)를 파일 시스템으로 설명할 수 있다. 운영체제가 동작하면서 수많은 데이터들이 파일의 형태로 저장되므로 운영체제와 파일 시스템은 서로 간에 깊은 관련이 있다. 운영체제의 종류가 다양하듯 파일 시스템의 종류 또한 다양하다.

파일 시스템은 종류에 따라 차이는 있으나 대체로 내부를 크게 메타 영역(Meta Area)과 데이터 영역(Data Area)으로 나눈다. 메타 영역에는 볼륨에 존재하는 파일이나 폴더들의 정보를 담고 있다. 예로, 파일이나 폴더의 이름, 크기, 속성, 시간 정보, 삭제유무, 데이터가 저장된 위치(주소) 등이 포함되어 있다. 메타 영역을 참고하여 실제 데이터가 저장된 주소로 이동하면 파일이나 폴더의 내용을 확인할 수 있다. 해당 영역을 데이터 영역이라고 한다. 도서관으로 비유를 하자면, 메타 영역은 도서관에서 도서의 위치를 알려주는 청구번호에 해당하고, 데이터 영역은 실제 책이 보관되어 있는 공간으로 볼 수 있다.

〈그림 7-5〉 파일 시스템 내부 구조

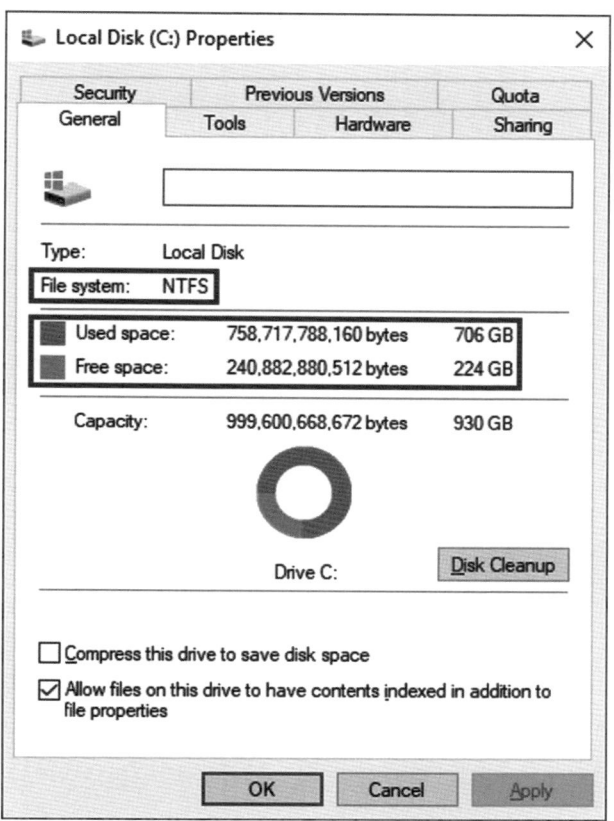

〈그림 7-6〉 Windows 운영체제에서의 볼륨 속성 예시

볼륨에서 실제 사용 중인 영역, 즉 파일 시스템 메타데이터나 파일, 폴더 등이 저장되어 있는 공간을 할당 영역(allocated area 혹은 used space)이라고 하며, 사용하지 않는 공간을 비할당 영역(unallocated area 혹은 free space)[89]이라고 한다.

---

89 unallocated를 '아직 할당되지 않은'이라는 의미로 해석하여 '미할당 영역'이라는 용어를 사용하기도 한다. 다만, 디지털 포렌식에서는 볼륨을 사용자가 앞으로 사용할 대상이

(4) 파일

네 번째 계층은 운영체제와 애플리케이션이 데이터를 읽고 쓸 수 있도록 논리적으로 구성된 저장 영역에 해당한다. DFF에서는 보조기억장치를 기준으로 계층의 이름을 명명하므로, 이 계층을 논리적 단위 중 하나인 '파일(file)'[90] 계층이라 부른다.

파일은 운영체제나 애플리케이션의 처리 단위이므로 서로 관련 있는 정보들이 동일한 파일 내부에 저장되는데, 이 때 해당 정보들은 파일 포맷(file format)에 의해 체계적으로 저장된다. 파일 포맷은 파일의 유형(ex. 문서, 사진, 데이터베이스 등)에 따라 다양하고, 같은 유형의 파일이라 하더라도 애플리케이션 종류에 따라 각기 다른 파일 포맷을 사용하기도 한다.

파일 내부는 파일 시스템과 유사하게 크게 메타데이터(metadata)와 본문(body)으로 나뉜다. 메타데이터에는 파일의 타입을 나타내는 시그니처(signature)를 비롯한 전체 파일의 크기, 데이터 시작 위치, 사용자가 입력한 데이터를 설명하거나 관리하기 위한 기타 데이터(GPS 정보, 카메라 정보, 작성 및 수정 시간 등)가 저장되고, 본문에는 파일의 본문을 구성하는 데이터가 저장되어 있다. 한편, 메타데이터 중 파일의 타입을 나타내는 시그니처와 전체 파일의 크기, 데이터 시작 위치 등 파일 포맷 규격에 의해 필수적으로 포함되어야 하는 부분들을 묶어 헤더(header)

아닌, 특정 시점에서 조사자가 분석하는 대상으로 바라보므로 '비할당 영역'이라고 해석하는 것이 적절해보인다.
90 주기억장치에서는 메모리 세그먼트(memory segment)가 여기에 해당된다.

로, 그 외에 응용 프로그램에서 생성하는 기타 메타 정보들이 포함된 부분을 메타데이터로 구분해 부르기도 한다.

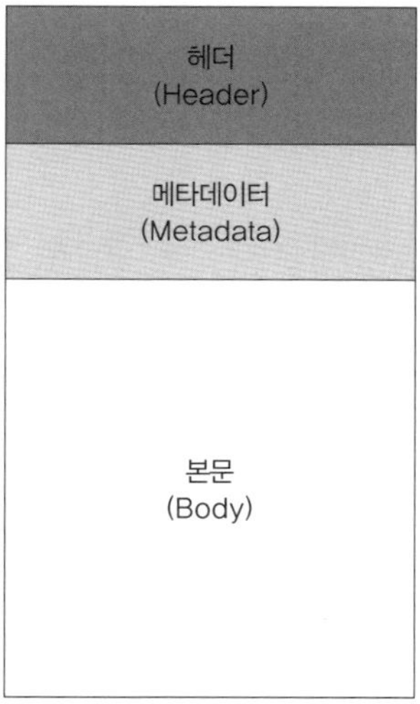

일반적으로 디지털 증거는 파일의 형태로 존재하므로 주요 디지털 포렌식 조사 타겟이 되는 계층이다. 실제로 사용자들이 컴퓨터 시스템을 사용할 때 정보를 읽거나 저장하기 위해 가장 많이 접하는 계층에 해당된다. 따라서 디지털 증거의 증거능력 요건 중 하나인 무결성을 검증할 때 파일의 무결성을 해시 알고리즘으로 증명함으로써 파일 내부에 저장되어 있는 정보, 즉 디지털 증거의 무결성도 입증할 수 있게 된다.

〈그림 7-7〉 파일 내부 구조

(헤더(Header) / 메타데이터(Metadata) / 본문(Body))

(5) 콘텐츠

콘텐츠(Content)는 디지털 데이터를 사람이 인지할 수 있는 형태로 변환된 결과물을 의미한다. 숫자나 문자, 그림, 사운드, 영상 등이 콘텐츠에 해당된다. 사용자가 운영체제를 사용하면서 생성되는 대부분의 콘텐츠는 파일에 저장되지만, 디지털 포렌식 조사 과정에서는 볼륨이나 기억장치에서 곧바로 해석되기도 한다.

콘텐츠 생성 주체는 디지털 기기를 통해 데이터 생성, 처리 및 작성하는 등의 행위를 하는 '사람' 혹은 파일 시스템이나 운영체제와 같이 시스템 유지 및 관리의 역할을 하는 '컴퓨터'가 될 수 있다. 콘텐츠의 생성 주체에 따라 '컴퓨터에 의해 생성된 콘텐츠(Computer Generated Content; CGC)'와 '컴퓨터에 저장된 콘텐츠(Computer Stored Content; CSC)'로 구분할 수 있다. 이와 같이 구분하는 이유는 디지털 전문증거를 구분하기 위함으로 분석 결과에 따라 CGC는 CGE로, CSC는 CSE로 활용될 수 있다.

콘텐츠는 사용자의 행위나 컴퓨터 시스템의 동작에 의해 생성되므로 이 계층은 디지털 증거가 그 의도를 온전히 나타내는지 판단하는 진정성과 관련이 깊다. 또한 콘텐츠가 SDE의 하위 계층으로부터 정확하게 표현된 것인지를 판단하는 신뢰성, 그리고 디지털 데이터가 오류 없이 정보로 변환되었는지에 대한 원본성과도 밀접한 관계가 있다.

2. 이벤트

이벤트(Event, E)란 시스템에서 발생했던 특정한 활동이나 사건을 의미한다. 디지털 포렌식에서는 수많은 이벤트 중 사건과 관련한 이벤트에 초점을 맞춘다. 이벤트를 발생시키는 주체는 시스템의 구성 요소 중 일부를 생성·접근·수정·삭제할 수 있는 권한이 있는 자, 혹은 권한이 없음에도 불구하고 해당 요소들에 접근한 자, 운영체제나 애플리케이션과 같은 컴퓨터 구성 요소들 등이 될 수 있다.

특정 이벤트가 발생하면 이 이벤트와 관련된 정보가 기록될 수 있다.

이러한 정보는 사후에 해당 이벤트를 증명하는 근거로 활용할 수 있는데 이것이 디지털 증거에 해당한다. 디지털 증거는 SDE에서 확인할 수 있으므로 이벤트는 SDE와 밀접한 관련이 있다. 두 개념의 관계를 알아볼 수 있는 몇 가지 특성들을 살펴보겠다.

- **로카르드의 교환법칙(Locard's exchange Principle)** 성립: "접촉하는 두 물체간에는 반드시 흔적이 남는다"라는 법칙으로 전통적인 forensic science 분야에서 널리 사용되는 문구이다. 원래 물리적 세계에서 통용되던 법칙이나, 디지털 세계에서도 통용될 수 있다.
아래 수식은 로카르드의 교환법칙을 나타낸 것으로 특정 시간 T에 이벤트가 발생하게 되면 SDE가 변하게 된다는 것을 나타낸 것이다.

$$SDE^T \xrightarrow{E} SDE^{T'}$$

- **일관성(Consistency)**: 동일한 조건의 SDE^T에서 동일한 이벤트 E가 발생하면 항상 $SDE^{T'}$로 바뀌는 성질을 의미한다. 즉 사전 상태의 SDE인 SDE^T와 사후조사 시점 상태의 SDE인 $SDE^{T'}$을 알 수 있다면 실험을 통해 E를 밝혀낼 수 있다.
- **순차성(Sequentiality)**: 일반적으로 현 시점의 $SDE^{T'}$는 과거 SDE^T에서 수많은 이벤트들이 순차적으로 발생한 결과를 나타낸다. 따라서 SDE^T에서 $SDE^{T'}$으로 변화하는 과정을 재현하려면 T에서 T' 사이에 순차적으로 발생했던 이벤트들을 모두 파악해야 한다.
- **비(非)단사함수(Non-injective function)**: 어떤 이벤트로 일어나는 결과는 정해져 있으나, 그 결과의 원인에 해당하는 이벤트는 하나로 특정되지 않을 수 있다. 즉, 특정 SDE에 서로 다른 이벤트인 E_1과

E_2가 발생한 결과인 SDE_1과 SDE_2가 같을 수 있다는 성질이다. 이는 사전의 SDE^T와 사후의 $SDE^{T'}$가 주어졌을 때, 변화를 설명할 수 있는 이벤트가 하나 이상일 수 있다는 것을 의미한다.

위와 같은 성질을 고려하면서 과거에 발생했던 이벤트를 추적해야 한다. 〈그림 7-8〉은 SDE를 분석함으로써 이벤트를 추적해 나가는 과정을 도식적으로 나타낸 것이다. SDE를 해석해서 얻은 콘텐츠들에 기반하여 과거에 발생했던 이벤트를 추정할 수 있다. 이벤트는 순차성이 있으므로 이벤트 간의 인과관계(ex. Event #6 → Event #3 → Event #1)도 나타낼 수 있다. 그림에서 Event #1이 사건에서 밝히고자 하는 실체적 진실과 직접적으로 연관이 있는 이벤트라고 한다면 Event #2~#6을 설명하는 콘텐츠들을 디지털 증거로 활용할 수 있다.

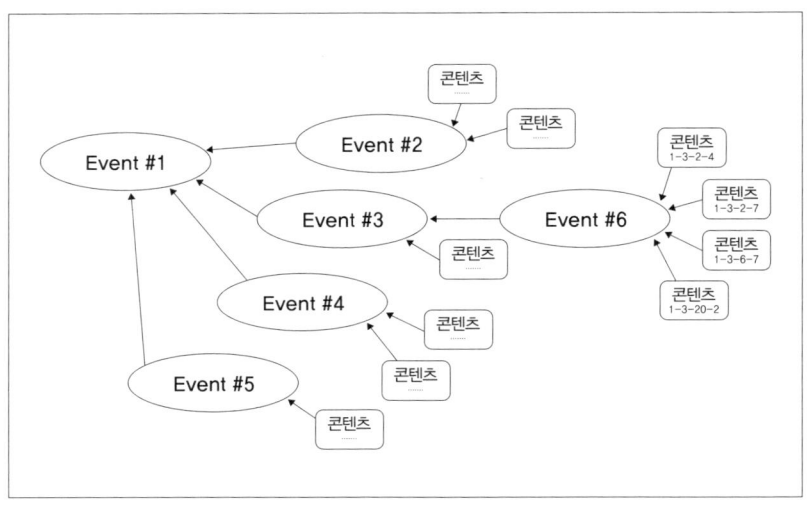

〈그림 7-8〉 이벤트와 디지털 증거 출처 관계도

3. 디지털 증거 후보군

디지털 증거 후보군(Digital Evidence Candidate; DEC)이란 SDE에서 디지털 포렌식 특유의 요구사항(Requirement; R)을 충족하는 구성 요소들의 집합을 의미한다. 여기에서 R이란 디지털 포렌식 조사자가 고려해야 하는 관련 법률, 정책, 의뢰사항 등을 의미한다. 가령 조사자가 수사기관 소속인 경우 증거능력 확보를 위해 고려해야하는 위법수집증거배체 원칙이 R에 해당할 수 있다. R은 법률 혹은 조직의 정책에 따라 달라질 수 있으며, 사건 유형에 따라 다양한 형태로 적용될 수 있다.

정리하자면 SDE는 필터링 대상, R은 필터링 규칙, 그리고 DEC는 필터링 결과로 볼 수 있다. R은 SDE의 구성요소들 중 DEC에 포함될지(1) 제외할지(0)를 결정하므로 일종의 2진 행렬로 간주한다면, 아래와 같은 수식으로 관계를 나타낼 수 있다.[91]

$$SDE \times R \rightarrow DEC$$

R에 해당하지 않는 SDE의 구성 요소들을 분석하는 것은 조사자의 권한을 넘어서는 것으로 디지털 증거를 확보한다하더라도 증거능력을 인정받지 못해 디지털 포렌식 조사의 목적을 달성하지 못하게 된다. 따라서, R에 해당하는 SDE를 선별하는 기술이 중요한데, 이에 대한 내용은 10장에서 다루도록 하겠다.

---

91 경우에 따라 SDE의 모든 구성 요소를 포함(1)할 수도 있고, 제외(0)할 수도 있다. 예를 들어, 개인 혹은 민간 기업의 의뢰로 모든 권한을 부여 받아 디지털 포렌식 조사를 수행하는 경우에는 R=1에 해당한다.

4. 디지털 증거

디지털 증거(Digital Evidence; DE)의 정의는 "2진 형식으로 저장되거나 전송되는 증거가치가 있는 모든 정보"로 DFF에서는 사건과 관련있는 이벤트들을 설명하면서 DEC에 포함되어 있는 콘텐츠들의 집합을 의미한다.

5장에서 살펴보았듯이 디지털 증거는 증거능력을 인정받기 위해 위법수집증거배제원칙, 전문법칙, 진정성·무결성·신뢰성 등을 고려해야 한다. 우선 SDE의 구성요소들을 모두 해석해야 하므로 디지털 포렌식 해석 기술(8장) 및 복구 기술(9장)이 선행되어야 한다. 위법수집증거배제원칙의 충족 여부는 DEC를 선별하기 위한 디지털 포렌식 검색 기술(10장)과 수집 기술(11장), 일부 분석 기술(12장)을 활용함으로써 증명할 수 있다. 디지털 전문증거(CSC로부터 확보한 CSE)는 디지털 포렌식 분석 기술(12장)로 성립의 진정함을 증명할 수 있다. 진정성은 디지털 포렌식 검색, 수집, 분석 기술로, 무결성은 디지털 포렌식 수집 기술로 증명할 수 있으며 신뢰성은 디지털 포렌식 전 과정에서 적용되는 기술 자체를 검증함으로써 증명할 수 있다.

현실적으로 디지털 포렌식 기술만으로 디지털 증거를 확보하는 것은 매우 까다롭다. 우선 디지털 포렌식 기법을 활용하기 위해 자동화된 도구로 개발하는 과정에서 상당한 예산이 발생하며, 대량의 데이터를 분석하는 경우가 많은 디지털 포렌식 특성 상 상당한 컴퓨팅 리소스를 요구한다. 또한, 디지털 포렌식 조사자들의 역량이 천차만별이기 때문에 동일한 환경에서 동일한 도구를 사용하더라도 다른 결과가 산출될 수 있다. 심지어 디지털 포렌식 기술 분야 중 개발이 진행되지 않거나,[92] 현재 기술력으로 불가능한 분야도 있다. 따라서 디지털 포렌식 분야에서는 도구 평가에 기반한 최적의 기술 선정, 교육 및 훈련 과정 등 실용적인 절차를 포함하는 프로세스 개발, 이해관계자들 간의 역할 분담 등 실무적 접근도 매우 중요하다. 이에 대해서는 13장~15장에서 다룬다.

---

[92] 지속적으로 버전이 업데이트되고 새로운 서비스가 등장하는 ICT 특성에 의한 것이기도 하고, 예산 투자 대비 효과가 적은 기술의 경우 경제성이 낮아 기술 개발이 더디게 진행된다. 여기에서 효과는 해당 기술의 정확도 혹은 실제 디지털 포렌식 조사 환경에서의 기술 활용 빈도에 대한 것이다.

CHAPTER 8
Identification

1 디지털 기기 식별
2 기억장치 식별
3 볼륨 식별
4 파일 식별
5 콘텐츠 식별
6 휘발성 데이터 식별

디지털 포렌식 식별 기술은 디지털 증거 출처(SDE)의 각 계층들을 확인해 나가는 과정에서 필요한 기술을 의미한다. 상위 계층은 하위 계층을 해석함으로써 확인할 수 있어 해석(interpretation) 기술이라 불리기도 한다. 궁극적으로 콘텐츠가 파악되어야 디지털 증거를 확인할 수 있으므로 디지털 포렌식 기초 기술에 해당한다.

디지털 기기와 기억장치, 볼륨, 파일 등 콘텐츠를 저장하기 위해 사용되는 물리적·논리적 개념들은 모두 인공적으로 만들어낸 것이므로, 식별 기술을 제작자 혹은 개발자의 도움을 통해 쉽게 개발할 수 있는 기술로 생각하기 쉽다. 그러나 이는 실제와 다른데 이유는 다음과 같다.

- 현대 사회에서 디지털 기기는 한 회사에서 전체가 제작되는 경우는 드물다. 대부분의 디지털 기기는 전세계 여러 곳에서 생산되는 다양한 부품을 모아 조립하여 만들어진다. 다양한 기능들이 복합적이고 유기적으로 연결되어 디지털 데이터가 생성·변경·삭제되므로 디지털 증거를 확인하기 위해 도움을 요청할 제작자 혹은 개

발자를 특정하기도 어려우며, 특정한다 하더라도 그들에게 모두 도움을 받는 것은 더욱 어렵다. 또한, 제작자나 개발자로부터 설계도 혹은 소스코드를 받는다 하더라도 *SDE*의 각 요소를 확인하는 것이 어려울 수 있다. 포렌식 조사자가 확인해야 할 디지털 증거는 다양한 시스템이나 프로그램에 의해 생성되었을 수 있는데, 이러한 경우 해당 디지털 증거가 생성될 때까지의 모든 상황을 완벽하게 재현할 수 없다면 식별 기술이 의도한 바와 다르게 적용될 수 있기 때문이다. 즉, 소스코드를 모두 확보했다 하더라도 과거에 발생했던 이벤트들에 대한 배경지식이 없다면 엉뚱한 식별 기술이 적용될 수도 있다.

- 현실적인 이유로 제작자 혹은 개발자로부터 해석 기술에 필요한 설계도나 소스코드를 제공받는 것이 매우 어렵다. 제작자 혹은 개발자가 디지털 포렌식 조사자를 도와 해석 기술을 개발하거나 설계도 혹은 소스코드를 제공할 의무는 없다. 설계도나 소스코드 자체가 영업비밀에 해당하는 경우가 많은데, 이를 전달함으로써 발생할 수 있는 영업비밀 유출의 리스크를 개발사에게 강제할 수 없다. 또한 개발자의 신원을 파악하는 것이 불가능한 경우도 있다. 예로, 멀웨어 개발자와 같이 본인의 신분을 숨기고자할 수 있고, 오픈소스 프로젝트처럼 수많은 개발자들이 참여하여 신원 파악이 어려운 경우도 있다.

- 마지막으로 사용자가 제작자나 개발자의 의도대로만 시스템이나 프로그램을 사용하지 않는다는 점이다. 제작자나 개발자가 사전에 사용자의 모든 행위를 예측할 수 없어 의도한 바와는 다른 형태로 정보가 저장되곤 한다. 또한, 사용자가 시스템이나 프로그램을 커스터마이징하는 경우에도 예상하지 못한 결과물이 산출되곤 한다.

- 정리하자면 디지털 기기나 운영체제, 애플리케이션 등의 개발자로부터 설계도나 소스코드를 전달 받으면 식별 기술을 개발하는 것이 용이해지나, 이는 현실적으로 어려우며 전달 받는다 하더라도 디지털 포렌식의 목적에 맞게 수정이 필요하다는 것이다.

이러한 이유로 디지털 포렌식 분야에서는 다음과 같은 방법을 통해 식별 기술을 개발한다.

- 제작사 혹은 개발사에서 공개한 공식 문서를 참조한다.
- 기존에 연구된 결과를 개선하거나 커스터마이징한다.
- 역공학을 통해 데이터의 처리 및 저장 방식을 파악한다.
- 인풋-아웃풋 실험을 통해 해석 방식을 확인 및 고도화한다.

이어지는 각 절에서는 각 계층을 확인하기 위한 대표적 식별 기술들에 대해 살펴본다. 또한, 각 기술별로 연구가 진행 중이거나 연구가 필요한 챌린지들에 대해서도 다룬다.

1. 디지털 기기 식별

디지털 기기는 물리적 형태로 존재한다. 따라서 디지털 포렌식 조사자는 디지털 기기의 물리적 형상을 알고 있다면 어렵지 않게 디지털 기기를 식별할 수 있다. 다만 일반적인 데스크톱이나 랩톱, 스마트폰과 같이 익숙한 기기는 쉽게 식별할 수 있는 반면 대중적으로 알려지지 않은 기기나 애초에 은닉을 목적으로 제작된 임베디드 기기들은 식별하지 못할 가능성도 있다. 예로, 스마트 안경처럼 보급률이 낮은 기기나 펜, 자동차키, 넥타이핀 모양의 스파이 캠, 스파이 녹음기와 같은 것들이 있다.

일반적으로는 디지털 기기를 통해 물리적·논리적으로 연결된 기억장치에 접근할 수 있으므로 디지털 기기 식별은 디지털 포렌식 조사의 시작 단계에 해당한다. 그러나 디지털 기기 식별이 필수 선행 조건이 아닌 사건들도 다수 존재한다. 가령, 원격지의 서버를 조사하는 경우에는 원격 접속을 통해 곧바로 서버의 기억장치 내부의 디지털 데이터를 논리적으로 확인하여 볼륨, 파일, 콘텐츠에 접근할 수 있다. 혹은 인터넷 상에 공개된 정보를 조사할 때에는 웹 서버에 저장되어 있는 파일이나 콘텐츠를 곧바로 확인 가능하다.

2. 기억장치 식별

기억장치에 저장되어 있는 디지털 데이터를 주소 체계에 기반하여 해석함으로써 상위 계층인 볼륨이나 파일들을 확인할 수 있다. 이를 위해서 선행되어야 하는 것이 기억장치 식별이다. 기억장치 식별은 크게 물리적 식별과 논리적 식별로 구분할 수 있다.

(1) 물리적 식별

물리적 식별은 말 그대로 조사자가 눈으로 확인할 수 있는 기억장치를 식별하여 내부에 저장된 디지털 데이터를 획득하는 것이다. 물리적 식별은 기억장치를 디지털 기기로부터 분리하는 방법과 메인보드에 물리적으로 접근함으로써 기억장치 내부 데이터를 식별하는 방법이 있다.

1) 물리적 접근

기억장치는 주로 디지털 기기에 물리적으로 연결되어 있으므로 디지털 기기를 분해하여 기억장치를 찾고, 손상없이 기억장치를 디지털 기기로부터 분리해야 한다. 일반적인 데스크톱이나 랩탑의 경우에는 메인보드에 연결되어 있는 기억장치를 찾고, 기억장치에 연결되어 있는 케이블을 분리함으로써 손쉽게 기억장치를 확보할 수 있다.

〈그림 8-1〉 기억장치 물리적 접근

그러나 단순히 케이블을 분리하는 방식으로 기억장치를 식별하는 것이 불가능한 경우도 있다. 무게와 크기를 줄이기 위해 컴퓨터 구성 요소들을 콤팩트하게 배치하여 육안으로 기억장치를 확인하기 어려운 기기들이 있다. 또한 일부 랩탑과 휴대용 기기에서는 공간 및 디자인 제약으로 기억장치가 메인보드에 납땜이 된 경우도 있다. 스마트폰이나 태블릿 컴퓨터에는 플래시 메모리가 보조 기억장치로써 사용되는데, 이 역시 기기를 생산할 때부터 메인보드에 부착되어 있다.

 PCB에 부착되어 있는 메모리 칩을 분리하고, 해당 칩을 리더(reader)에 연결하여 내부 데이터를 추출하는 칩오프(chip-off) 방식이 사용되기도 한다. 디지털 기기가 손상되어 소프트웨어를 통해 기억장치 내부의 데이터에 접근할 수 없는 경우 칩오프 기술은 매우 유용하다. 또한, 기

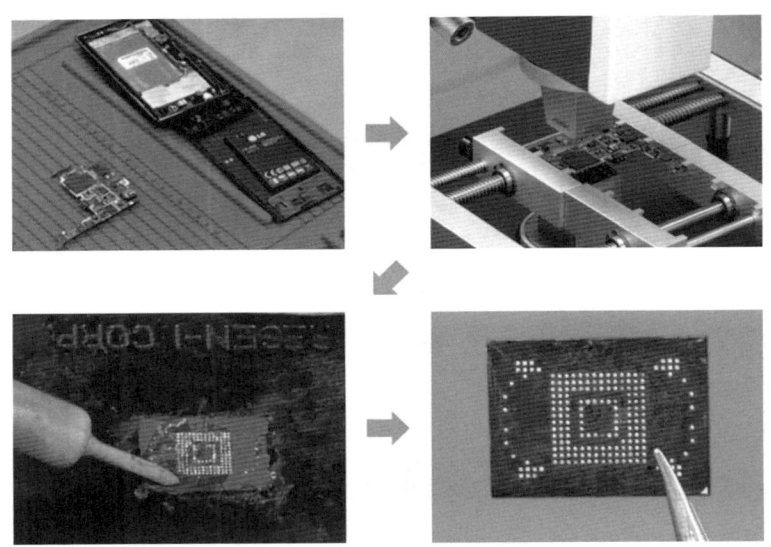

〈그림 8-2〉 칩오프 절차

기의 데이터 보호 메커니즘을 우회하여 저장된 데이터를 온전히 획득할 수 있다는 장점도 있다. 그러나 칩오프 과정에서 칩에 손상이 가해질 경우 영구적으로 데이터가 손실될 수 있으므로 각별한 주의가 요구된다. 또한, 분리한 메모리 칩을 다시 메인보드에 부착하는 것이 불가능한 경우가 많아 파괴적(destructive) 기술로 분류되는 만큼 칩오프 사용 여부는 신중하게 판단해야 한다.

2) 메인보드를 통한 접근

앞서 살펴본 물리적 접근과 마찬가지로 디지털 기기를 분해한다는 점은 동일하나, 기억장치를 물리적으로 분리하지 않고 메인보드를 통해 기억장치 내의 디지털 데이터를 읽어온다는 차이가 있다. 대표적으로 JTAG(Joint Test Action Group)을 이용한 방식과 UART(Universal Asynchronous Receiver/Transmitter)를 이용한 방식이 있다.

JTAG은 디지털 회로에서 특정 노드의 디지털 입출력을 위해 직렬 통신 방식으로 데이터를 입출력하는 방식을 의미한다. JTAG은 제품이 잘 동작하는지 테스트하는 목적, 즉 디버깅을 위해 사용된다. 디지털 포렌

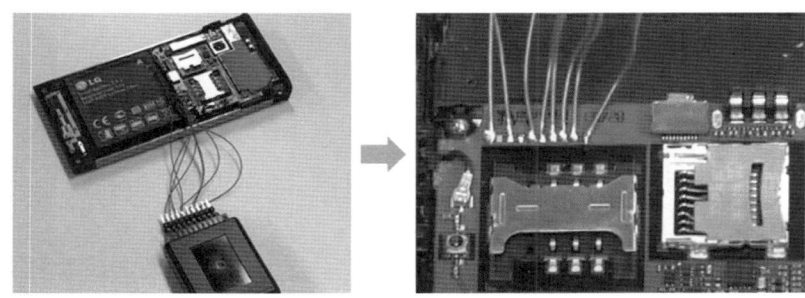

〈그림 8-3〉 JTAG을 이용한 기억장치 접근

식 분야에서는 JTAG을 기억장치 내부의 데이터에 접근하는 용도로 사용한다. 다만, 메인보드에 JTAG 포트가 존재하는 기기에서만 사용이 가능하므로 모든 디지털 기기에 적용 가능한 범용적 기법은 아니다.

UART는 병렬 데이터의 형태를 직렬(serial) 방식으로 전환하여 데이터를 전송하는 하드웨어의 일종으로 컴퓨터를 비롯하여 스마트폰과 같은 임베디드 기기에서 종종 사용되는 인터페이스이다. 따라서, UART를 이용하여 기억장치에 접근하려면 UART 인터페이스가 메인보드에 포함되어 있어야 한다. 디지털 포렌식 분야에서 UART는 디지털 기기로부터 데이터를 추출할 때 사용되곤 한다. 이 때, 패스워드로 보호된 부트로더를 우회하는 특별한 장비가 필요하기도 하다. 참고로 UART는 디지털 포렌식 조사자가 장치의 펌웨어와 상호 작용하여 설정을 변경하거나 구성 파일(configuration files)에 접근하는 등 내부 데이터 접근 외에도 조사에 도움이 되는 기타 작업을 수행하는 목적으로도 사용된다.

〈그림 8-4〉 UART to USB 보드

(2) 논리적 식별

기억장치를 디지털 기기로부터 분리하여 식별한 후 내부에 저장된 디지털 데이터를 수집하는 것이 직관적이긴 하나, 기기 파손의 우려나 기술적 한계 등의 이유로 물리적 접근이 불가능한 경우가 많다. 이 경우 논리적 식별이 대안이 될 수 있다. 논리적 식별은 기억장치에 직접적으로 통신하여 디지털 데이터를 읽어내는 방식이 아닌 운영체제 커널을 통해 메인보드의 기억장치에 접근하여 디지털 데이터를 읽어내는 방식이다. 여기에는 정상 부팅 방식과 부팅 프로세스 개입 방식이 있다.

1) 정상 부팅 후 접근

운영체제 상에서 디지털 기기에 연결되어 있는 기억장치의 디지털 데이터에 접근하는 방식이다. 운영체제에서 제공하는 인터페이스(파일탐색기, 파일 관리자 등)를 활용하는 방법이 있으나 계정의 권한 범위나 운영체제의 보안 정책으로 인해 조사자의 기억장치 접근이 제한될 수 있다는 단점이 있다. 이러한 이유로 대부분은 기억장치의 모든 주소의 데이터에 직접 접근할 수 있는 별도의 애플리케이션을 사용하곤 한다. 디지털 포렌식 목적으로 개발된 도구 혹은 디버깅을 목적으로 제조사나 운영체제가 개발한 도구 등이 사용된다.

정상 부팅 후 기억장치에 접근하는 방식은 직관적이고 쉬운 방식이나 디지털 증거의 무결성 손실을 감수해야한다. 기기를 부팅시키면서 수많은 데이터가 변경되므로 *SDE*의 수많은 구성요소들이 변경된다. 또한, 기기가 부팅되어 있다 하더라도 디지털 포렌식 도구가 실행되면서 의도치않게 증거가 수정 혹은 삭제될 수도 있다. 따라서 정상 부팅 후 접근 방법은 가급적 활용하지 않되, 불가피하다면 증거의 훼손을 최소화할 수 있는 방법을 사용해야 한다.

2) 부팅 프로세스 개입을 통한 접근

'부팅 프로세스 개입을 통한 접근'이란 일반적인 부팅 방식이 아닌 특수한 방식으로 부팅함으로써 디지털 기기에 연결된 기억장치에 접근하는 방식이다. '정상 부팅 후 접근 방식'의 단점인 무결성 훼손을 극복하기 위해 고안되었다.

첫 번째 방안으로는 별도의 운영체제를 부팅할 수 있는 부터블(bootable) 저장 매체를 활용하는 것이다. USB와 같은 외부 저장장치에 부팅 가능한 운영체제를 설치하고 외부 저장장치를 디지털 기기에 장착한 후 BIOS의 부팅 옵션을 변경함으로써 해당 운영체제를 부팅시킨다. 이후, 외부 저장장치에서 부팅된 운영체제 상에서 디지털 포렌식 도구를 실행함으로써 디지털 기기에 내장된 기억장치의 데이터에 접근하는 방식이다. 이와 같은 방식을 활용하면 디지털 포렌식 조사 대상이 되는 기억장치의 내부 데이터 변경이 없어 무결성을 유지할 수 있다. 단 조사자가 디지털 기기의 부팅 순서를 변경할 수 있고, 부터블 저장 매체를 디지털 기기에 장착하는 것이 가능한 경우에만 사용할 수 있다.

두 번째 방안으로 특수 부팅 모드를 활용하는 방식이 있다. 특수 부팅의 예로 안드로이드 스마트폰의 복구 모드, 다운로드 모드 등이 있다. '복구 모드'는 운영체제를 진단하기 위한 모드로 '안전 모드' 혹은 '진단 모드'로 불리기도 한다. '다운로드 모드'는 펌웨어를 설치하기 위한 용도로 사용되는 부팅 모드이다. 또한, 제조사 별로 펌웨어 관리를 위한 별도의 모드를 사용하기도 한다. 해당 모드들에 진입하는 방법은 기기나 운영체제 별로 다양하며, 그 방법이 제조사에 의해 공개된 경우도 있고 그렇지 않은 경우도 있다. 사용자의 권한 없이 기억장치의 내부 데이터에 접근하는 것은 정보보호 측면에서는 공격 행위에 해당하므로 원천적으로 특수 모드 진입을 막아놓거나 진입하더라도 내부 데이터 읽기가 불가능하게 만들어 놓은 경우도 많다. 디지털 포렌식 분야에서는 제조사 혹은 운영체제 개발사에서 만들어 놓은 다양한 정보보호 기능들을 무력화할 수 있는 방안, 즉 정보보호 관점에서 취약점에 해당하는 요소들을 찾아내는 연구가 활발히 진행되고 있다. 예로 〈그림 8-5〉와 같이 퀄컴의 비공개 AP 프로토콜의 취약점을 분석하여 '긴급 다운로드 모드(Emergency Download Mode)'에 진입하는 방법을 연구한다.

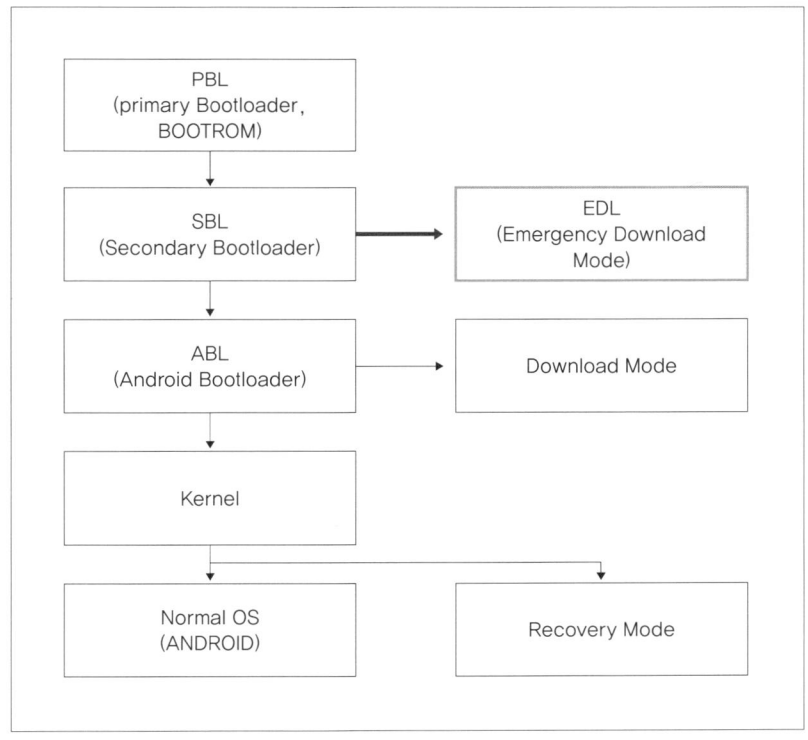

〈그림 8-5〉 퀄컴의 안드로이드 부팅 프로세스

(3) 챌린지

1) 디스크 암호화 이슈

디스크 암호화는 물리적으로 분실하거나 도난당할 수 있는 데스크톱이나 랩톱, 모바일장치 등에 장착된 저장매체의 모든 데이터를 암호화하는 정보보호 기술을 의미한다. 전체 디스크 암호화(Full Disk Encryption, FDE)라고 불리는데 하드웨어 암호화 엔진에 기반할 경우 하드웨어 전체 디스크 암호화(Hardware Full Disk Encryption, HWFDE)로, 소프트웨어에 의해 암호화될 경우 소프트웨어 전체 디스크 암호화(Software Full Disk Encryption, SWFDE)라고도 불린다. HWFDE는 저장 매체의 모든 영역을 하드웨어 레벨에서 암호화하는 반면 SWFDE는 MBR이나 부팅 관련된 코드 부분을 제외한 영역을 암호화한다. 따라서 HWFDE가 기억장치 계층과 직접적으로 관련있는 디스크 암호화 기법에 해당한다.

기억장치가 암호화되어 있을 경우, 기억장치 식별 기술을 통해 저장되어 있는 디지털 데이터을 확인하더라도 상위 계층인 볼륨을 해석할 수 없게 된다. 정보보호에 대한 중요성이 커짐에 따라 일반적인 디지털 기기에서도 디스크 암호화가 적용되면서 디지털 포렌식에서 해결해야 할 가장 시급한 이슈가 되었다. 암호 공격을 성공하는 것이 기술적으로 어려운 상황에서 피조사자에게 복호화를 강요할 수 있도록 제도화하는 것도 어려운 상황으로 암호화 이슈를 해결하기 쉽지 않은 상황이다.

2) 원격 저장소 이슈

원격 저장소(remote storage)는 기억장치가 디지털 기기에 물리적으로 장착되어 있지 않고 네트워크를 통해 연결되어 있는, 즉 물리적으로 연결되어 있지 않은 저장소를 의미한다. Diskless 시스템과 클라우드가 대표적 예시이다. 만약 디지털 포렌식 조사자가 사전에 원격 저장소가 존재한다는 사실을 인지조차 못한다면, 증거가 저장되어 있는 기억장치 자체에 접근할 수 있는 기회조차 없어지게 된다. 일반적으로 원격 저장소에 접근하려면 사용자 혹은 관리자의 권한을 요구한다. 시스템 효율성 및 사용자 편의성 증대를 위하여 원격 저장소를 활용하는 다양한 서비스들이 증가하고 있어, 이에 대응하기 위한 기술적·제도적 방안들이 활발히 연구되고 있다.

3. 볼륨 식별

볼륨 식별은 기억장치 식별을 통해 확인한 디지털 데이터를 주소 체계에 기반하여 볼륨으로 사용되는 영역을 확인하는 기술이다. 본 절에서는 보조기억장치에서 볼륨 공간을 구분하기 위해 활용되는 영역인 MBR과 GPT(GUID Partition Table)에 대해 살펴본다. 또한 복수의 물리적 보조기억장치를 하나 이상의 논리장치로 결합하는 기술인 RAID(Redundant Array of Independent Disks)가 적용된 볼륨을 식별하는 방안에 대해 살펴본다.

(1) MBR 해석

MBR(Master Boot Record)은 디스크의 첫 번째 섹터에 위치한 512바이트의 데이터 영역으로, 디스크의 파티션 정보와 부트로더 코드가 저장된다. MBR의 내부 구조는 〈그림 8-6〉과 같다. 446바이트의 부트코드에 이어 16바이트의 파티션 테이블 4개가 저장되어 있고 마지막 2바이트의 시그니처가 존재한다. 각 파티션 테이블은 파티션의 시작 위치(Starting LBA Addr)나 크기(Total Sectors)와 같은 정보를 담고 있다. 〈그림 8-6〉에서 확인할 수 있듯이 MBR에는 4개의 파티션 테이블이 있으므로 원칙적으로 최대 4개의 주 파티션(Primary Partition)에 대해서만 표현할 수 있다.

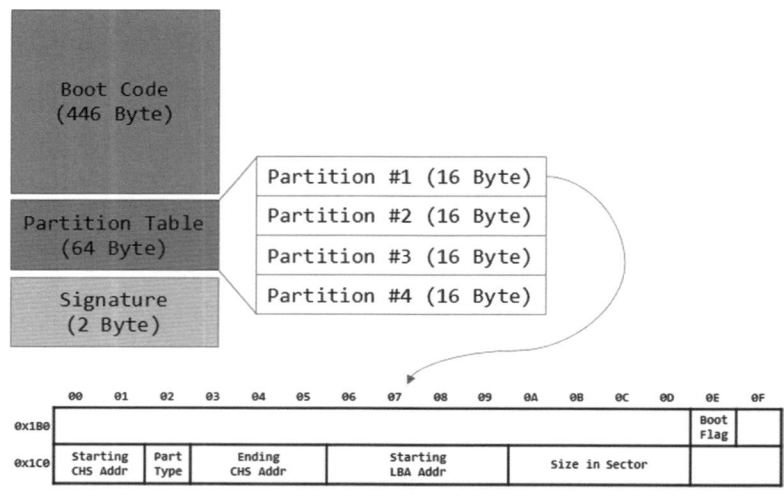

〈그림 8-6〉 MBR 구조

4개의 주 파티션(Primary Partition) 외에 추가로 파티션을 생성할 때에는 확장 파티션(Extended Partition) 개념을 사용된다. 〈그림 8-7〉은 확장 파티션을 사용하고 있는 MBR의 예시이다. MBR에는 3개의 프라이머리 파티션과 1개의 확장 파티션에 대한 정보가 있다. 4번째 파티션 테

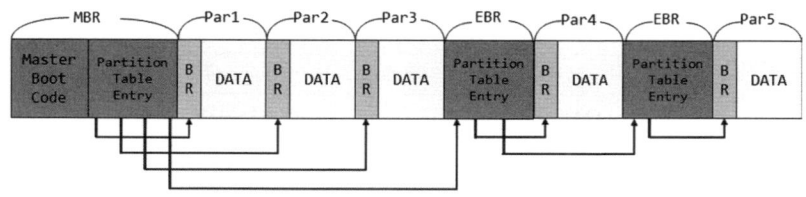

〈그림 8-7〉 MBR의 확장 파티션 개념 적용

이블이 가리키는 주소로 이동하면 EBR(Extended Boot Record)가 있고, EBR의 파티션 테이블을 해석함으로써 추가로 할당된 파티션들을 확인할 수 있다.

(2) GPT 해석

GPT(GUID Partition Table)는 MBR을 대체하기 위해 개발된 새로운 파티션 테이블 형식이다. MBR의 제한된 용량 문제를 해결하고 다양한 운영체제와 호환될 수 있도록 설계되었다. GPT는 파티션 테이블을 128개까지 지원하며 파티션 크기를 최대 8 ZiB까지 설정할 수 있다.

GPT는 MBR과 달리 레거시(Legacy) BIOS 시스템에서는 부팅이 불가능하다. 따라서 UEFI를 지원하는 컴퓨터에서만 사용될 수 있다. GPT에는 기존 MBR과의 호환을 위한 Protective MBR이 기억장치의 첫 번째 주소에 저장되어 있으며 이후 Primary GPT가 저장되어 있다. Primary GPT에는 각 엔트리가 파티션에 대한 정보를 담고 있으며 기억장치의 마지막 주소 부분에는 백업본인 Secondary GPT가 저장되어 있

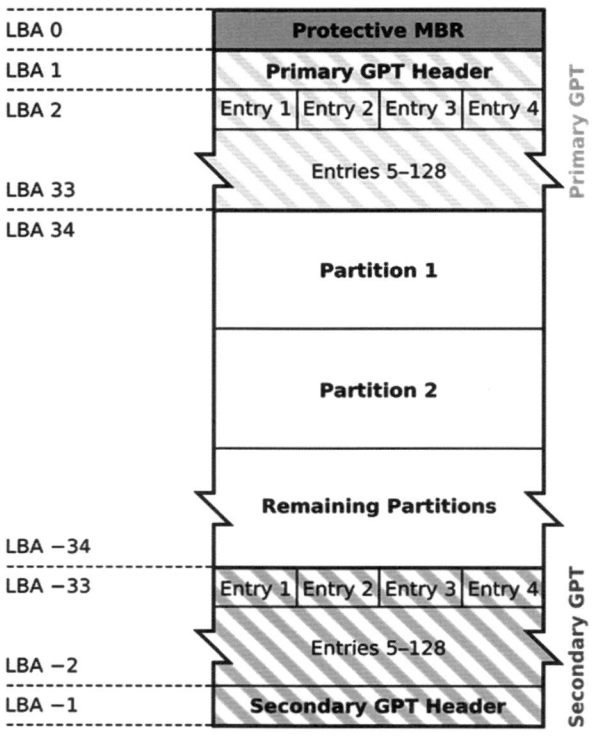

〈그림 8-8〉 GPT 구조

다. GPT는 MBR과 달리 기본적으로 볼륨마다 식별자를 지정하고 있다. 각각의 파티션 엔트리에는 파티션 식별자, 시작 위치, 파티션 크기, 속성 등의 정보를 담고 있다. 〈그림 8-9〉는 파티션 엔트리의 구조를 나타낸 것이다. First LBA(Logical Block Addressing)와 Last LBA를 통해 볼륨의 영역을 식별할 수 있다.

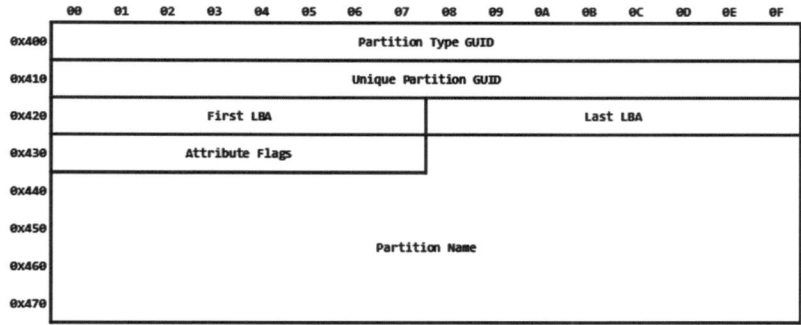

〈그림 8-9〉 GPT Partition Entry 구조

(3) 볼륨 슬랙 식별

볼륨 슬랙(Volume Slack)이란 기억장치에서 볼륨으로 지정되지 않은 영역, 즉 사용되지 않고 낭비되는 공간을 의미한다. 〈그림 8-10〉은 볼륨들과 기억장치의 크기 차이로 인해 발생하는 볼륨 슬랙을 나타낸 것이다. 볼륨 슬랙은 MBR 혹은 GPT로부터 각 볼륨의 시작 위치와 크기를 식별한 후 남는 공간의 주소를 계산함으로써 확인할 수 있다.

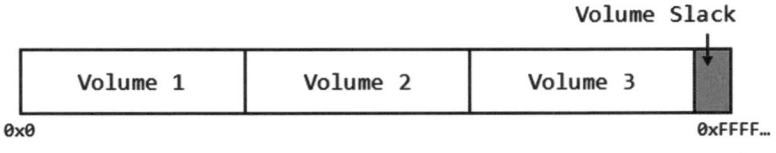

〈그림 8-10〉 볼륨 슬랙

디지털 포렌식에서 볼륨 슬랙을 다루는 이유는 삭제된 파일 혹은 삭제된 데이터 일부가 남아있을 가능성이 있기 때문이다. 볼륨 슬랙이 과거에는 특정 볼륨으로 사용되었을 가능성이 있고, 의도적으로 파일이

나 정보를 은닉하기 위해 사용되었을 가능성도 있다. 볼륨 슬랙 외에도 디지털 포렌식 조사자가 살펴보아야할 슬랙 영역들이 다수 있다. 이에 대해서는 파일 계층과 콘텐츠 계층에서 다루도록 하겠다.

(4) RAID 해석

RAID는 하나의 물리적 기억장치가 아닌 다수의 기억장치를 묶어 하나 혹은 그 이상의 논리적 공간을 생성하는 기술이다. RAID에는 각 디스크에 데이터를 저장하는 몇 가지 방식들이 있는데, 이러한 세부 방식들을 레벨(level)이라고 한다. 〈그림 8-11〉은 대표적 표준 레벨[93]인 RAID 0와 1, 5를 도식적으로 나타낸 것이다. RAID 0는 두 개의 디스크에 각기 다른 데이터를 저장하는 방식이고, RAID 1은 같은 데이터를 중복 기록하는 방식이다. RAID 5에서는 각 블록의 패리티(parity)를 분산하여 저장함으로써 하나의 디스크가 손상되더라도 남은 디스크를 통해 데이터를 복구할 수 있도록 구성되어 있다.

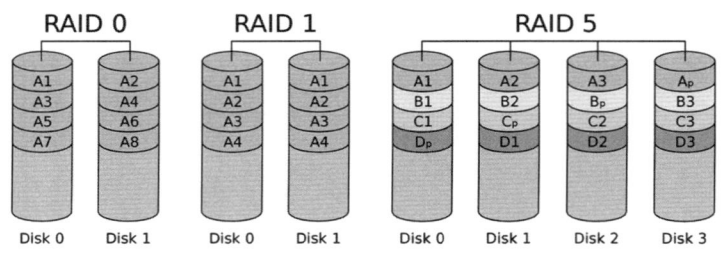

〈그림 8-11〉 RAID 구성 방식

---

[93] RAID를 제공하는 일부 하드웨어 및 소프트웨어는 자체적으로 개발한 레벨을 제공한다.

RAID 구현 방식에는 하드웨어 RAID와 소프트웨어 RAID, 펌웨어 RAID가 있다. 하드웨어 RAID 방식에서는 별도의 RAID 카드를 하드웨어에 장착하여 RAID 자체적으로 독자적인 프로세서와 메모리를 사용한다. 세부적으로 USB나 e-SATA 등의 인터페이스를 통해 물리적으로 시스템과 직접 연결하는 장치인 DAS(Direct Attached Storage)와 네트워크를 통해 논리적으로 연결하는 NAS(Network Attached Storage)가 있다.

소프트웨어 RAID는 운영체제 상에서의 애플리케이션을 통해 RAID를 구축하는 방식이다. 윈도우 운영체제의 저장소 공간(Storage Space)과 리눅스 환경에서의 mdadm 등이 있다.

펌웨어 RAID는 메인보드에 있는 RAID 칩을 이용한다. 이 경우에는 BIOS 설정에서 RAID를 구성할 수 있다.

RAID 방식으로 연결된 디스크들로부터 볼륨을 식별하려면 ①RAID가 적용된 디스크들을 확보한 후 RAID 레벨에 맞게 조합하는 방식, 또는 ②구성된 볼륨을 사용하고 있는 운영체제를 활용하는 방식을 사용해야 한다.

첫 번째 방식은 개별 디스크 전체를 분석할 수 있어 미사용 영역도 확인 가능하다는 장점이 있다. 그러나 대용량 디스크를 다수 사용하는 대규모 시스템에 이 방식을 적용할 때에는 상당한 리소스가 필요하여 조사에 활용하는 것이 현실적으로 까다롭다.

두 번째 방식은 RAID 레벨에 대한 고려 없이 곧바로 구성된 볼륨을 식별할 수 있다는 편의성이 있으나 권한에 따른 접근 범위가 제한될 수 있다는 점과 개별 디스크에는 접근이 불가능한 점, 구동 중인 디스크에 접근하므로 파일 교체나 충돌에 취약하다는 점 등의 단점이 있다.

(5) 챌린지

1) 볼륨 암호화 이슈

2절에서 살펴본 디스크 암호화 이슈와 유사하게 볼륨 계층에서도 암호 기술은 큰 챌린지에 해당한다. 대표적인 기술로 Windows 운영체제의 BitLocker와 안드로이드 운영체제의 FDE(Full Disk Encryption)가 있다.

암호화된 볼륨을 복호화하기 위한 키를 피조사자가 제공하지 않는다면 이를 복구하는 것은 현실적으로 불가능할 수 있다. 디스크 암호화 대응과 마찬가지로 설정된 비밀번호를 확인하는 방법, 또는 취약점을 이용한 암호 공격 등이 있으나 기술적·제도적 한계로 암호화 이슈를 해결하기 쉽지 않은 상황이다.

2) 레이드 방식 이슈

RAID를 이용하는 하드웨어 혹은 소프트웨어에서는 앞서 살펴본 주요 RAID 레벨 방식 외에 기존의 RAID 레벨을 혼합하거나 제조사나 개발사가 자체적으로 개발한 하이브리드 RAID로 불리는 새로운 방식으로 디스크를 조합하곤 한다. 하이브리드 RAID 방식을 사용하는 디스크들로부터 볼륨을 식별하려면 하이브리드 RAID 방식을 고려한 별도의 재조립 기법이 필요한데, 이러한 RAID 방식에 대한 공식 문서가 존재하지 않는 경우가 많다. 사전에 하이브리드 RAID 방식에 대응하는 포렌식 조사 기법이 개발되어 있지 않다면 볼륨 식별 자체가 불가능하게 된다.

4. 파일 식별

파일 식별은 볼륨에서 운영체제나 애플리케이션이 데이터를 저장하는 논리적 단위인 파일을 확인하는 기술이다. 파일 식별을 위해 필수적으로 학습해야할 개념으로 파일 시스템이 있다. 파일 시스템은 파일을 효과적으로 관리하기 위해 다수의 파일을 한 곳에 모아놓을 수 있는 논리적 개념인 디렉터리(directory)를 체계적으로 관리하기 위해 개발되었다. 파일 시스템의 종류는 매우 다양한데 그 이유는 다음과 같다.

- **운영체제 호환성**: 각 운영체제는 파일 시스템을 다르게 설계하고 구현한다. 이는 운영체제의 특성과 기능, 성능에 따라 파일을 관리하는 방식이 다르기 때문이다.
- **목적에 따른 특성**: 사용 목적에 따라 필요로 하는 파일 시스템의 특성이 다르다. 예로, 네트워크 환경에서는 파일 공유와 관리에 대한 안정성과 복원성이 중요하므로 이를 충족하는 파일 시스템을 사용한다.
- **저장장치의 종류**: 데이터를 저장하기 위해 사용되는 기술에 적합한 파일 시스템을 사용한다. 가령 NAND 플래시를 사용할 때에는 속도와 수명을 고려한 파일 시스템이 사용되어야 한다.
- **성능 요구 사항**: 파일 시스템은 개발 과정부터 성능 요구 사항에 따라 설계된다. 예로 대용량 파일을 처리하는 시스템의 경우 처리

속도 향상에 중점을 두고, 다수의 작은 파일을 처리하는 경우에는 디렉터리 관리 효율성에 중점을 두어 개발한다.

따라서 파일을 식별하려면 조사 대상 시스템의 파일 시스템 파악이 선행되어야 한다.

(1) 파일 시스템 확인

디지털 포렌식 조사 과정에서 다루는 주요 파일 시스템은 다음과 같다.
- **FAT (File Allocation Table)**
  - MS-DOS에서부터 사용되어온 파일 시스템
  - USB, 메모리 카드, 대시캠 등에서 활용
  - 다양한 하위 버전이 있으며 대표적으로 FAT16, FAT32, exFAT 등이 있음
- **NTFS (New Technology File System)**
  - Windows NT 계열 운영체제에서 사용
  - FAT 파일 시스템과 비교하여 보안성, 안정성, 파일 관리 기능 등에서 우수
- **EXT (Extended File System)**
  - 안드로이드와 같은 리눅스 계열 운영체제에서 사용되는 파일 시스템 중 하나
  - NTFS 파일 시스템에 비해 제공하는 기능은 적으나 속도가 빠름
  - 다양한 하위 버전이 있으며 대표적으로 EXT2, EXT3, EXT4 등이 있음

- **APFS (Apple File System)**
  - 애플의 운영 체제인 macOS, iOS, tvOS 등에서 사용되는 파일 시스템
  - 기존에 사용하던 HFS(Hierarchical File System)의 문제점과 한계를 극복하기 위해 개발됨
- **ZFS (Zettabyte File System)**
  - Solaris, FreeBSD, Linux 등에서 사용하는 파일 시스템
  - 데이터 무결성 보호, RAID 기능, 스냅샷 등 데이터 안정성을 위한 기능 제공

파일 시스템 별로 각기 다른 방식으로 디렉터리와 파일을 저장하고 관리하므로 우선적으로 볼륨이 어떤 파일 시스템으로 포맷되어 있는지 확인해야 한다.

1) MBR 및 GPT를 통한 확인

MBR의 파티션 테이블 속성 중 하나인 파티션 유형(Parition Type, 〈그림 8-6〉의 Part Type)을 통해 일부 확인이 가능하다. 해당 영역을 통해 확인할 수 있는 파일 시스템 종류는 〈표 8-1〉과 같다. 다만 표에서 확인

값	설명
04h	FAT16
07h	NTFS, exFAT
0Ch	FAT32
83h	EXT2/3/4
AFh	HFS, HFS+

〈표 8-1〉 MBR 파티션 테이블의 파티션 유형

할 수 있듯이 하나의 값이 둘 이상의 파일 시스템을 지칭하는 경우도 있어 고유 값으로 활용하기 어렵다.

GPT를 사용하는 디스크의 경우 GPT Partition Entry(그림 8-9 참조)의 Partition Type GUID를 통해 파티션 유형을 확인할 수 있다. 그러나 MBR과 마찬가지로 하나의 파일 시스템 유형을 가리키는 고유 값으로 활용하기에는 한계가 있다. 예로 FAT 계열과 NTFS를 구분할 수 있었던 MBR 파티션 테이블의 파티션 유형과는 달리 GPT에서는 Microsoft 운영체제에서 지원하는 파일 시스템들을 모두 하나의 GUID(EBD0A0A2-B9E5-4433-87C0-68B6B72699C7)로 관리하고 있다.

2) 볼륨 부트 레코드를 통한 확인

볼륨 부트 레코드(Volume Boot Record)는 볼륨에 대한 전반적인 정보를 담고 있는 영역으로 볼륨의 시작 부분에 위치해있다. 볼륨 부트 레코드는 IBM PC에서 제시된 용어로 FAT나 NTFS와 같은 파일 시스템에서 볼륨의 첫 번째 섹터를 지칭하는 용어로 사용되어 왔다. EXT 계열에서는 슈퍼 블록(Super Block)라고 불리기도 한다.

볼륨 부트 레코드를 통해 해당 볼륨이 어떤 파일 시스템으로 포맷되어 있는지 확인할 수 있다. 예로 FAT32의 경우 〈그림 8-12〉에서 확인할 수 있는 Filesystem Type에 'FAT32'가 기록되어 있고, NTFS의 경우 〈그림 8-13〉에서 확인할 수 있는 OEM NAME에 'NTFS'라고 기록되어 있다. EXT의 경우 시작 두 섹터, 즉 1,024 바이트 만큼은 사용하지 않고, 1,024 바이트부터 슈퍼 블록이 위치해 있다. 이와 같은 특성을 통해 파일 시스템을 확인할 수 있다.

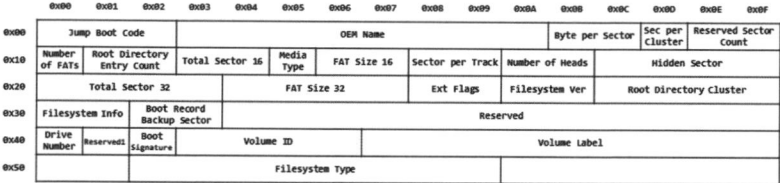

〈그림 8-12〉 FAT32 볼륨 부트 레코드 구조

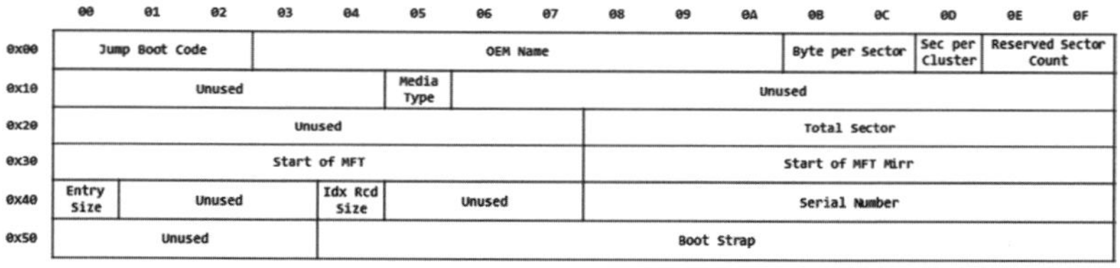

〈그림 8-13〉 NTFS 볼륨 부트 레코드 구조

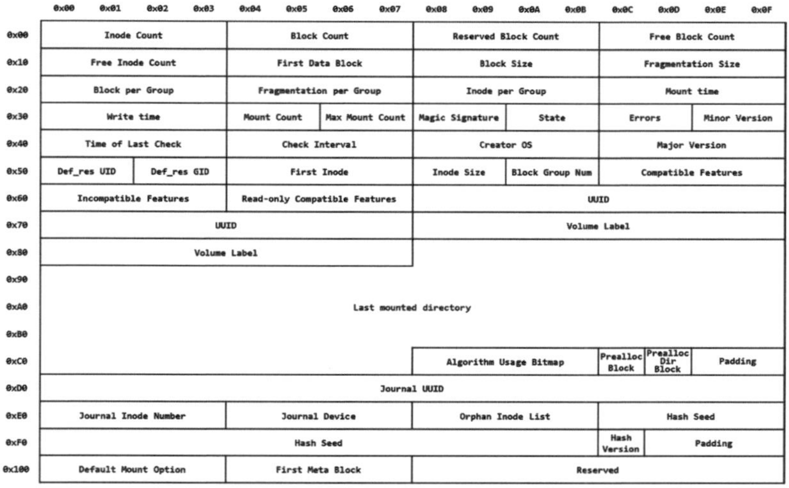

〈그림 8-14〉 EXT4 슈퍼 블록 구조

(2) 파일 시스템 해석

1) 구조 파악

파일 시스템은 데이터를 장기적으로 저장하고 검색할 수 있도록 지원한다. 파일 시스템은 크게 ①파일 시스템 정보 영역 ②메타 영역 ③데이터 영역으로 구분할 수 있다.

파일 시스템 정보 영역에는 전체 파일 시스템의 정보를 포함한다. 일반적으로 일정한 크기로 할당되어 있고 메타 영역과 데이터 영역의 위치, 각 영역의 크기 등 파일 시스템을 위한 지도(map) 역할을 한다. 이 외에 파일 시스템의 버전, 생성 날짜, 레이블 등을 확인할 수 있다. 보통 볼륨의 앞 부분에 기록되어 있으며 앞서 살펴본 FAT 및 NTFS의 볼륨 부트 레코드나 EXT4의 슈퍼 블록도 여기에 해당된다.

메타 영역은 파일을 설명하는 데이터가 포함되어 있다. 실제 데이터의 저장 위치나 크기, 접근 및 수정시간이 저장되어 있으며, 사용자가 파일을 검색하기 위한 필수 정보인 파일 이름도 포함되어 있다. FAT의 디렉터리 엔트리, NTFS의 MFT(Mater File Table), EXT의 inode가 여기에 해당된다.

데이터 영역은 실제 콘텐츠가 포함되어 있는 데이터를 포함한다. 일반적으로 데이터 구성의 논리적 단위인 파일이 사용된다.

세 영역 외에 파일 시스템 단에서 특정 기능을 위해 사용되는 특수 영역도 존재한다. 저널링(journaling)이나 디스크 할당과 같이 파일 시스템의 특수 기능에 필요한 데이터이다. 파일 시스템의 주 목적인 파일이나 디렉터리를 읽는 데에는 필요하지 않지만 운영체제가 파일 시스템을 효율적으로 관리하기 위해 필요한 영역이다. 부가적 기능을 위한 영역이므로 파일 시스템에 따라 존재하지 않는 경우도 있다. 특수 영역을 분석함으로써 과거 파일 시스템에서 발생했던 사건을 유추할 수도 있어 디지털 포렌식에서 중요 조사 대상이 되곤 한다.

각 파일 시스템 별로 위 영역들을 배치하고 관리하는 방식이 다르므로 대상 파일 시스템에 적합한 해석 기술을 적용하여 각 영역을 식별해야 한다. 〈그림 8-15~17〉은 주요 파일 시스템의 구조를 도식적으로 나타낸 것이다. 그림에서 확인할 수 있듯이 각 영역이 완전하게 구분되

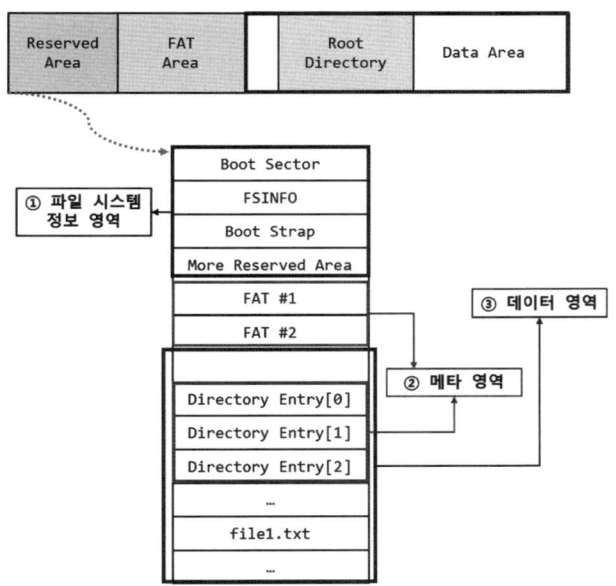

〈그림 8-15〉 FAT32 구조

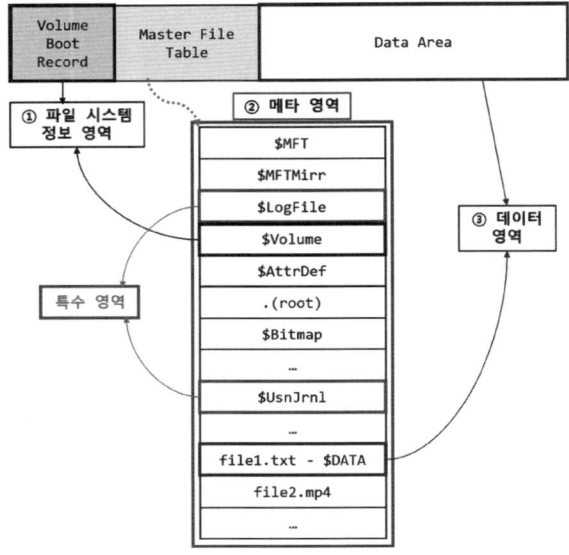

〈그림 8-16〉 NTFS 구조

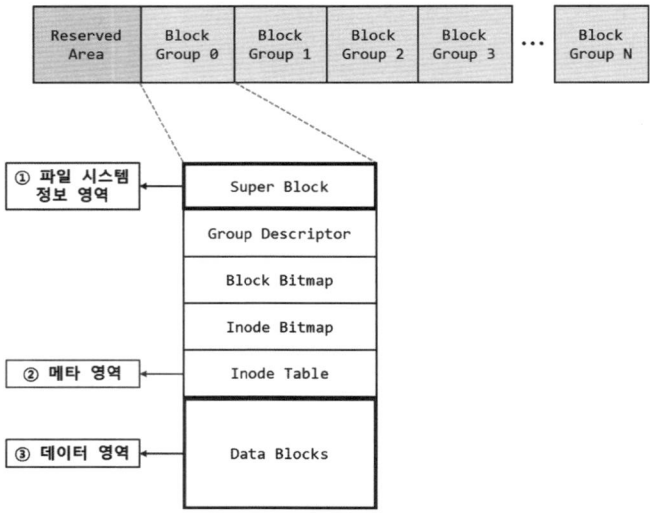

〈그림 8-17〉 EXT4 구조

어 존재하는 것이 아닌 각 영역의 일부분들이 서로 혼재되어 있음을 알 수 있다. 상위 계층인 파일은 메타 영역의 정보만으로 확인이 가능하지만, 디지털 포렌식에서는 파일 시스템 정보 영역이나 특수 영역으로부터 얻을 수 있는 콘텐츠도 유용하게 사용되므로 각 영역에 대한 해석 기술도 필요하다.

2) 메타데이터 해석

메타영역에 기록되어있는 메타데이터를 해석함으로써 파일 이름을 비롯한 실제 데이터의 저장 위치, 크기, 시간정보 등을 확인할 수 있다. 구체적인 방식은 파일 시스템마다 차이가 있으나 논리적 파일 주소 개념을 사용하고 파일 및 디렉터리를 계층 구조로 관리하고 있다는 공통점이 있다.

메타데이터를 해석하여 파일을 식별하는 절차를 도식적으로 나타낸 것은 〈그림 8-18〉과 같다. 그림은 루트 디렉터리(₩)를 분석한 후, 하위 디렉터리인 '디렉터리1'의 메타데이터의 위치가 논리적 볼륨의 2번 3번 클러스터(혹은 블록)인 것을 확인한 다음 절차를 나타낸 것이다. '디

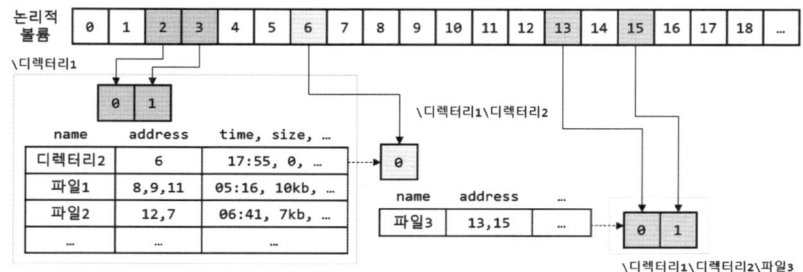

〈그림 8-18〉 메타데이터 해석

렉터리1'의 메타데이터를 분석함으로써 하위의 디렉터리와 파일들의 이름, 주소, 크기, 시간 정보 등을 확인할 수 있다. '디렉터리2'의 메타데이터를 통해 '파일3'의 메타데이터를 확인하고 실제 파일 데이터를 획득할 수 있게 된다. 이와 같이 실제 데이터가 저장되어 있는 주소를 가리키는 포인터(point) 개념을 사용함으로써 파일에 어떤 클러스터가 할당되어 있는지 확인할 수 있다.

(3) 파일 시스템 슬랙 및 파일 슬랙 식별

파일 시스템을 해석하는 과정에서 파일 시스템 슬랙(File System Slack)과 파일 슬랙(File Slack)을 확인할 수 있다. 이를 도식적으로 나타낸 것은 〈그림 8-19〉와 같다. 파일 시스템 슬랙이란 볼륨 크기와 파일 시스

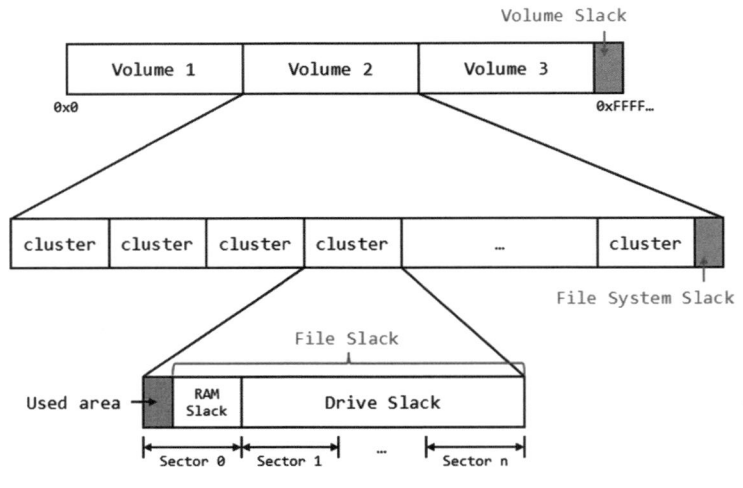

〈그림 8-19〉 파일 시스템 슬랙 및 파일 슬랙

템 할당 크기 간의 차이로 인해 발생되는 공간을 의미한다. 파일 슬랙은 램 슬랙(RAM Slack)과 드라이브 슬랙(Drive Slack)으로 나뉠 수 있다. 램 슬랙은 데이터의 크기가 섹터 크기의 배수가 아닐 경우 발생하고 드라이브 슬랙은 섹터 단위와 클러스터 단위 간의 차이로 인해 발생한다. 슬랙에는 과거에 존재했던 데이터 혹은 의도적으로 은닉한 데이터가 기록될 수 있으므로 경우에 따라 상세 분석의 대상이 되기도 한다.

(4) 챌린지

1) 파일 암호화 이슈

요증사실이 포함된 것으로 예상되는 파일이 암호화되어 디지털 포렌식 조사가 난관에 봉착되는 경우는 과거부터 흔하게 발생하였다. 다만 과거에는 사용자가 특정 정보를 보호하기 위해 의도적으로 일부 파일들을 암호화하였다면 현대에는 정보보호 기술의 발전으로 사용자의 의도와 관계 없이 파일이 저장될 때부터 암호화가 적용되는 된다는 점에서 차이가 있다. 대표적으로 안드로이드 운영체제의 FBE(File-Based Encryption)이나 DRM(Digital Rights Management) 시스템이 있다. 이 경우에는 권한을 갖고 있는 기기 소유자 혹은 시스템 관리자의 협조를 우선적으로 고려해야 한다.

자체적으로 파일을 암호화하는 애플리케이션들이 증가하고 있는 것도 주요 이슈이다. 애플리케이션들은 각기 다른 알고리즘과 키를 사용하므로 파일 식별의 난이도를 크게 높아지고 있다. 정보보호의 중요성에 대한 인식이 꾸준히 향상하고 있어 파일 암호화 이슈는 앞으로도 지속될 것으로 예상된다.

2) 신규 파일 시스템 이슈

파일 시스템은 파일이나 디렉터리들을 안정적으로 관리하기 위한 다양한 기능들이 복잡하게 적용되어 있다. 따라서 파일 시스템 포렌식 분석 기술은 상당한 전문성을 요구한다. 이에 개발된 파일 시스템 포렌식 기술들은 대부분 NTFS나 EXT, APFS와 같이 널리 사용되는 파일 시스템에 포커스를 맞추고 있다.

신규 파일 시스템이나 시장 점유율이 낮은 파일 시스템을 분석하는 연구가 상대적으로 부족하므로 관련된 도구 또한 개발되어 있지 않다. 그러나 현장에서는 이러한 파일 시스템들을 간혹 접하게 되는데,[94] 이 경우 해석 기술에 대한 연구개발이 충분히 이루어지지 않아 조사가 부실하게 진행되거나, 아예 진행 자체가 안되는 경우도 발생하곤 한다.

5. 콘텐츠 식별

콘텐츠 식별은 파일에 저장되어 있는 데이터를 식별하여 사람이 인지할 수 있는 숫자나 문자, 그림, 사운드 등으로 변화하는 기술이다. 텍스트 파일이나 일부 로그 파일은 별도의 파일 포맷 없이 텍스트를 문자 코드에 맞게 변환하여 단순 기록하지만, 대부분의 파일들은 내부의 데이터를 체계적으로 관리하기 위한 파일 포맷을 사용한다. 파일 포맷은

---

[94] 일부 제품에서는 오픈소스 파일 시스템을 커스터마이징하여 사용하기도 한다.

그 종류가 매우 다양한데, 그 이유는 다음과 같다.

- **ICT 기술의 발전**: 파일 포맷은 컴퓨터가 데이터를 저장하고 전송하는 방식을 결정하는데 중요한 역할을 한다. ICT 기술 발전에 부합하도록 보다 효율적인 데이터 저장과 전송이 가능한 새로운 파일 포맷들이 개발되어 왔다.
- **용도와 특성의 다양성**: 파일 포맷은 데이터의 용도와 특성에 따라 다양하게 사용된다. 운영체제와 애플리케이션의 종류 및 버전이 다양한 만큼 파일 포맷의 종류로 다양하다.
- **표준화의 어려움**: 파일 포맷을 표준화하는 노력이 없었던 것은 아니지만 업계 특성 상 표준화는 현실적으로 어렵다. 일부 표준 포맷이 개발된 바 있지만 애플리케이션에 맞게 커스터마이징되는 경우가 많다. 예로 Microsoft Office의 Word(.docx)와 한컴오피스의 한/글(.hwpx)은 모두 OOXML(Office Open XML) 파일 포맷의 표준을 따르지만 내부적으로 사용하는 방식이 달라 온전히 호환되지는 않는다.
- **법적 제약**: 특정한 분야에서는 법적인 제약 사항에 따라 특정한 파일 포맷을 사용해야 한다. 예를 들어, 미국 의료 분야에서는 HIPAA(Health Insurance Portability and Accountability Act) 규정에 따라 문서는 PDF/A(Portable Document Format Archive), 의료 영상 정보는 DICOM(Digital Imaging and Communications in Medicine) 파일 포맷을 사용해야 한다.
- **호환성 문제**: 서로 다른 시스템 간에 데이터를 주고받을 때 파일 포맷의 호환성 문제가 발생할 수 있어, 이를 해결하기 위한 포맷들도 다수 개발되었다.

따라서 파일에 저장된 콘텐츠를 식별하려면 조사 대상 파일의 파일 포맷 파악이 선행되어야 한다. 또한, 해당 파일 포맷의 구조와 콘텐츠 저장 방식에 기반한 콘텐츠 식별 기술을 보유하고 있어야 한다.

(1) 파일 포맷 확인

디지털 포렌식 조사 과정에서 다루는 주요 파일 포맷들은 〈표 8-2〉와 같다.

〈표 8-2〉 주요 파일 포맷

실행 파일	Portable Executable (PE)	.asb, .exe, .ax, .cpl, .dll, .sys 등	윈도우 OS에서 사용되는 실행 파일
	Mach-O	none, .o, .dylib, .bundle	맥 OS에서 사용되는 실행 파일
파일시스템 로그	$LogFile	-	NTFS 트랜잭션로그 파일
	$UsnJrnl($Max, $J)	-	NTFS 변경로그 파일
운영체제 아티팩트	레지스트리 (Windows)	.reg, .dat	시스템 설정, 사용자 설정, 애플리케이션 설정을 저장하는 중앙데이터베이스
	이벤트로그 (Windows)	.evt, .evtx	시스템, 보안 및 응용프로그램 관련 이벤트를 기록하는 파일
	프리페치파일 (Windows)	.pf	애플리케이션 로딩 시간을 줄이기 위해 사용되는 캐시 파일
	LNK 파일(Windows)	.lnk	바로가기 파일
	Plist 파일 (MacOS, iOS)	.plist	애플리케이션 및 시스템 설정을 저장하는 파일
	시스템로그 (MacOS, Linux)	.log	시스템, 애플리케이션 보안 및 네트워크 관련 이벤트를 기록하는 파일

그래픽 파일	JPEG File Interchange Format (JFIF)	.jpg, .jpeg	손실 압축 기술인 Joint Photographic Experts Group(JPEG) 사용
	Graphics Interchange Format (GIF)	.gif	무손실 압축 기술인 Lempel-Ziv-Welch(LZW) 알고리즘사용
	Bitmap (BMP)	.bmp	무손실 무압축 저장
	Portable Network Graphics (PNG)	.png	무손실 그래픽파일 포맷
	Photoshop Document (PSD)	.psd, .pdd	포토샵(그래픽프로그램) 비트맵이미지 소프트웨어의 기본파일 포맷
	Adobe Illustrator (AI)	.ai	어도비(그래픽프로그램) 벡터이미지 소프트웨어의 기본파일 포맷
	Tagged Image File Format (TIFF)	.tiff	이미지 스캐닝과 전송, 고해상도 출력에 사용되는 파일 포맷
	Encapsulated Postscript (EPS)	.eps	벡터 기반 그래픽을 저장하기 위한 파일 포맷
	Web Pictuore (WebP)	.webp	손실 압축 및 무손실 압축 기술 사용 (VP8 Codec(손실), Lempel-Ziv-Welch (LZW, 무손실) 등)
오디오 파일	Waveform Audio File Format (WAV)	.wav	무손실 압축 기술인 Pulse CodeModulation(PCM) 사용
	MPEG-1 Audio Layer 3 (MP3)	.mp3	손실 압축 기술인 Moving Picture Experts Group(MPEG) 사용
	Advanced Audio Coding (AAC)	.aac	손실 압축 기술인 Modified Discrete Cosine Transform(MCDT)와 Huffman coding 사용
	Free Lossless Audio Codec (FLAC)	.flac	무손실 압축 기술인 Linear predictive coding (LPC) 사용
	Ogg Vorbis (OGG)	.ogg	손실 및 무손실 압축 기술 사용(Vorbis Codec(손실) 등.)
	Audio Interchange File Format (AIFF)	.aiff	무손실 압축 기술인 Pulse CodeModulation(PCM) 사용
	Windows Media Audio (WMA)	.wma	일반적으로 손실 압축 방식 사용(WMA 7, 8 등), 무손실 압축 방식인 WMA Lossless도 존재
	Direct Stream Digital (DSD)	.dsd	무손실 압축 기술인 Direct Stream Digital File(DSF) 또는 Direct Stream Digital File(DFF) 사용

오디오 파일	Apple Lossless Audio Codec (ALAC)	.m4a	손실 및 무손실 압축기술 사용 (Advanced Audio Coding(AAC, 손실) Apple Lossless Audio Codec (ALAC, 무손실))
	Audio Codec 3 (AC3)	.ac3	손실 압축 기술인 Dolby Digital 사용
동영상 파일	MPEG-4 Part 14 (MP4)	mp4	비디오 압축 알고리즘인 H.264, HEVC(H.265) 등 사용
	Audio Video Interleave (AVI)	avi	비디오 압축 알고리즘인 MPEG-4, DivX 등 사용
	Matroska Multimedia Container (MKV)	mkv	비디오 압축 알고리즘인 H.264, VP9 등 사용
	QuickTime File Format (MOV)	mov	비디오 압축 알고리즘인 H.264, MPEG-4 등 사용
	Windows Media Video (WMV)	wmv	비디오 압축 알고리즘인 HWindows Media Video 7, 8, 9 등 사용
	Flash Video (FLV)	flv	비디오 압축 알고리즘인 H.264, VP6 등 사용
	Moving Picture Experts Group (MPEG)	mpeg	비디오 압축 알고리즘인 Discrete Cosine Transform (DCT) 사용
	Third Generation Partnership Project (3GP)	3gp	비디오 압축 알고리즘인 H.263, H.264 등 사용
	Web Media (WebM)	webm	비디오 압축 알고리즘인 VP8, VP9 등 사용
복합문서 파일	Office Open XML (OOXML)	.docx, .xlsx, .pptx	Microsoft에서 개발한 XML 기반의 파일 형식(ZIP 압축을 사용하여 저장)
복합문서 파일	Compund File Binary Format (CFBF)	.doc, .xls, .ppt, .hwp	Object Linking and mbedding(OLE) 객체 개념 기반의 파일 형식
	Open Document Format (ODF)	.odt, .ods, .odp	Organization for the Advancement of Structured InformationStandards (OASIS)에서개발한 XML 기반의 파일 형식
	Portable Document Format (PDF)	.pdf	Adobe Systems에서 개발한 Cross Platform 파일 형식
	Rich Text Format (RTF)	.rtf	Object Linking and Embedding(OLE) 객체 개념 기반의 파일형식(글꼴, 스타일 등 다양한 서식 정보 지원)
	Electronic Publication (EPUB)	.epub	전자책 파일 형식

압축파일	ZIP	.zip	Deflate 압축 알고리즘(LZ77 & Huffman Coding) 사용
	Roshal Archive (RAR)	.rar	Lempel-Ziv-Markov chain-Algorithm (LZMA) 압축 알고리즘 사용
	7-Zip (7Z)	.7z	LZMA, LZMA2, BZip2, PPMd 등의 압축 알고리즘 사용
	ALZip (ALZ)	.alz	ALZ 압축 알고리즘 사용
	ALZip Egg (EGG)	.egg	EGG 압축 알고리즘(LZ77 & Range coder) 사용
	Cabinet (CAB)	.cab	MSZIP 압축 알고리즘 사용
	Tape Archive (TAR)	.tar	압축 알고리즘 미사용 (파일들을 묶어서 저장하는 역할)
	GNU Zip (GZIP)	.tar.gz, .tgz	GZIP 압축 알고리즘(Deflate 기반) 사용
	Vlock-sorting file compressor (BZIP2)	.tar.bz2	BZIP2 압축 알고리즘(LZ77과유사) 사용
	XZ Utils (XZ)	.xz	XZ 압축 알고리즘(LZMA2 기반) 사용
	International Organization for Standardization (ISO)	.iso	압축 알고리즘 미사용 (저장할 때 이미 압축이 된 상태)
Database 파일	Oracle	.dbf	Oracle 데이터베이스의 데이터 및 인덱스 저장, 객체관계형 데이터베이스
	RealmDB	.realm	Realm 데이터베이스의 데이터 및 인덱스 저장, 객체지향적 데이터베이스
Database 파일	ESE	.edb	Extensible Storage Engine(ESE) 데이터베이스의 데이터 및 인덱스 저장, 관계형 데이터베이스
	SQLite	.sqlite, .sqlite3, .db 등	SQLite 데이터베이스 데이터 및 인덱스 저장, 관계형 데이터베이스
	MySQL	.frm, .myi, .myd	MySQL 데이터베이스의 데이터(.frm), 인덱스(.myi) 및 로그(.myd) 저장, 관계형 데이터베이스
이메일 파일	Electronic Mail Message (EML)	.eml	텍스트 파일 형식으로 저장, 이메일 메시지의 헤더, 본문, 첨부파일 등을 포함함

이메일 파일	Electronic Mail Message, Extended (EMLX)	.emlx	텍스트 파일 형식으로 저장, 이메일 메시지의 헤더, 본문, 첨부파일 등을 포함함 (Apple Mail에서 사용)
	Mail Message File (MSG)	.msg	Messaging Application Programming Interface(MAPI) 바이너리 형식으로 저장, Object Linking and Embedding(OLE) 기술 사용 (Microsoft Outlook에서 사용)
	Outlook for Mac Data File (OLM)	.olm	바이너리 파일 형식으로 저장, 이메일, 연락처, 일정 등을 포함함 (Microsoft Outlook for Mac에서 사용)
	Personal Storage Table (PST)	.pst	Messaging Application Programming Interface(MAPI) 바이너리 형식으로 저장, Outlook 데이터를 포함함(Microsoft Outlook에서 사용하는 개인정보 관리 파일)
	Restricted-Permission Messsage (RPMSG)	.rpmsg	Messaging Application Programming Interface(MAPI) 바이너리 형식으로 저장, Rights Protected Messaging(RPM)으로 보호된 이메일 및 첨부파일 포함(Microsoft Office & Exchange Server에서 사용)
	PKCS #7 Digital Signature File (P7S)	.p7s	PKCS#7 서명 형식을 따라 바이너리 파일 형식으로 저장, 서명된 데이터, 인증서, 서명 알고리즘 및 기타 메타데이터를 포함함 (전자서명에 사용)

파일 포맷 별로 각기 다른 방식으로 콘텐츠를 저장하고 관리하므로 우선적으로 파일이 어떤 파일 포맷을 사용하고 있는지 확인해야 한다. 이 때 파일 내부의 파일 시그니처(signature)를 통해 파일 포맷을 확인할 수 있다.

파일 시그니처는 파일의 유형이나 형식을 식별하는 고유한 바이트 패턴이다. 파일 시스템 메타데이터에서 확인할 수 있는 파일의 확장자나 이름과는 달리 파일 내부의 데이터에 기반한다. 파일 시그니처는 보통 파일의 맨 처음 바이트 또는 바이트 시퀀스로 식별되며, 이는 파일 형식의 규격에 따라 정해진다. 한편, 일부 파일 포맷은 파일의 끝부분을 표시하기 위한 고유 패턴을 사용하는데 이를 트레일러(trailer)라고 한다. 파일 복구 기법 중 하나인 파일 카빙(File Carving)에서 시그니처와 트레일러가 모두 활용된다. 이와 관련된 내용은 9장에서 다룬다.

〈표 8-3〉 주요 파일 포맷 시그니처

파일포맷	시그니처
JPEG File Interchange Format (JFIF)	FF D8 FF E0(헤더)/FF D9(트레일러)(시작 위치: 첫 번째 Byte)
Graphics Interchange Format (GIF)	47 49 46 38(헤더)/3B(트레일러)(시작 위치: 첫 번째 Byte)
Bitmap (BMP)	42 4D(시작 위치: 첫번째 Byte)
Tagged Image File Format (TIFF)	49 49 2A 00(시작 위치: 첫 번째 Byte)
Waveform Audio File Format (WAV)	52 49 46 46 xx xx xx xx57 41 56 45 66 6D 74 20(xx 4Byte는 파일 크기, 시작 위치: 첫 번째 Byte)
MPEG-1 Audio Layer 3 (MP3)	49 44 33(시작 위치: 첫 번째 Byte)
Free Lossless Audio Codec (FLAC)	66 4C 61 43 00 00 00 22(시작 위치: 첫 번째 Byte)
Audio Interchange File Format (AIFF)	46 4F 52 4D(시작 위치: 첫 번째 Byte)
Windows Media Audio (WMA)	30 26 B2 75 8E 66 CF 11A6 D9 00 AA 00 62 CE 6C(시작 위치: 첫 번째 Byte)
MPEG-4 Video File (MP4)	xx xx xx xx 66 74 79 70(시작 위치: 다섯 번째 Byte)
Matroska Multimedia Container (MKV)	1A 45 DF A3(시작 위치: 첫 번째 Byte)
QuickTime File Format (MOV)	xx xx xx xx 6D 6F 6F 76(시작 위치: 다섯 번째 Byte)
Windows Media Video (WMV)	30 26 B2 75 8E 66 CF 11A6 D9 00 AA 00 62 CE 6C(시작 위치: 첫 번째 Byte)
Flash Video (FLV)	46 4C 56 01(시작 위치: 첫 번째 Byte)

파일포맷	시그니처
iTunes Video (M4V)	xx xx xx xx 66 74 79 70 4D 34 56 20(시작 위치: 다섯 번째 Byte)
Audio Video Interleave (AVI)	52 49 46 46 xx xx xx xx41 56 49 20 4C 49 53 54(xx 4Byte는 파일 크기 little-endian)
Office Open XML(OOXML)	50 4B 03 04 14 00 06 00(시작 위치: 첫 번째 Byte)
Photoshop Document (PSD)	38 42 50 53(시작 위치: 첫 번째 Byte)
Portable Document Format (PDF)	25 50 44 46 (시작 위치: 첫 번째 Byte)
Zip archive (ZIP)	50 4B 03 04 (시작 위치: 첫 번째 Byte)
RAR archive (RAR)	52 61 72 21 1A 07 00(v1.5 ~ v4.x)52 61 72 21 1A 07 01 00(v5.X)(시작 위치: 첫 번째 Byte)
7-Zip archive (7Z)	37 7A BC AF(시작 위치: 첫 번째 Byte)

(2) 파일 포맷 해석

1) 구조 파악

파일 포맷의 종류가 매우 다양하므로 파일 구조를 정형화하기는 어렵다. 대체로 파일 내부를 크게 ①헤더(header) 영역 ②메타데이터(metadata) 영역 ③본문(body) 영역으로 구분[95]하곤 한다.

헤더 영역은 파일의 정보를 담고 있다는 점에서 메타데이터 영역과 유사하지만, 애플리케이션이 파일의 본문 영역을 본격적으로 열람하기 전에 파일을 식별하고 분석하는 데 필요한 정보가 있다는 점에서 차이

---

[95] 개념적으로 구분된 것으로 파일 내부에 세 영역이 완전히 분리되어 저장되지 않는 경우도 많다.

가 있다. 앞서 살펴본 시그니처도 헤더 영역에 포함되어 있다. 예로, 이미지 파일의 경우 헤더 영역에 이미지의 크기, 색상 공간, 압축 방식 등이 포함되어 있다.

메타데이터 영역에는 파일에 대한 부가적인 정보가 저장되어 있다. 예로, 이미지 파일의 경우 이미지 파일에 대한 정보, 저작권 정보, 촬영 일자, 카메라 모델, 노출 시간, 조리개 값 등이 메타데이터 해당한다. 한편, 메타데이터 영역에는 본문 영역에 저장된 콘텐츠들의 주소를 확인할 때 필요한 정보들이 포함되기도 한다. 이와 관련된 내용은 후술할 '메타데이터 해석'에서 다룬다.

본문 영역에는 운영체제나 애플리케이션이 저장하고 관리하는 콘텐츠들이 포함되어 있다. 사용자들이 파일을 열람하여 데이터를 입력하고 저장한 정보들이 포함되어 있다. 경우에 따라 삭제된 콘텐츠가 남아 있기도 하다.

2) 메타데이터 해석

메타데이터 영역은 파일에 대한 부가적인 정보를 포함하고 있다. 문서 파일의 경우 파일명, 작성자, 작성 날짜, 주제, 키워드 등이 해당된다. 메타데이터는 파일을 생성 및 수정하는 애플리케이션에서 관리하는 데이터이다. 이러한 이유로 파일 시스템의 메타데이터와 파일 내부의 메타데이터가 일치하지 않는 경우가 다수 발생한다. 예로, 타 디렉터리로부터 파일을 복사할 경우 파일 내부의 데이터는 변경이 없으나, 파일 시스템 상에는 새로운 파일이 생기는 것으로 인식하여 파일 시스템 메타데이터에서의 생성 시간은 복사한 시점으로 변경될 수 있다. 따라서 디지털 포렌식 조사 시 메타데이터가 기록되는 원리를 고려하여 내용을 분석해야 한다.

한편, 일부 파일 포맷에서는 메타데이터 영역에 콘텐츠들의 주소를 알아내기 위해 필요한 정보들이 저장되어 있다. 콘텐츠들의 주소를 나타내는 방식은 파일 내부에 콘텐츠가 어떻게 배치되는가에 따라 다르다. 예로, 일정한 크기로 콘텐츠들이 연속적으로 저장되는 파일 포맷에서는 메타데이터에서 콘텐츠의 시작 위치만 가리키거나 아예 위치를 가리키는 정보 자체가 없다(그림 8-20 참조). 혹은 내부적으로 파일 시스템처럼 콘텐츠들을 계층화하여 관리하는 경우도 있는데(그림 8-21 참조), 이 때에는 트리 구조를 나타내기 위한 다양한 자료 구조(data structure)[96]들이 사용된다.

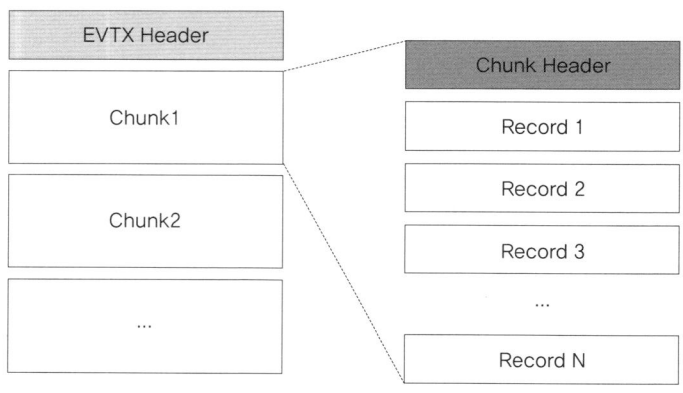

〈그림 8-20〉 이벤트로그(evtx) 구조

---

[96] 자료 구조란 컴퓨터 과학에서 데이터를 체계적으로 저장 및 활용하기 위해 구조화시키는 방법을 의미한다. 배열(Array), 연결 리스트(Linked List), 스택(Stack), 큐(Queue), 트리(Tree), 힙(Heap), 해시 테이블(Hash Table), 그래프(Graph) 등이 있다.

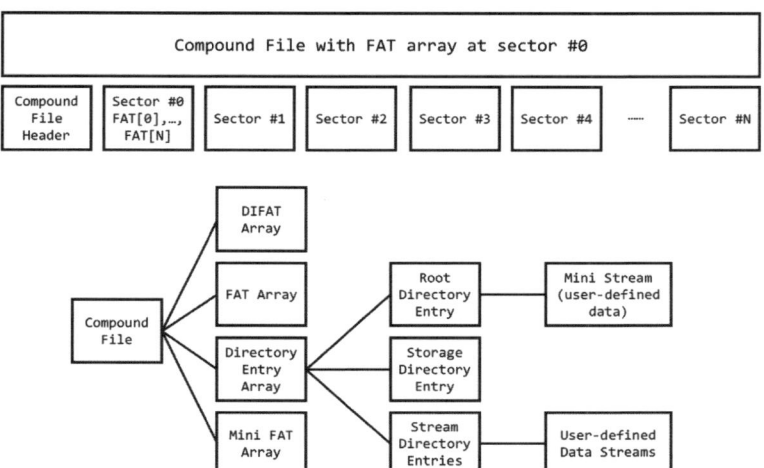

〈그림 8-21〉 Compound File Binary Format의 구조

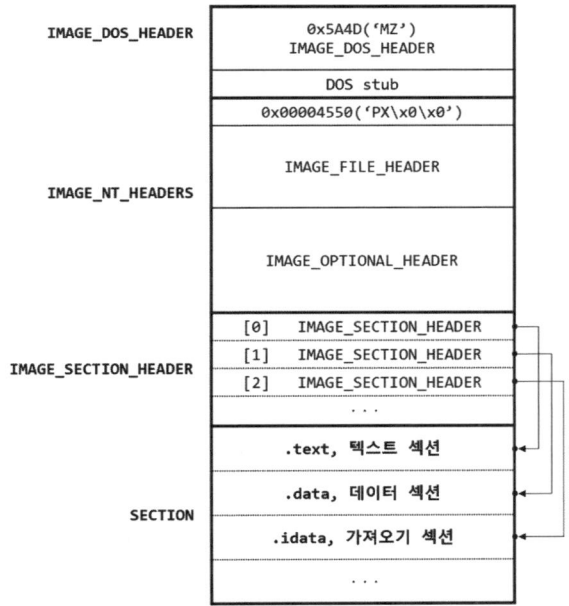

〈그림 8-22〉 Portable Executive의 구조

CHAPTER 8 Identification · 237

3) 본문 해석

 본문 영역에 저장된 데이터를 해석함으로써 파일에 저장되어 있는 실질적인 콘텐츠들을 확인할 수 있다. 콘텐츠를 디지털 데이터로 저장하는 방식은 천차만별이며, 내부적으로 콘텐츠를 저장하기 위한 개별적인 체계를 갖추고 있는 경우도 있어, 본문 영역 해석 방식에 대한 사전 정보가 없다면 콘텐츠를 식별하지 못할 수 있다. 본문 영역 해석 방식은 8장 서두에서 언급하였듯이 파일 포맷 개발사의 공식 문서나 해당 파일을 사용하는 애플리케이션 역공학, 혹은 분석가의 가설에 기반한 파일 포맷 추정을 통해 확인할 수 있다.

 일반적으로 본문 영역의 콘텐츠들은 '2장 5절 디지털 데이터 표현'에서 다루었던 다양한 표현 기법들에 기반하여 저장되어 있다. 주로 사람이 다루는 정보의 형태인 숫자, 문자, 시간 등이 디지털 형태로 저장되어 있고, 멀티미디어로 분류되는 그래픽, 비디오, 오디오 등도 각각의 파일 포맷에 기반하여 저장되어 있다. 이 외에 특정한 용도나 분야에서 사용되는 특수 목적 파일 포맷, 예로 도면 파일 포맷(DWG, DXF, STL 등)이나 3D 프린터 지원 파일 포맷(OBJ, AMF, 3MF 등)에서는 자체적인 데이터 입출력 방식을 사용하고 있다.

(3) 복합 파일 포맷 해석

 파일 포맷 영역 중 특히 본문 영역을 해석할 때 디지털 데이터 표현 해석과 더불어 객체들 간의 관계 파악을 수행하여야 비로소 온전하게 콘텐츠를 식별할 수 있는 포맷을 복합 파일 포맷(compound file format)이라고 한다. 쉽게 말해 다양한 파일 형식을 하나의 파일로 포함시키는 형식을 의미한다. 이러한 파일 형식은 여러 가지 파일 형식의 데이터를 함께 저장함으로써 데이터를 효율적으로 관리하고자 고안되었다.

복합 파일을 대상으로 디지털 포렌식 분석을 수행할 때에는 복합 파일의 헤더 영역과 메타데이터 영역을 비롯하여 내부에 포함되어 있는 파일들의 헤더 영역과 메타데이터도 종합적으로 분석해야 한다. 복합 파일의 작성자와 내부 파일의 작성자가 다른 경우가 빈번하고 작성 시간이나 수정 시간 또한 상이한 경우가 많다. 이러한 정보들은 디지털 포렌식 조사에서 중요 증거로 활용될 수 있다.

복합 파일의 대표적 예시로는 복합 문서 파일, 압축 파일, 데이터베이스 파일, 이메일 파일 등이 있다. 각 유형별 파일 포맷은 〈표 8-2〉에서 확인할 수 있다.

(4) 가상화 파일 포맷 해석

가상화 파일이란 가상화 기술을 사용하여 가상 머신(Virtual Machine; VM)이나 가상 환경을 생성할 때 사용되는 파일 형식을 의미한다. 가상화 파일은 가상 머신에 필요한 주기억장치와 보조기억장치 등 하드웨어를 모사한 파일이다. 가상화 애플리케이션에 따라 각기 다른 가상화 파일 포맷이 사용된다. 예로 보조기억장치를 가상화할 때 VMware에는 VMDK, VirtualBox에는 VDI, Hyper-V에서는 VHDX 파일 포맷을 사용한다.

가상머신에는 일반 컴퓨터와 마찬가지로 운영체제와 각종 애플리케이션이 설치되어 있고, 파일들도 저장되어 있다. 따라서 가상화 파일 포맷을 해석하여 콘텐츠를 식별하려면 앞서 살펴보았던 볼륨 식별, 파일 식별, 콘텐츠 식별 기술이 다시 적용되어야 한다.

(5) 파일 내부 슬랙 식별

일부 파일 포맷의 경우 파일 시스템의 비할당 영역이나 파일슬랙과 유사한 슬랙이 존재할 수 있다. 〈그림 8-23〉는 CFBF에서 발생 가능한 슬랙을 나타낸 것이다. 볼륨 슬랙이나 파일 슬랙과 유사하게 파일 내부 슬랙에도 삭제된 콘텐츠의 일부가 남아있을 가능성이 있다. 파일 내 슬

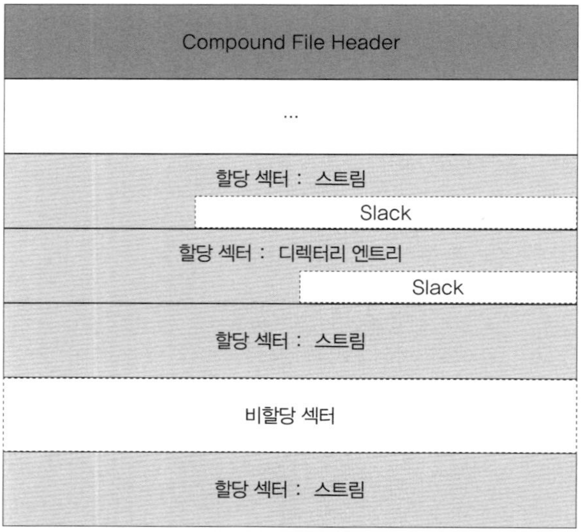

〈그림 8-23〉 Compound File Binary Format에서 발생 가능한 슬랙

랙은 디지털 포렌식 조사에서 일반적인 파싱(Parsing)[97]으로는 확인할 수 없고 파일 포맷에 기반하여 식별해야 한다. 따라서 파일 내 슬랙 식별 기술도 개별 파일 포맷에 의존적으로 개발된다.

(6) 챌린지

1) 파일 포맷의 다양성 이슈

디지털 포렌식에서 파일 포맷의 다양함은 콘텐츠 추출 및 분석을 어렵게 만든다. 디지털 포렌식에서는 다양한 형식의 데이터를 수집하고, 이를 분석하여 사건의 전반적인 내용을 이해해야 한다. 따라서 다양한 파일 포맷에 대한 사전 지식과 파싱 기술을 보유하고 있어야 한다. 동일한 파일 포맷일지라도 버전에 따라 파싱 기술의 호환성 문제가 발생할 수 있는데 이러한 점들이 디지털 포렌식 수행에 어려움을 줄 수 있다. 또한, 파일 포맷의 다양화는 데이터 검증을 어렵게 만든다. 디지털 포렌식에서는 식별한 콘텐츠의 정확성을 검증해야 한다. 조사 대상 파일 포맷이 다양해질수록 데이터의 정확성을 검증하기 위한 추가적인 리소스가 발생한다.

파일 포맷이 지속적으로 발전하고 변화할 것이라는 점은 또 다른 챌린지이다. 파일 포맷의 다양함은 정보 시스템에 호환성 문제나 보안 문제를 야기할 수 있어 산업계와 학계에서는 파일 포맷 표준화를 위한 노

---

[97] 데이터를 분해 및 분석하여 원하는 형태로 추출하는 것을 의미한다. 디지털 포렌식에서 파싱은 파일 시스템이나 파일 포맷과 같이 데이터를 저장하는 체계에 기반하여 내부 데이터를 추출하는 기술을 칭하는 용어로 사용된다.

력을 기울이고 있다. 그러나 현실에서는 파일 포맷 표준을 준수하기가 어려운데 그 이유는 다음과 같다.

- 파일 포맷은 계속해서 발전하고 변화하기 때문에 파일 포맷 표준을 따르기 어렵다. 새로운 기술이나 특정 산업에 맞는 새로운 파일 포맷이 계속해서 등장하기 때문에, 이를 표준화하기 위한 노력이 부족하거나 시간이 부족하여 적용되지 못하는 경우가 많다.
- 파일 포맷의 표준화는 다양한 산업과 분야에서 적용되어야 하는데, 이러한 산업 간의 협력과 의사소통이 부족하기 때문에 표준화가 어렵다. 예를 들어, 웹 콘텐츠에서 사용하는 파일 포맷은 웹 개발자, 디자이너, 브라우저 업체 등 다양한 산업과 분야에서 사용되는데, 이들 사이의 협력과 의사소통이 부족하여 파일 포맷의 표준화가 어려운 경우가 많다.
- 파일 포맷 표준을 따르는 것은 추가적인 비용과 시간이 필요하기 때문에, 기업이나 개발자들은 이를 따르지 않을 경우가 많다. 파일 포맷 표준을 따르는 것은 개발 비용이나 개발 시간에 추가적인 부담이 될 수 있으므로, 이를 따르지 않을 경우가 많다.
- 파일 포맷 표준을 따르는 것은 기술적인 문제로도 어려울 수 있다. 특히, 파일 포맷이 매우 복잡하거나 다양한 운영 체제와 플랫폼에서 호환성을 보장해야 할 경우, 파일 포맷 표준을 따르는 것이 어려울 수 있다.

2) 콘텐츠 암호화 이슈

디지털 콘텐츠를 보호하기 위한 목적으로 다양한 암호 기술들이 적용되고 있는데, 역설적으로 이러한 추세가 디지털 포렌식에는 큰 챌린지가 되고 있다. 앞서 살펴본 파일 단위의 암호화가 아닌, 파일 내부의 콘텐츠를 암호화하는 방식이다. 예로, 스마트폰의 주요 메신저들은 자체적으로 메시지를 암호화한 후 데이터베이스에 저장하는 방식을 사용한다. 해당 파일을 읽고 쓰는 애플리케이션이 암·복호화를 수행하므로 애플리케이션 별로 암·복호화 알고리즘이 다르고 암호화 키 또한 다르다. 즉 콘텐츠 식별 기술의 복잡도가 크게 증가하게 된 것인데, 콘텐츠 암호화가 점차 보편화되고 있어 이를 극복할 수 있는 방안을 지속적으로 연구해야 한다.

3) 스테가노그래피 이슈

스테가노그래피(Steganography)는 정보나 메시지를 다른 정보나 메시지에 숨겨 보내는 기술을 의미한다. 제3자가 스테가노그래피가 적용된 정보나 메시지를 읽어보더라도 내부에 기밀 정보가 숨겨있다는 사실 자체를 모르게 하는 것이 목적[98]이다. 스테가노그래피 기법은 매우 다양한데, 대표적으로 그래픽 데이터에서 각 픽셀 색상 채널의 최하위 비트를 이용하여 정보를 숨기는 방법이 있다. 이미지의 픽셀 값 변화가 미세하기 때문에 사람의 눈으로는 스테가노그래피가 적용되었다는 것을 알아채기 매우 어렵다.

스테가노그래피는 산업 스파이가 내부 정보를 유출하거나 사이버 범죄자가 악성코드 유포하는 것을 목적으로 사용되기도 한다. 스테가노

---

[98] 제3자가 기밀 정보를 읽을 수 없게 만든다는 점에서 암호 기술과 유사한 것으로 오해할 수 있으나 근본적으로 사용하는 목적이 다르다. 암호 기술은 키를 보유한 자만이 원래의 메시지, 즉 평문을 읽을 수 있게 하는 것이 주 목적이다. 따라서 전달하는 메시지에 암호 기술이 적용되었다는 사실 자체가 제3자에게 알려지는 것은 큰 문제가 되지 않는다.

그래피 기술이 정보 은닉을 목적으로 개발되었으므로 디지털 포렌식 조사자가 중요 정보가 숨겨져 있다는 사실 자체를 인지하지 못할 위험이 있다.

6. 휘발성 데이터 식별

디지털 포렌식에서 휘발성 데이터(Volatile Data)는 시스템이 종료되거나 전원이 차단되면 소실되는 데이터를 의미한다. 휘발성 데이터를 분석하면 실행 중인 프로세스와 스레드[99] 정보, 네트워크 연결 및 상태, 로드된 모듈과 라이브러리, 클립보드 내용, 사용자 인증 정보 등을 확인할 수 있다.

휘발성 데이터는 주로 RAM에 저장되어 있는데, 메모리에 저장되었던 데이터의 일부를 보조기억장치에 저장하는 경우도 있다. 하이버네이션 파일과 페이지 파일, 스왑 파일 등이 대표적 예이다. 모두 메모리와 관련된 기능에 필요한 파일이다.

- **하이버네이션(Hibernation)**: 시스템 전원을 끄기 전에 메모리에 있는 모든 내용을 비휘발성 메모리에 기록하고 다시 전원이 켜지면 기록된 데이터를 메모리에 로드함으로써 원래 사용하던 상태로 돌아갈 수 있도록 하는 기능이다. 수시로 전원이 켜졌다 꺼지는 랩탑에서 흔하게 사용되는 기능이다.

---

[99] 스레드(Thread)란 프로세스 실행의 단위이다. 여러 스레드가 동시에 실행되어 병렬 처리함으로써 시스템의 성능과 자원 활용도를 향상시킬 수 있다.

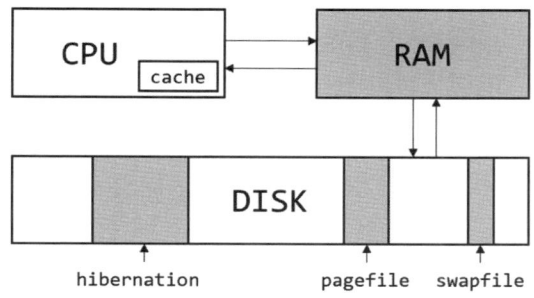

〈그림 8-24〉 휘발성 데이터가 저장된 공간

- **페이징(Paging)**: 메모리를 고정된 크기의 블록은 '페이지'로 나누어 관리하는 방법이다. 물리 메모리(RAM)가 부족할 경우 메모리 페이지 일부를 보조기억장치의 일부 공간, 즉 스왑(Swap) 영역으로 옮긴다. 이 공간을 페이지 파일 혹은 스왑 파일이라고 명명하여 관리한다.

RAM이나 하이버네이션 파일, 페이지 파일, 스왑 파일 등의 물리적 데이터로부터 논리적 데이터를 해석하기 위한 첫 단계는 프로세스마다 할당된 가상 메모리를 확인하는 것이다. 운영체제는 물리적 메모리에 직접 접근하지 않고 각 프로세스별 독립된 가상 메모리 공간을 할당하고, 가상 메모리의 주소는 메모리 매핑(Memory Mapping)을 통해서 실질적인 물리 메모리에 접근한다. 이를 동적 주소 변환(Dynamic Address Translation, DAT)이라고 한다. 〈그림 8-25〉는 DAT의 개념도를 나타낸 것이다. 프레임은 물리 메모리를 일정한 크기로 나눈 블록으로 페이지의 크기와 같다.

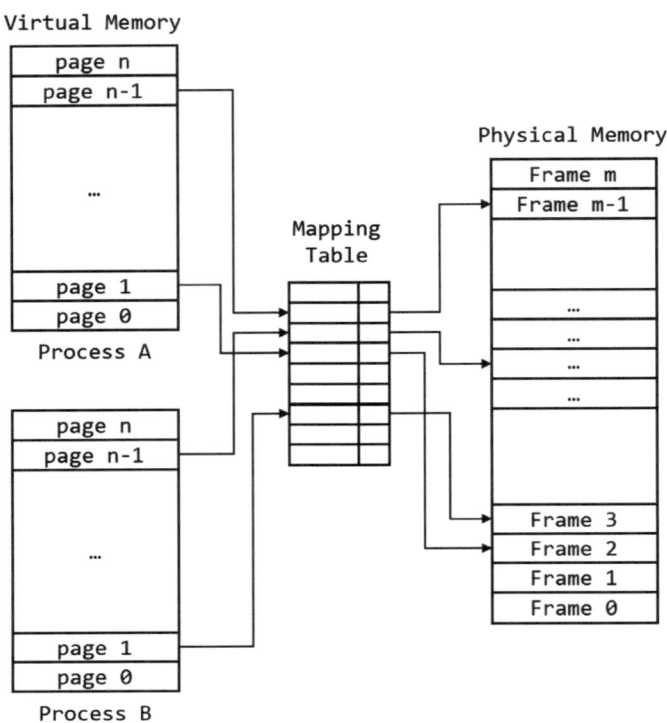

〈그림 8-25〉 DAT 개념도[100]

프로세스(Process)는 운영 체제에 의해 관리되며 코드, 데이터, 스택, 힙 영역 등과 같은 독립된 가상 메모리 공간을 할당 받는다. 프로세스는 물리적 데이터를 운영체제가 사용할 수 있는 논리적 데이터라는 점에서 디지털 포렌식 관점에서 보조기억장치의 볼륨 계층과 유사한 개념

---

[100] 본 그림은 개념도임을 유의해야 한다. 실제 메모리 관리는 가변 분할 방식의 세그멘테이션, 고정분할 방식의 페이징을 혼합한 세그멘테이션-페이징 혼용 기법을 사용하고, 프로세스마다 페이지 테이블을 관리한다.

으로 볼 수 있다. 프로세스 가상메모리의 내부 구조는 〈그림 8-26〉과 같다. 크게 System Space와 User Process Space로 구분할 수 있다. System Space는 커널 영역 혹은 운영체제 영역이라고도 한다. 각 프로세스마다 별도로 관리하는 영역(process-specific data structure)와 동일한 영역(physical memory, kernel code and data)이 있다. User Process Space에는 프로그램의 코드가 저장되는 코드 영역, 프로그램의 전역 변수와 정적(static) 변수가 저장되는 데이터 영역, 사용자에 의해 동적으로 할당되는 메모리 공간인 힙 영역, 함수의 호출과 함께 할당되는 지역변수와 매개변수가 저장되는 스택 영역 등이 있다.

디지털 포렌식 관점에서 휘발성 데이터 형태의 증거는 프로세스의 가상 메모리 중 특히 User Process Space에 남아있을 확률이 높다. 활성

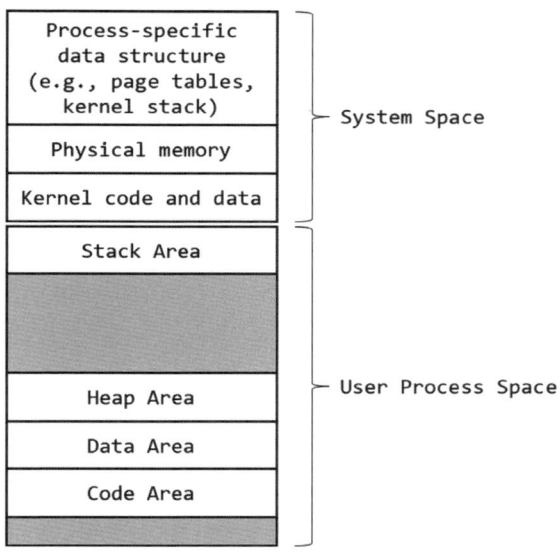

〈그림 8-26〉 프로세스의 가상 메모리 구조

시스템에서 실행 중인 애플리케이션으로부터 콘텐츠를 식별하는 것은 모니터와 같은 출력 장치에서 표현되는 정보를 확인함으로써 달성할 수 있다. 그러나 물리적 데이터만을 획득하였을 경우[101]에는 조사자가 직접 가상 메모리를 재구성하고 가상 메모리의 각 영역을 해석해야 한다. 운영체제별로, 그리고 커널 모듈별로 해석 방법이 상이하다. 즉 메모리 내의 콘텐츠를 올바르게 확인하기 위해서는 메모리를 해석할 수 있는 상세한 모델이 필요한데 이를 프로파일(profile)이라고 한다. 일반적으로 프로파일은 운영체제에서 제공하는 디버그 심볼(Debug Symbols)[102]을 활용하여 제작한다.

디스크와 유사하게 메모리에도 사용되지 않는 영역인 슬랙에 삭제된 프로세스에 대한 정보를 확인할 수 있다. 삭제된 프로세스는 종료된 프로세스를 의미하며 메모리에서 완전히 제거되지 않은 상태에서 일부 데이터가 남아있을 수 있다. 디스크에서 MBR과 GPT, 파일 시스템에 기반하여 구조를 해석한 후 슬랙을 식별했던 것과 유사하게 메모리에서 실행 중인 프로세스들이 할당되어 있지 않은 영역을 식별함으로써 종료된 프로세스의 정보 일부를 확인할 수 있다.

---

[101] 메모리 덤프(memory dump)라고 한다.
[102] 커널 함수, 시스템 라이브러리 함수, 소스 코드 위치, 사용자 정의 데이터 타입 정보 등의 정보를 확인할 수 있다.

CHAPTER 9
Restoration

1 디지털 기기 복구
2 기억장치 복구
3 볼륨 복구
4 파일 복구
5 콘텐츠 복구

　디지털 포렌식 복구 기술은 과거에 존재했던 디지털 증거 출처(SDE)의 각 계층들을 확인하는 기술을 의미한다. 즉, 식별 기술로 확인할 수 없었던 각 계층의 요소들을 확인하는 기술이다. 사후에 남아있는 흔적을 분석하여 과거의 이벤트를 복구하는 것이 조사의 주 목적이므로 과거의 데이터를 복구하는 기술은 디지털 포렌식 초창기부터 중요 기술로 간주되어 왔다. 특히, 범죄자들은 증거 인멸을 목적으로 중요 데이터를 의도적으로 삭제하는 경우가 많아 복구 기술은 그 활용도가 높았다.

　식별 기술과 유사하게 일반적으로 하위 계층을 분석함으로써 상위 계층의 삭제된 요소들을 복구한다. 가령 기억장치 혹은 볼륨의 슬랙을 분석함으로써 삭제된 파일이나 콘텐츠의 파편을 복구할 수 있고, 파일 내부 비할당 영역을 분석함으로써 삭제된 콘텐츠를 복원할 수 있다. 특수한 경우에는 그 역도 존재하는데, 예로 저널 파일이나 백업 파일의 내부 콘텐츠를 분석하여 삭제된 파일을 복구하거나 과거 버전의 파일로 복원하는 경우가 있다.

1. 디지털 기기 복구

하드웨어 고장, 침수, 화재 등의 원인에 의해 훼손된 디지털 기기를 복구하는 기술이다. 디지털 기기에 장착되어 있는 기억장치의 기기 의존성에 따라 디지털 기기 복구 여부를 판단할 수 있다. 가령 디지털 기기에 장착되어 있는 기억장치를 물리적으로 분리하여 내부 데이터에 접근할 수 있다면 굳이 기기 자체를 복구할 필요가 없다. 그러나 기억장치 내부 데이터를 해석할 수 있는 인터페이스를 확보할 수 없거나 암호화 이슈로 본래의 디지털 기기에 장착되어야 하는 경우에는 디지털 기기 복구가 필요하다.

디지털 기기를 물리적으로 복구하는 방법은 기기의 손상 정도에 따라 다를 수 있다. 일반적으로 디지털 기기를 복구할 때 유의해야 하는 점은 다음과 같다.

- 디지털 기기가 손상된 상태라면 전원 공급을 차단해야 한다. 물리적 손상을 최소화하기 위해 전원을 끄는 것이 중요하다.
- 디지털 기기의 수분을 제거해야 한다. 물에 노출되어 손상된 경우라면 기기를 분해하여 내부를 건조해야 한다.
- 부품 교체가 필요한 경우 해당 디지털 기기에 대한 전문가나 제조사 혹은 공식 서비스 센터나 AS 전문가의 도움을 받는다.

2. 기억장치 복구

(1) 물리적 복구

기억장치의 손상은 다양한 사유로 발생할 수 있다. 전원공급장치에 문제가 발생한 것일 수도 있고, 디지털 데이터가 저장되어 있는 부품, 가령 HDD의 플래터가 손상된 것일 수도 있다. 또는 디지털 데이터를 읽어들이는 HDD의 헤더와 같은 부품에 문제가 발생한 것일 수도 있다. 따라서 물리적 복구의 시작 단계는 기본적으로 기억장치 분해부터 시작하므로 높은 수준의 기술력을 요구한다. 기억장치의 내부를 분해하여 손상된 부품을 교체하거나, 손상되지 않은 부품만 분리하여 동일한 모델의 기억장치에 이식시키는 방법 등을 사용한다.

(2) 논리적 복구

불량 섹터 혹은 배드 섹터(Bad Sector)는 물리적 또는 논리적으로 손상이 가해져 제대로 데이터를 읽을 수 없는 섹터를 의미한다. 물리적 배드 섹터[103]는 기억장치에 물리적인 충격이 가해지거나 불규칙한 전압 혹은 전류에 의해 발생하기도 한다. 논리적 배드 섹터[104]는 소프트웨어 문제로 인해 발생한다. 예로 정전이 발생하여 섹터에 데이터를 쓰고 있던 도중에 PC가 갑자기 종료되거나 갑작스럽게 저장장치 연결을 해제

---

103 하드 불량 섹터라고도 불린다.
104 소프트 불량 섹터라고도 불린다.

하는 등의 입출력(I/O) 오류가 그 원인이다.

물리적 배드 섹터는 복구가 불가능하며 논리적 배드 섹터는 경우에 따라 논리적 복구가 가능하다. 논리적 복구를 지원하는 전문 도구 혹은 디스크 제조사에서 배포하는 진단 및 복구 도구를 활용한다. 구체적인 알고리즘에는 차이가 있으나 대체로 디스크에서 배드 섹터를 찾고, 해당 섹터가 포함되어 있는 클러스터의 데이터를 복구하여 배드 섹터가 없는 새로운 클러스터에 할당함으로써 복구한다. 다만 이는 내결함성(fault tolerance) 디스크에만 적용 가능하며 그렇지 않은 경우에는 해당 클러스터를 복구하는 것은 어렵다.

3. 볼륨 복구

일반적으로 볼륨 삭제는 해당 볼륨을 포맷하거나 볼륨의 크기 조절을 목적으로 수행되므로 과거 상태의 볼륨을 복구하는 것은 근본적으로 어려울 수 있다. 다만 시스템의 장애나 디스크 문제로 MBR이나 GPT가 손상된 경우에는 볼륨 자체는 그대로 남아있으므로 복구가 가능하다. 이 때에는 MBR이나 GPT의 볼륨 주소 부분을 복원하거나, 볼륨 부트 레코드(Volume Boot Record)를 복구[105]함으로써 볼륨의 시작 부분을 찾을 수 있다.

---

105 카빙 기술을 이용하여 복구 가능하다. 카빙에 대해서는 4절에서 다루겠다.

4. 파일 복구

파일을 복구하는 방법은 기술적으로 크게 파일 시스템 기반 복구와 저널 기반 복구, 파일 카빙, 파일 파편 복구, 백업 복구로 나눌 수 있다.

(1) 파일 시스템 기반 복구

파일 시스템 기반 복구는 파일 시스템의 동작 원리와 구성 요소에 기반하여 파일을 복구하는 방식이다. '8장 4절 파일 식별'에서 살펴보았듯이 대부분의 파일 시스템에서는 메타 영역에 실제 파일 데이터가 저장되어 있는 주소를 가리키는 포인터 개념을 사용하고 있다. 파일 시스템에서 파일이 삭제되면 메타영역에 해당 파일이 삭제되었다고 표시를 하고, 실제 파일은 데이터 영역에 그대로 남아있는 경우가 대부분이다.[106] 〈그림 9-1〉은 파일 시스템 기반 복구를 도식적으로 나타낸 것이다. '\디렉터리1\디렉터리2\' 폴더에 있던 '파일3'을 삭제하면 파일의 메타데이터에는 삭제 여부를 확인할 수 있는 일종의 플래그(flag)가 표시되나 실제 데이터를 가리키는 주소나 기타 메타데이터 정보는 그대로 남아있는 것을 알 수 있다.

---

[106] 데이터 영역에 파일 데이터를 그대로 남겨두는 이유는 주로 시스템 성능과 저장 공간 관리의 효율성에 의한다. 만약 파일을 삭제할 때마다 파일 데이터를 0이나 특정 패턴으로 덮어쓰게 된다면 작업 시간이 증가하게 되고 이는 사용자에게 불편함을 주고 시스템 성능에도 부정적인 영향을 미친다. 또한 파일 참조만 삭제하면 운영체제는 원래 파일이 사용하던 공간을 '사용 가능한' 상태로 변경하기만 하면 된다. 새로운 데이터를 저장할 때, 사용 가능한 공간을 덮어쓰면 되므로 전체 저장 공간을 효율적으로 재사용할 수 있게 된다.

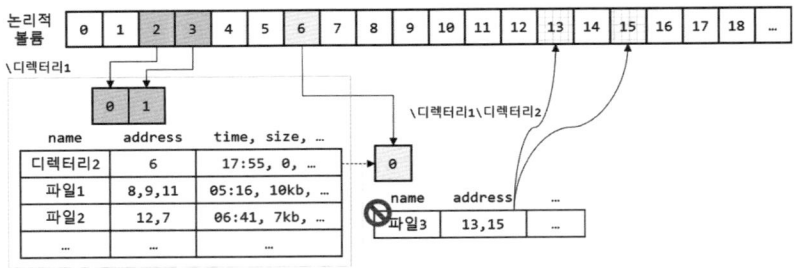

〈그림 9-1〉 파일 시스템 기반 복구

파일 시스템에 기반하는 복구는 과거의 파일을 온전히 획득할 수 있다는 점에서 디지털 포렌식 조사에 유용하게 사용될 수 있으나 아래와 같은 몇 가지 제한 사항들이 있다.

- **메타데이터 손상**: 삭제된 파일의 메타데이터가 손상되거나 덮어쓰여지면 해당 파일에 대한 정보가 손실되어 복구가 어려워진다. 메타데이터도 데이터와 마찬가지로 영구적으로 기록되는 것이 아니므로 새롭게 생성되는 파일에 의해 삭제될 수 있다. 이 경우에는 파일 시스템 기반 복구 방법은 불가능해진다.
- **데이터 덮어쓰기**: 새로운 데이터가 저장되면서 삭제된 파일의 데이터가 덮어쓰여질 수 있는데, 이 경우 복구가 불가능해지거나 삭제된 파일의 일부 파편만 삭제할 수 있게 된다.
- **파일 조각화**: 파일 시스템에서 파일이 조각화되어 여러 위치에 저장되어 있을 수 있다. 일부 파일 시스템은 메타데이터에 파일의 시작 주소만을 기록해 놓는데, 이 경우 조각화된 파일의 일부분만 복구할 수 있거나 복구가 아예 불가능할 수도 있다.
- **저장장치 최적화 기능**: 최근 운영체제에서는 파일이 저장장치의

여러 위치에 나누어 저장되는 현상인 조각화[107]를 줄이기 위한 조각모음(defragmentation)이 주기적으로 자동 실행되도록 예약되어 있다. 조각모음은 분산되어 있는 파일 조각을 연속된 저장 공간으로 이동시키는 작업을 의미하는데 이 과정에서 삭제된 파일의 데이터가 덮어쓰기될 수 있다. 특히, SSD의 경우 컨트롤러 수준에서 작동하는 가비지 컬렉션(Garbage Collection)이나 운영체제 수준에서 작동하는 TRIM, SSD의 모든 셀이 균일하게 사용되도록 쓰기 작업을 분산시키는 웨어 레벨링(Wear Leveling)과 같은 최적화 기술들이 기본적으로 설정되어 있어 HDD보다 파일 복구 난이도가 높다.

(2) 저널 기반 복구

저널(Journal) 기반 복구란 파일 시스템의 저널을 분석하여 파일을 복구하는 기법이다. 저널이란 데이터베이스 또는 파일 시스템에서 발생하는 모든 변경사항을 순차적으로 기록하는 로그 파일이다. 변경사항을 트랜잭션(transaction)이라고도 부르며 데이터베이스나 파일 시스템에서 발생하는 일련의 연산 또는 작업을 의미한다.

저널 기반 파일 복구의 대표적 기술은 NTFS의 $Logfile을 이용하는 것이다. $Logfile에는 트랜잭션의 시작과 종료 시점, 데이터 생성·수정·삭제와 같은 변경 사항, 파일 시스템의 메타데이터 변경 사항 등이

---

[107] HDD에서 파일 조각화가 누적되면 운영체제 성능에 부정적인 영향을 줄 수 있다. 조각화가 누적되면 파일 읽기/쓰기 작업 속도가 느려지며 파일의 손상 위험성이 높아지고 프로그램 응답 속도가 느려지는 문제가 발생한다.

기록된다. $Logfile을 분석함으로써 삭제된 파일을 복원하는 것도 가능하나 저널 파일의 크기가 제한되어 있어 복구 가능한 기간에 제한이 있다.[108]

(3) 파일 카빙

파일 카빙(File Carving)은 파일 시스템 구조에 의존하지 않고 디지털 저장장치에서 파일을 복구하는 기법을 의미한다. 데이터 카빙(Data Carving)이라고도 불린다. 파일 카빙은 특히 파일 시스템 메타데이터가 손상되어 삭제된 데이터가 저장되어 있는 주소를 알 수 없을 때 유용하게 사용될 수 있다. 이 기법은 파일의 헤더, 풋터 및 내부 데이터 구조에 대한 정보를 활용하여 해당 파일을 식별하고 추출한다. 파일 카빙의 주요 단계는 다음과 같다.

- **스캔**: 복구 대상[109]을 바이트 단위로 스캔하여 파일 시그니처를 탐색한다. 이 때 탐색하는 단위로 바이트 외에 섹터 혹은 클러스터도 사용할 수 있다.
- **식별**: 파일 시그니처를 식별하고, 해당 파일 포맷에 기반하여 파싱을 수행한다. '8장 5절 콘텐츠 식별 기술'이 사용된다.
- **추출 및 검증**: 식별 과정을 통해 확인된 데이터를 별도의 파일로

---

108 일반적으로 $LogFile의 경우 65,536KB로 운영체제가 설치되어 있는 볼륨의 경우 3~4시간 정도의 로그가 저장된다.
109 주로 파일 시스템의 비할당영역 혹은 기억장치 전체를 대상으로 한다. 파일도 대상이 될 수 있다. 예로 복합 파일 내에 삭제된 파일을 복구하고자 할 때에는 해당 파일이 카빙의 대상이 된다.

저장하고 파일의 손상 여부를 확인한다.

파일 카빙도 파일 시스템 기반 복구 기법과 마찬가지로 삭제된 파일 데이터가 새로운 데이터에 의해 덮어쓰기가 되면 복구가 불가능하다. 또한, 파일 카빙에서는 파일 시스템 메타데이터에 대한 정보를 알 수 없기 때문에 파일 이름이나 생성 및 수정 날짜에 대한 정보를 알 수 없다. 또한, 파일 시스템 메타데이터에 있는 데이터 주소 정보도 알 수 없으므로 삭제된 파일이 파편화되어 저장되었다면 파일 카빙의 효과를 기대하기 어렵다.

(4) 파일 파편 복구

파일 파편 복구는 삭제된 파일의 파편을 수집하여 하나의 파일로 복원하거나, 파편에 저장되어 있는 콘텐츠를 식별가능한 형태로 변환하는 기술을 의미한다. 앞서 '(1) 파일 시스템 기반 복구'에서 설명하였듯이 운영체제에서 주기적으로 조각모음이 실행되는 경우가 많아 파일 파편 복구의 중요성이 커지고 있다.

파일 파편을 복구하는 대표적인 방법은 파일 내부의 구조적 패턴을 이용하는 것이다. 예로 H.264를 사용하는 MP4의 경우 파일 내부에 I-Frame, P-Frame, B-Frame과 같은 프레임들로 구성이 되어 있는데, 각 프레임의 특정 패턴을 분석하여 파편을 복원하는 방식이 있다.

파일 내부 데이터의 패턴을 이용하는 방법도 다수 연구되어 왔다. 데이터의 무작위성을 측정하는 엔트로피에 기반하여 파일의 구조와 패턴을 찾는 방법이 제시되기도 하였고, 순차적 분석 기법을 통해 누락된 파일 파편을 예측하는 기술도 연구되었다. 섹터별로 헥스 값의 분포나 빈도에 기반하여 파편을 분류하는 기술이 개발되기도 하였다.

머신러닝과 딥러닝을 활용하여 파일 파편을 복구하는 기술도 활발히 연구되고 있다. 인공지능의 패턴 인식, 예측, 데이터 분석 능력을 활용하여 파편의 복구 가능성을 높이는 기술이 제시되고 있다. 파일 파편의 특징이나 패턴 자체를 딥러닝을 통해 파악하고, 파편 재조립 방식 또한 학습시키는 모델들이 발표되고 있다.

이처럼 파일 파편 복구는 다양한 분야의 기술들이 적용되고 있으나 여전히 난이도가 높은 작업에 해당된다. 수많은 파일 포맷이 존재하고, 또 파일 포맷 내부에는 다양한 패턴의 데이터가 존재한다. 특히 해당 파일을 작성하고 수정한 운영체제나 애플리케이션, 사용자에 따라 각기 다른 패턴의 데이터가 기록되므로 범용적인 파일 파편 복구 알고리즘을 개발하기가 까다롭다. 이러한 이유로 현재 실무에서는 제한적으로 사용되고 있으나 디지털 포렌식 분야에서 파일 파편 복구에 대한 수요가 증가하고 있어 향후에도 파일 파편 복구 기술은 지속적으로 개발될 것이다.

(5) 백업 기반 복구

운영체제나 애플리케이션의 백업 기능을 이용하여 과거 SDE에 존재했던 파일을 복구하는 기술이다. 이 기술은 조사 대상 시스템에서 ①사건 발생 전에 백업 기능이 동작되었고 ②백업 파일이 시스템에 남아있는 경우에 유의미하다. 디지털 포렌식에서 활용할 수 있는 주요 백업 기능들은 다음과 같다.

- **Windows의 Volume Shadow Copy Service (VSS)**: 파일 시스템의 특정 시점의 스냅샷(snapshot)을 생성한다. Windows가 주기적으로 혹은 특정 이벤트가 발생할 때 VSS를 이용하여 시스템의 상태를 저장한다. 또는 사용자가 수동으로 생성하거나 직접 스케줄을 설정할 수도 있다.
- **macOS의 Time Machine**: 앱, 음악, 사진, 이메일 및 문서를 비롯한 개인 데이터를 외부 저장장치나 네트워크 드라이브에 자동으로 백업하는 기능이다. Windows OS의 VSS와 마찬가지로 수동으로 백업하는 것도 가능하다.
- **클라우드 백업**: 클라우드 기반 저장소에 실시간, 혹은 주기적으로 데이터를 백업하는 애플리케이션에서 작동하는 백업 기능이다. Dropbox나 Google Drive, Microsoft OneDrive, Apple iCloud 등이 있다. 대부분의 클라우드 서비스들은 자체적으로 삭제된 파일을 특정 기간 동안 보관하고 있고, 일부 서비스들은 저장소 자체를 특정 시점으로 돌리는 기능들을 제공하고 있다.

5. 콘텐츠 복구

파일에 존재했었던 콘텐츠를 복구하는 기술로 파일 포맷 기반 복구와 저널 기반 복구, 백업 기반 복구 기법으로 나눌 수 있다.

(1) 파일 포맷 기반 복구

파일 시스템 기반 파일 복구와 유사한 원리로 파일 포맷에 기반하여 콘텐츠를 복구하는 기술이다. 일부 파일 포맷의 경우 파일 시스템의 파일 삭제 원리와 유사하게 파일 내의 콘텐츠 삭제 시 플래그만을 변경하고 실제 데이터는 파일 내 슬랙에 남아있다. 다만, 같은 파일 포맷이라 하더라도 해당 파일을 읽고 쓰는 애플리케이션이나 작성자의 사용 패턴에 따라 콘텐츠 복구 가능성도 달라질 수 있다는 점을 유의하여야 한다.

(2) 저널 기반 복구

저널링 매커니즘을 이용하여 삭제된 콘텐츠를 복구하는 방식이다. 저널링은 특히 데이터의 안정성을 중요시하는 데이터베이스에서 주로 사용된다. 저널링 매커니즘에는 크게 리두(Redo)와 언두(Undo)가 있다. 리두는 모든 변경 사항에 대한 정보를 저장하는 방식이다. 장애 발생 시 변경 사항을 재수행함으로써 데이터베이스를 복원할 수 있다. 언두는 트랜잭션이 실패하거나 사용자가 취소할 때 트랜잭션 이전의 상태로 되돌리는 방식이다. 따라서 리두와는 다르게 변경 전 원래의 데이터를 기록하는 한다. 리두와 언두의 개념은 대부분의 데이터베이스에서 사용되고 있으나 종류별로 다른 용어로 사용되고 있다. 예로 SQLite

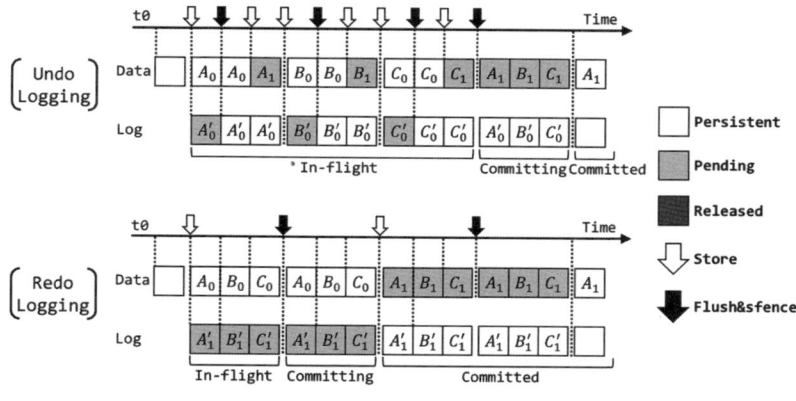

〈그림 9-2〉 Undo와 Redo의 차이[110]

에서는 Write-Ahead Logging(WAL)이 리두, 롤백 저널(Rollback Journal)이 언두 방식을 사용하고, Oracle에서는 리두로그와 언두로그라는 용어를 사용한다.

리두 방식에서는 모든 변경 사항을 먼저 로그에 기록한 후 실제 파일에 적용하는 방식이기 때문에, 실제 파일이나 로그 변경 사항들을 추적함으로써 과거 상태의 콘텐츠를 복구할 수 있다. 언두 방식에서는 로그에 남아있는 변경 사항을 역추적 함으로써 과거 상태의 콘텐츠를 확인할 수 있다.

---

110 Wan, H., Lu, Y., Xu, Y., & Shu, J. (2016, August). Empirical study of redo and undo logging in persistent memory. In 2016 5th Non-Volatile Memory Systems and Applications Symposium (NVMSA) (pp. 1-6). IEEE.의 Fig. 1.을 참고하여 제작

(3) 백업 기반 복구

백업을 활용한 파일 복구와 유사하게 운영체제나 애플리케이션의 백업 기능을 이용하여 과거 SDE에 존재했던 콘텐츠를 복구할 수 있다. 백업 기반 파일 복구에서 소개했던 기능들을 이용해 수정 이전의 상태로 되돌릴 수 있으며, 추가로 파일의 변경 내용을 기록하는 버전 관리 기능이 백업 기반 콘텐츠 복구에 활용될 수 있다. 디지털 포렌식에서 활용할 수 있는 주요 버전 관리 기능들은 다음과 같다.

- **Windows File History**: 파일 히스토리는 사용자의 개인 파일(문서, 사진, 비디오, 음악 등)을 자동으로 백업하고, 이전 버전의 파일을 쉽게 복원할 수 있도록 도와주는 기능이다.
- **클라우드 백업**: Dropbox나 Google Drive, Microsoft OneDrive 등 다수의 클라우드 서비스에서 파일의 여러 버전을 추적하고 복원할 수 있는 기능을 제공하고 있다.

CHAPTER 10
Search

1 디지털 데이터 대상 검색
2 콘텐츠 대상 검색

　디지털 포렌식 검색 혹은 수색 기술은 특정 조건을 만족하는 디지털 증거 출처(SDE)의 요소들을 찾기 위해 사용하는 기술이다. SDE로부터 디지털 증거 후보군(DEC)을 선별할 때, 혹은 DEC에서 디지털 증거를 찾을 때 사용된다. 디지털 포렌식 조사자들은 다수의 디지털 기기와 데이터를 다루는데, 기기의 종류가 다양해지고 기억장치가 대용량화되면서 검색 기술의 속도와 정확도가 주요 관심사가 되고 있다.

　디지털 포렌식에서 검색 기술은 디지털 데이터 자체를 대상으로 검색하는 기술과 식별 기술로 해석된 콘텐츠를 대상으로 검색하는 기술로 구분할 수 있다. 조사자 입장에서 전자는 디지털 데이터 형태로 저장되어 있는 기억장치, 볼륨, 파일 계층을 대상으로 검색하는 것으로 검색어 또한 디지털 데이터 형태이다. 후자는 콘텐츠 계층을 대상으로 검색하는 것이고 마찬가지로 검색어의 유형도 콘텐츠이다.

1. 디지털 데이터 대상 검색

(1) 암호학적 해시 사용

디지털 데이터 대상 검색에서 검색어와 정확하게 일치하는 데이터를 찾는 방법은 비트 혹은 바이트 단위로 비교하는 것이다. 그러나 찾고자 하는 데이터의 크기가 클수록, 그리고 검색하는 횟수가 증가할수록 작업 시간과 작업 리소스 또한 크게 증가한다는 단점이 있다. 이러한 단점의 대안으로 암호학적 해시값에 기반하여 디지털 데이터를 찾는 방식이 사용된다.

파일이나 데이터의 암호학적 해시값을 계산하고 이를 기록해 놓으면, 추후 해당 파일이나 데이터를 찾고자할 때 비트 혹은 바이트 단위로 비교할 필요없이 해시값 일치 여부만 확인하면 된다. 해시값 기반의 검색을 수행할 때에는 해시 알고리즘의 입력값 단위가 동일해야 한다. 여기에서 단위는 물리적 단위가 될 수도 있고, 논리적 단위가 될 수도 있다. 가령 1MiB 데이터의 해시값이 검색어가 된다면 검색 대상 데이터도 1MiB 단위로 구분한 후 해시값을 계산해야한다. 만약 파일의 해시값을 기준으로 검색할 때에는 마찬가지로 파일 단위로 계산된 해시값과의 비교를 수행해야 한다.

(2) 퍼지 해시 사용

퍼지 해시는 파일이나 데이터의 유사성을 판단하기 위해 사용되는 해싱 기법이다. 암호학적 해시 함수는 데이터의 작은 변경에도 해시값이 크게 달라지도록 설계되는 반면, 퍼지 해시는 유사한 데이터에 대해 유사한 해시값을 생성한다. 따라서 퍼지 해시를 사용하면 수정된 파일이나 약간의 변형이 있는 파일도 찾아낼 수 있다.

일반적으로 퍼지 해시는 데이터를 블록으로 나누고, 각 블록에 대한 해시값을 생성한다. 이후, 검색어에 대한 해시값과 검색 대상 데이터에 대한 해시값을 비교하여 유사도를 수치화하는 별도의 연산 과정을 거친다. 따라서 퍼지 해시 비교 방식은 전체 데이터에 대한 해시값 계산 후 일치 여부만 판단하는 암호학적 해시 비교 방식에 비해 일반적으로 속도가 느리므로 이 점을 고려하여 검색 기술을 사용해야 한다.

2. 콘텐츠 대상 검색

디지털 증거는 SDE의 계층 중 최상위 계층인 콘텐츠에 해당하므로 콘텐츠 대상 검색 기술은 디지털 포렌식 조사 과정에서 가장 빈번하게 사용된다. 검색 기술은 콘텐츠의 출처를 기준으로 메타데이터 검색 기술과 데이터 검색 기술로 구분할 수 있다. 데이터 검색 기술에는 텍스트 검색 기술과 그래픽 검색 기술, 오디오 검색 기술 등이 있다. 추가로 본 절에서는 디지털 포렌식 조사 과정에서 활용 빈도가 높은 데이터베이스 검색 기술에 대해서도 살펴본다.

(1) 메타데이터 검색 기술

파일 시스템 메타데이터 혹은 파일 내부 메타데이터를 대상으로 검색하는 기술이다. 주로 파일들을 필터링하기 위해 사용된다. 파일 시스템 메타데이터에서 파일명, 파일크기, 확장자, 생성시간, 수정시간, 접근시간, 권한, 소유자, 경로 등의 정보를 확인할 수 있다. 메타데이터는 파일이나 디렉터리를 관리하거나 필터링하는 목적으로 사용되는데 이는 디지털 포렌식에서의 검색 목적과 부합하다. 또한, 메타데이터의 내부 정보는 텍스트 형태로 저장되어 있는데, 콘텐츠 유형 중 텍스트를 대상으로 하는 검색 기술이 복잡도가 낮은 편이므로 디지털 포렌식 조사 과정에서 빈번하게 사용된다.

메타데이터 검색 기술은 검색 조건에 부합하는 메타데이터를 검색함으로써 파일을 빠르게 선별할 수 있다는 장점이 있으나, 실제 파일의 데이터 영역에 있는 콘텐츠에 대해서는 별도의 검색 작업을 수행해야 한다는 단점이 있다. 예로 'Korea.jpg'라는 파일명만으로도 한국의 명소

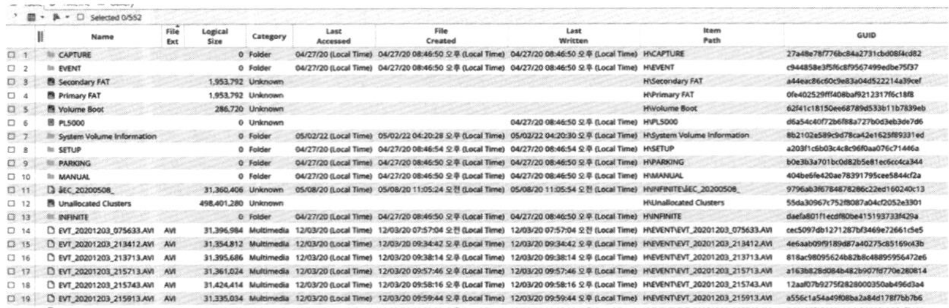

Selected 0/552

	Name	File Ext	Logical Size	Category	Last Accessed	File Created	Last Written	Item Path	GUID
1	CAPTURE		0	Folder	04/27/20 (Local Time)	04/27/20 08:46:50 오후 (Local Time)	04/27/20 08:46:50 오후 (Local Time)	H:\CAPTURE	27a48e78f776bc84a2731cbd08f4cd82
2	EVENT		0	Folder	04/27/20 (Local Time)	04/27/20 08:46:50 오후 (Local Time)	04/27/20 08:46:50 오후 (Local Time)	H:\EVENT	c944858e3f5f6c8f9567499edbe75f37
3	Secondary FAT		1,953,792	Unknown				H:\Secondary FAT	a44eac86c60c9e83a04d522214a39cef
4	Primary FAT		1,953,792	Unknown				H:\Primary FAT	0fe402529fff408baf9212317f6c18f8
5	Volume Boot		286,720	Unknown				H:\Volume Boot	62f41c18150ee68789d533b11b7839eb
6	PL5000		0	Unknown			04/27/20 08:46:50 오후 (Local Time)	H:\PL5000	d6a54c40f72b6f88a727b0d3eb3de7d6
7	System Volume Information		0	Folder	05/02/22 (Local Time)	05/02/22 04:20:28 오후 (Local Time)	05/02/22 04:20:30 오후 (Local Time)	H:\System Volume Information	8b2102e589c9d78ca42e1625f89331ed
8	SETUP		0	Folder	04/27/20 (Local Time)	04/27/20 08:46:54 오후 (Local Time)	04/27/20 08:46:54 오후 (Local Time)	H:\SETUP	a203f1c6b03c4c8c96f0aa076c71446a
9	PARKING		0	Folder	04/27/20 (Local Time)	04/27/20 08:46:50 오후 (Local Time)	04/27/20 08:46:50 오후 (Local Time)	H:\PARKING	b0e3b3a701bc0d82b5e81ec6cc4ca344
10	MANUAL		0	Folder	04/27/20 (Local Time)	04/27/20 08:46:50 오후 (Local Time)	04/27/20 08:46:50 오후 (Local Time)	H:\MANUAL	404be6fe420ae78391795cee5844cf2a
11	åEC_20200508_		31,360,406	Unknown	05/08/20 (Local Time)	05/08/20 11:05:24 오전 (Local Time)	05/08/20 11:05:54 오전 (Local Time)	H:\INFINITE\åEC_20200508_	9796ab3f6784878286c22ed160240c13
12	Unallocated Clusters		498,401,280	Unknown				H:\Unallocated Clusters	55da30967c752f8087a04cf2052e3301
13	INFINITE		0	Folder	04/27/20 (Local Time)	04/27/20 08:46:50 오후 (Local Time)	04/27/20 08:46:50 오후 (Local Time)	H:\INFINITE	daefa801f1ecdf80be415193733f429a
14	EVT_20201203_075633.AVI	AVI	31,396,984	Multimedia	12/03/20 (Local Time)	12/03/20 07:57:04 오전 (Local Time)	12/03/20 07:57:04 오전 (Local Time)	H:\EVENT\EVT_20201203_075633.AVI	cec5097db1271287bf3469e72661c5e5
15	EVT_20201203_213412.AVI	AVI	31,354,812	Multimedia	12/03/20 (Local Time)	12/03/20 09:34:42 오후 (Local Time)	12/03/20 09:34:42 오후 (Local Time)	H:\EVENT\EVT_20201203_213412.AVI	4e6aab09f9189d87a40275c85169c43b
16	EVT_20201203_213713.AVI	AVI	31,395,686	Multimedia	12/03/20 (Local Time)	12/03/20 09:38:14 오후 (Local Time)	12/03/20 09:38:14 오후 (Local Time)	H:\EVENT\EVT_20201203_213713.AVI	818ac98095624b82b8c48895956472e6
17	EVT_20201203_215713.AVI	AVI	31,361,024	Multimedia	12/03/20 (Local Time)	12/03/20 09:57:46 오후 (Local Time)	12/03/20 09:57:46 오후 (Local Time)	H:\EVENT\EVT_20201203_215713.AVI	a163b828d084b482b907fd770e280814
18	EVT_20201203_215743.AVI	AVI	31,424,414	Multimedia	12/03/20 (Local Time)	12/03/20 09:58:16 오후 (Local Time)	12/03/20 09:58:16 오후 (Local Time)	H:\EVENT\EVT_20201203_215743.AVI	12aaf07b9275f2828000350ab496d3a4
19	EVT_20201203_215913.AVI	AVI	31,335,034	Multimedia	12/03/20 (Local Time)	12/03/20 09:59:44 오후 (Local Time)	12/03/20 09:59:44 오후 (Local Time)	H:\EVENT\EVT_20201203_215913.AVI	a556c1a54a49f08ba2a84d178f7bb7b6
20	EVT_20201203_220746.AVI	AVI	31,882,530	Multimedia	12/03/20 (Local Time)	12/03/20 10:08:18 오후 (Local Time)	12/03/20 10:08:18 오후 (Local Time)	H:\EVENT\EVT_20201203_220746.AVI	7d6197f67523a18da50990eb32af8460
21	EVT_20201203_221639.AVI	AVI	31,388,844	Multimedia	12/03/20 (Local Time)	12/03/20 10:17:12 오후 (Local Time)	12/03/20 10:17:12 오후 (Local Time)	H:\EVENT\EVT_20201203_221639.AVI	3bce23353755408a809e3bc8c7cd1614
22	EVT_20201203_221709.AVI	AVI	31,364,762	Multimedia	12/03/20 (Local Time)	12/03/20 10:17:42 오후 (Local Time)	12/03/20 10:17:42 오후 (Local Time)	H:\EVENT\EVT_20201203_221709.AVI	fe11279f0e19ee86b2eb5e80cca77d3b
23	EVT_20201204_000112.AVI	AVI	31,383,320	Multimedia	12/04/20 (Local Time)	12/04/20 12:01:48 오전 (Local Time)	12/04/20 12:01:48 오전 (Local Time)	H:\EVENT\EVT_20201204_000112.AVI	788e68bb5eccbd8abe4e4bac5373c9e4
24	EVT_20201204_000142.AVI	AVI	31,363,696	Multimedia	12/04/20 (Local Time)	12/04/20 12:02:12 오전 (Local Time)	12/04/20 12:02:12 오전 (Local Time)	H:\EVENT\EVT_20201204_000142.AVI	abfe6310b9133381bcdcc91680e80a15

〈그림 10-1〉 메타데이터 검색 예시

를 나타내는 사진인지, 한국이라는 글자를 표현하고 있는 그림인지, 태극기에 대한 그림인지에 대한 정보는 확인할 수 있다.

(2) 텍스트 검색 기술

식별 기술이나 복구 기술을 통해 확인된 텍스트 유형의 콘텐츠들을 대상으로 특정 조건을 만족하는 콘텐츠를 찾는 기술이다. 텍스트 검색 기술은 정보통신기술의 발전과 함께 고도화되어 온 기술이므로 디지털 포렌식 분야에서는 기존에 개발된 기술을 조사에 적합하게 응용하고 있다.

1) 키워드

키워드 검색은 가장 기본적인 텍스트 검색 방식으로, 조사자가 입력한 검색어와 일치하거나 해당 검색어를 포함하는 텍스트 유형의 콘텐츠들을 찾는다. 파일을 기준으로 키워드 출현 빈도나 위치를 기반으로 검색 결과를 정렬하여 조사 효율성을 높인다.

디지털 포렌식은 시간적인 요소가 중요하므로 키워드 검색 시에는 사건과 관련된 키워드를 신중하게 선택하고, 키워드의 정확성과 적절성을 고려해야 한다. 동의어, 관련어, 약어, 오타 등을 고려하여 검색 범위를 확장해야 하며 영문의 경우 대소문자 구분 여부도 사전에 결정해야 한다. 대용량의 데이터를 대상으로 검색하는 경우가 많은 만큼, 키워드의 우선 순위를 설정하는 것도 중요하다. 일부 디지털 포렌식 도구에서는 AND나 OR, NOT과 같은 검색 연산자도 지원하므로 이를 활용한다.

2) 인덱싱

인덱싱(Indexing)이란 대량의 전자 데이터를 조직화하고, 검색을 빠르게 수행할 수 있도록 데이터를 처리하여 키워드, 메타데이터, 파일 구조 등에 기반한 참조 목록을 생성하는 것이다. 참조 목록을 인덱스(Index) 혹은 색인이라고 한다. 본래 인덱싱은 데이터베이스이나 파일 시스템, 검색 엔진에서 주로 사용되는 개념이다. 디지털 포렌식에서는 SDE나 DEC의 콘텐츠들이 인덱싱의 대상이 된다. 일반적으로 인덱싱은 '데이터 수집' 절차부터 수행되는데, 디지털 포렌식에서는 콘텐츠가 '데이터'에 해당된다. 이후 인덱싱 과정은 다음과 같다.

- **데이터 전처리**: 데이터를 처리하기 용이한 형태로 변환한다. 자연어 처리(Natural Language Processing; NLP)[111]의 데이터 전처리 기술들이 인덱싱에도 적용된다. 불필요한 문자 및 공백 제거, 소문자 변환, 토큰화(문장, 단어 분리), 불용어(stopword) 제거, 어간 추출(stemming) 또는 표제어 추출(lemmatization) 등의 작업이 수행된다. 또한, 언어를 감지하여 표준화를 수행하는 기술이 적용되기도 한다.
- **키워드 추출**: 전처리된 데이터에서 중요한 키워드와 구문을 추출한다. 이 과정에서 특정 단어의 빈도를 분석하거나, 개체명 인식(entity recognition) 등의 자연어 처리 기술이 적용되기도 한다.
- **인덱스 생성**: 추출된 키워드를 기반으로 인덱스를 생성한다. 인덱스는 일반적으로 키워드와 해당 키워드가 포함된 파일 사이의

---

[111] 인공지능의 하위 분야로, 인간이 사용하는 언어를 컴퓨터가 이해하고 처리하는 기술을 의미한다.

매핑 정보를 포함한다. 인덱스는 트리 구조, 해시 테이블, TF-IDF(Document Frequency-Inverse Document Frequency) 가중치와 같은 방법들에 의해 구성된다.

Index			Data			
Name	ID		ID	Name	City	Country
Avril	3		1	Noel	Seoul	Korea
Bishop	4		2	Dino	Seoul	Korea
Dino	2		3	Avril	Singapore	Singapore
Donna	7		4	Bishop	Tokyo	Japan
Noel	1		5	Tony	Rome	Italy
Paul	6		6	Paul	Hanoi	Vietnam
Tony	5		7	Donna	Busan	Korea

〈그림 10-2〉 인덱스 개념도

인덱싱 후에는 키워드 검색 시 인덱스를 참조하므로 검색 속도가 크게 향상된다. 다만 인덱싱에는 상당한 시간이 소요되므로 조사 전략을 면밀히 따져서 인덱싱 사용 여부를 판단해야 한다. 예로 소수의 키워드에 대해서만 검색할 때에는 인덱싱을 수행함으로써 오히려 전체 조사 시간이 증가할 수 있다. 인덱싱 시간과 함께 저장 공간과 인덱싱 대상에 대해서도 고려해야 한다. 콘텐츠의 크기가 커질수록 인덱싱에 요구되는 리소스도 크게 증가하게 된다. 또한 콘텐츠의 어떤 정보를 인덱싱할 것인가에 대한 전략적 선택도 중요한데, 가령 사건에서 핵심 키워드가 영문이라면 인덱싱 과정에서 한글은 제외함으로써 조사 시간을 단축하고 조사 리소스도 크게 줄일 수 있다.

3) 정규 표현식

정규 표현식(Regular Expression)은 문자열을 처리할 때 사용하는 특별한 문자 패턴을 의미한다. 주로 문자열 검색, 치환, 분리와 같은 작업을 할 때 사용된다. 정규 표현식에는 여러 표준이 있으며, 각각의 표준은 프로그래밍 언어나 도구에 따라 약간씩 차이가 있다. 그러나 대부분의 표준은 기본적인 문법과 메타문자를 공유하고 있어서 다른 표준 간에도 비슷한 패턴을 사용할 수 있다. 주요 표준으로는 UNIX 계열의 시스템에서 사용되는 POSIX (Portable Operating System Interface) 정규 표현식과 Perl 프로그래밍 언어에서 사용되는 Perl 호환 정규 표현식이 있다.

정규 표현식의 주요 기호와 설명은 다음 표와 같다.

〈표 10-1〉 정규 표현식 주요 기호

기호	설명
.	임의의 한 문자
*	직전 문자가 0회 이상 반복
+	직전 문자가 1회 이상 반복
?	직전 문자가 0회 또는 1회 반복
{n}	직전 문자가 n회 반복
{n,m}	직전 문자가 n회에서 m회까지 반복
[ ]	대괄호 안에 있는 문자들 중 하나와 일치
( )	그룹을 만들고, 그 안에 있는 문자들을 캡처
^	문자열의 시작 부분에 위치한 패턴을 의미
$	문자열의 끝 부분에 위치한 패턴을 의미

기호	설명
|	대안 선택자, 여러 패턴 중 하나와 일치하는 문자열
\\	이스케이프 문자, 특수한 의미를 가진 문자를 리터럴(literal)로 사용
\d	숫자, [0-9]와 동일
\D	숫자가 아닌 문자, [^0-9]와 동일
\w	단어 문자(알파벳, 숫자, 밑줄), [a-zA-Z0-9_]와 동일
\s	공백 문자(스페이스, 탭, 개행 문자 등)
\S	공백 문자가 아닌 문자
\b	단어 경계
\B	단어 경계가 아닌 위치를 의미

정규 표현식은 검색어가 일정한 패턴을 이루는 문자열일 때 사용하면 효과적이다. 예로 날짜, 이메일 주소, URL, 신용카드 번호, 주민등록번호, IP 주소와 같은 것이 있다. 예로 YYYY-MM-DD 형식의 날짜를 정규 표현식으로 검색하고자 할 때에는 검색어를 ^\d{4}-((0[1-9])|(1[0-2]))-(([0-2][0-9])|(3[0-1]))$로 작성할 수 있다.

(3) 그래픽 검색 기술

그래픽 검색 기술은 이미지나 도면과 같은 그래픽 요소들을 분석하여 검색하는 기술이다. 텍스트 검색과는 달리 그래픽 요소 자체의 특징을 분석하여 유사한 그래픽 요소나 이미지를 찾아낸다. 과거에는 조사자들이 직접 눈으로 유사한 이미지의 존재 여부를 확인하였으나 상당한 분석 시간과 비용이 발생한다는 단점이 있다. 특히 대용량의 데이터를 대상으로 분석하는 경우 한정된 시간 내에 분석하는 것은 매우 비효율적이다. 이러한 문제점을 해결하기 위한 다양한 방법들이 고안되고 있다.

1) 특징 추출 기반 유사 그래픽 탐지

특징 추출 기반 유사 그래픽 탐지 알고리즘은 색상이나 질감, 모양, 크기, 윤곽 등 그래픽적 특징(feature)을 추출하고 이를 기반으로 비교 분석한다. 주로 ①키포인트(keypoint) 검출 ②키포인트 정제 ③방향 할당 ④서술자 생성의 네 단계를 거친다. 대표적인 특징 추출 기반 유사 그래픽 탐지 알고리즘들은 다음과 같다.

- **SIFT**(Scale-Invariant Feature Transform): 이미지의 스케일과 회전에 불변하는 특성 추출 알고리즘
- **SURF**(Speeded-Up Robust Features): SIFT와 유사한 방식을 사용하면서 효율성과 속도를 개선한 특성 추출 알고리즘

〈그림 10-3〉 SIFT 알고리즘을 이용한 워터마크 탐지 예시

- **ORB**(Oriented FAST and Rotated BRIEF): FAST(Features from Accelerated Segment Test) 키포인트 검출기와 BRIEF(Binary Robust Independent Elementary Features) 서술자를 결합한 특성 추출 알고리즘

특징 추출 기반 알고리즘은 공통적으로 노이즈에 취약하고 회전이나 스케일 변화 외의 변환(아핀 변환, 프로젝션 변환 등)된 이미지에 대해서는 제대로 작동하지 못한다는 단점이 있다. 이로 인해 포렌식 조사 과정에서의 미탐 우려가 높은 편이고, 알고리즘 자체의 복잡성과 계산 비용이 높다는 단점도 있다.

2) 딥러닝 기반 유사 그래픽 탐지

최근에는 인공지능 분야의 발전으로 사람의 인지능력을 뛰어 넘는 컴퓨터 비전(Computer Vision) 기술들을 디지털 포렌식에 활용하는 방안들이 활발히 논의되고 있다. 딥러닝 기반의 유사 그래픽 탐지 방식으로는 CNN(Convolutional Neural Networks) 계열의 특징 추출 방식과 어텐션(Attention) 매커니즘 활용 방식이 있다. CNN 기반의 특징 추출을 활용한 유사 그래픽 탐지 방법은 다음과 같다.

- **사전 훈련된 모델 선택**: CNN이나 CNN 계열의 VGG, ResNet, Inception 등과 같이 사전 훈련된 모델을 선정한다.
- **특징 추출**: 사전 훈련된 모델의 마지막 완전 연결 레이어(Fully Connected Layer) 이전에 있는 중간 레이어에서 특징 벡터를 추출한다.
- **특징 벡터 유사도 비교**: 두 이미지의 특징 벡터 간의 유사도를 계산한다. 유클리디안 거리, 코사인 유사도, 맨하탄 거리 등의 매트

릭을 활용한다.

어텐션 메커니즘이란 입력 데이터의 모든 부분에 동일한 가중치를 부여하는 대신, 입력 데이터의 중요 부분에 집중하도록 학습하는 기법을 의미한다. 어텐션 메커니즘을 활용한 유사 그래픽 탐지 방식은 어텐션 기반 CNN 아키텍처를 사용한다는 점 외에는 CNN 기반 방식과 거의 유사하다. 어텐션 메커니즘을 적용한 CNN 아키텍처로는 CBAM(Convolutional Block Attention Module), Squeeze-and-Excitation(SE) Networks, GCNet(Global Context Network) 등이 있다.

3) 객체 탐지 기반 검색

앞서 설명한 두 기법이 그래픽적 특성을 비교하여 검색어와 유사한 그래픽 이미지를 찾는 반면, 객체 탐지 기반 검색은 이미지에 있는 객체를 탐지하고 객체명을 인덱싱한 후 검색을 수행하는 방식이다. 객체 탐지(Object Detection) 기술이란 이미지에서 여러 객체의 위치를 찾고, 해당 객체를 분류하는 컴퓨터 비전 작업이다. 딥러닝 기반 객체 탐지 알고리즘들은 뛰어난 성능을 보여주고 있는데, 해당 알고리즘은 크게 두 가지로 나눌 수 있다.

- **Two-stage 객체 탐지 알고리즘**: 이 알고리즘은 객체의 위치를 추정하는 첫 번째 단계와 객체를 분류하는 두 번째 단계로 구성된다. 대표적인 예는 R-CNN(Regions with CNN) 계열 알고리즘인 R-CNN, Fast R-CNN, Faster R-CNN 등이 있다. 이들은 모두 객체 후보 영역을 추출한 후 해당 영역에 대해 CNN을 사용하여 특징을 추출하고 분류한다.

- **One-stage 객체 탐지 알고리즘**: 이 알고리즘은 객체의 위치 추정과 분류 작업을 동시에 수행하는 통합 모델이다. 대표적인 예는 YOLO(You Only Look Once)와 SSD(Single Shot MultiBox Detector)가 있다. 이 알고리즘들은 이미지 전체를 한 번에 처리하여 속도와 성능 면에서 뛰어난 결과를 보인다.

〈그림 10-4〉는 객체 탐지에 기반하여 영상 파일의 콘텐츠를 검색[112] 하는 도구의 예시이다.

〈그림 10-4〉 객체 탐지 기술을 활용한 영상 검색 예시[113]

---

112 영상은 연속된 이미지로 제작되므로, 그래픽 검색 기술을 영상 검색에도 활용할 수 있다.
113 Veritone eDiscovery, https://www.veritone.com/document/intelligent-rapid-discovery-of-audio-video-and-text-documents-for-legal-teams/

(4) 데이터베이스 검색 기술

SQL(Structured Query Language)은 데이터베이스 관리 시스템에서 데이터를 관리, 검색, 추가, 수정, 삭제하는 데 사용되는 프로그래밍 언어이다. SQL은 관계형 데이터베이스 관리 시스템(Relational DataBase Management System; RDBMS)에서 널리 사용되며, Oracle, Microsoft SQL Server, MySQL, PostgreSQL 등 많은 데이터베이스 시스템에서 사용할 수 있다. 데이터베이스는 다음과 같은 항목으로 구성되어 있다.

- **데이터베이스(database)**: 관련된 데이터의 모음으로, 하나 이상의 테이블을 포함한다.
- **테이블(table)**: 데이터베이스 내에 구조화된 데이터를 저장하는 데 사용되는 개체로, 행과 열의 2차원 구조로 구성되어 있다.
- **레코드(record)**: 테이블의 개별 데이터 항목으로, 각 컬럼에 해당하는 값을 포함하는 행(row)을 의미한다.
- **컬럼(column)**: 테이블의 각 필드를 정의하는데 사용되며, 고유한 이름과 데이터 유형이 있다.

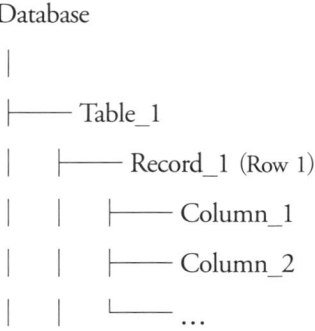

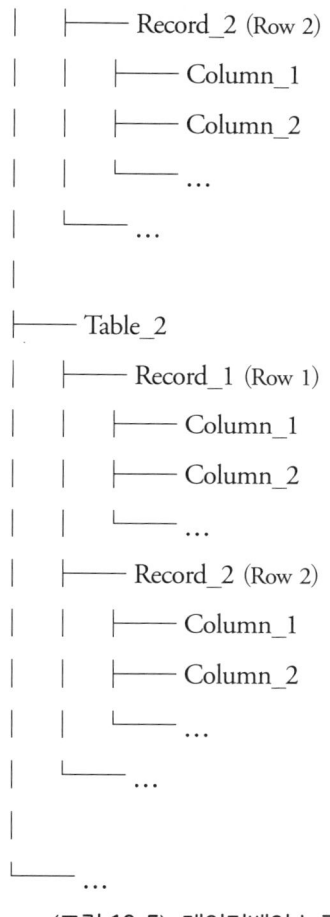

〈그림 10-5〉 데이터베이스 구조

SQL의 주요 목적은 사용자와 데이터베이스 사이에서 데이터를 읽고 쓰는 간단하고 효율적인 방법을 제공하는 것으로 크게 데이터 정의 언어(Data Definition Language; DDL), 데이터 조작 언어(Data Manipulation Language; DML), 데이터 제어 언어(Data Control Language; DCL)로 구분할 수 있다. 주요 DDL 명령어로는 CREATE, ALTER, DROP이 있으며 DML 명령어에는 SELECT, INSERT, UPDATE, DELETE가 있고 DCL 명령어로는 GRANT, REVOKE 등이 있다.

콘텐츠 검색에 사용되는 명령어는 주로 DML의 SELECT이다. 데이터베이스는 테이블로 구성되어 있고, 테이블에는 구조화된 데이터가 레코드 형태로 저장되어 있는데, SELECT 문을 사용하면 특정 조건을 만족하는 레코드를 조회할 수 있다. 기본적인 SELECT 문의 구조는 다음과 같다.

SELECT column1, column2, ... FROM table_name WHERE conditions;

- **SELECT** : 검색하고 싶은 열(column)을 선택하는 명령어이다. 여러 열을 선택하려면 쉼표로 구분하여 나열하며, 모든 열을 선택하려면 별표(*)를 사용한다.
- **FROM** : 데이터를 검색할 테이블 이름을 지정한다.
- **WHERE** : 특정 조건에 맞는 데이터만 검색할 때 사용한다. 별도 조건이 없으면 생략할 수 있다.

이 외에 SELECT 문에는 다양한 절(clause)을 함께 사용할 수 있어 복잡한 데이터의 검색과 처리가 가능하다. 주요 절은 다음과 같다.

- **JOIN** : 두 개 이상의 테이블을 연결하여 관련 데이터를 조회할 수 있다.

- **GROUP BY** : 결과를 특정 열의 값에 따라 그룹화한다. 집계 함수와 함께 사용하여 그룹별로 통계를 계산할 수 있다.
- **HAVING** : GROUP BY 절과 함께 사용하여 그룹화된 결과에서 특정 조건을 만족하는 결과만 추출한다.
- **ORDER BY** : 결과를 특정 열의 값에 따라 오름차순(ASC) 또는 내림차순(DESC)으로 정렬한다.
- **LIMIT** : 검색 결과의 개수를 제한할 수 있다.

SQL을 통해 데이터베이스 내부의 콘텐츠를 검색하려면 데이터베이스와 통신할 수 있는 DBMS에 대한 사용 권한을 사전에 확보해야 한다. 혹은 데이터베이스 파일을 확보한 후 디지털 포렌식 조사용 시스템에 직접 DBMS 설치함으로써 SQL을 통해 검색을 수행할 수 있다.

CHAPTER 11
Acquisition

1 물리적 매체 수집
2 물리적 데이터 수집
3 논리적 데이터 수집

　디지털 포렌식 수집 기술은 디지털 증거 출처(SDE)에서 디지털 포렌식 특유의 요구사항(R)을 충족하는 구성 요소들의 집합인 디지털 증거 후보군(DEC)을 추출할 때 사용된다. 요구사항은 조사관의 가용 자원이나 사건의 성격, 내부 정책 등에 의해 각기 다르게 정의되나, 일반적으로 무결성을 유지하고 변조되지 않도록 보호할 것을 요구한다. 따라서 수집 기술을 사용할 때에는 그 과정 중에 SDE가 변경되지 않아야 하므로, 이를 위해 SDE의 요소들을 봉인하거나 복제하여 별도의 환경에서 분석하는 것이 권장된다.

　수집 기술의 사용 목적이 증거물이 아닌 몰수물인 경우에는 압수 후에 피조사자가 몰수물에 접근할 수 없도록 조치를 취해야 한다. 물리 매체가 몰수 대상이라면 조사자가 회수하여 목적을 달성한다. 논리적 데이터가 몰수 대상인 경우, 조사 대상 시스템에서 해당 데이터를 완전 삭제하거나 암호화나 권한 설정과 같은 접근 제한 조치를 수행하여 피조사자가 압수 후에 데이터를 확인할 수 없도록 한다.

수집 기술은 물리적 매체를 수집하는 기술과 디지털 데이터를 복제하는 기술로 구분할 수 있다. 디지털 데이터를 복제하는 기술은 물리적 데이터 수집 기술과 논리적 데이터 수집 기술로 분류할 수 있다. 조사관은 요구사항과 조사 대상 시스템의 상태를 고려하여 적절한 수집 기술을 사용해야 한다.

1. 물리적 매체 수집

 물리적 매체 수집은 원본 데이터의 무결성을 유지하면서 디지털 기기나 기억장치를 수집하는 것을 의미한다. 충격 완화용 보호 박스, 정전기 차단용 케이스, 운반용 하드 케이스 등의 장비가 활용된다. 활성 상태, 즉 전원이 켜진 상태에서는 외부와의 무선 통신을 통해 원격 조작이나 데이터 변경이 가해질 수 있다. 이러한 경우 전화 통신, Wi-Fi,

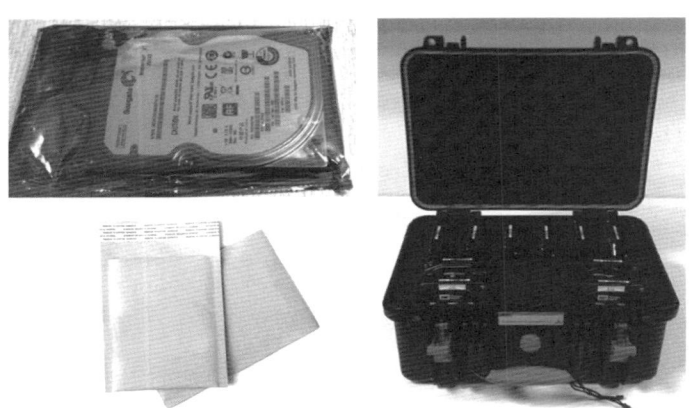

〈그림 11-1〉 물리 매체 수집에 활용되는 정전기 차단용 백(좌측상단), 충격 흡수용 봉투(좌측 하단), 운반용 하드 케이스(우측)

GPS, Bluetooth 등의 신호를 차단하는 특수 장비에 디지털 기기를 봉인할 필요가 있다. 다만, 현실적으로 통신 차단 장비를 사용하기 어려울 경우 기기의 자체적인 통신 차단 기능, 예로 스마트폰의 비행기 모드를 활성화시킴으로써 잠재적인 데이터 변경의 위험을 최소화한다.

2. 물리적 데이터 수집

물리적 데이터 수집은 기억장치의 모든 데이터를 복사하는 기술을 의미한다. 이 방식은 기억장치의 모든 섹터(사용되는 섹터, 미사용 섹터, 할당되지 않은 공간 등)를 비트 단위로 복사하여 완전한 복사본을 생성한다. 물리적 데이터를 수집하는 가장 단순한 방법은 복제(replication)이다. 복제는 한 기억장치의 데이터를 그대로 다른 기억장치에 복사하는 것을 의미한다. 가장 속도가 빠르고 직관적이나 무결성이 보장하는 별도의 기능이 없어 증거의 적법성을 입증하는 것이 어렵다. 또한 여러 조사자가 동시에 분석하려면 조사자 수 만큼의 기억장치를 준비하여 각각 복제를 수행해야 하므로 분석 효율성이 떨어진다. 이러한 복제의 단점을 보완한 물리 이미징이 물리적 데이터 수집에 활용되고 있다.

(1) 물리 이미징

물리 이미징(physical imaging)은 기억장치의 데이터를 이미지 파일(image file)로 복사하는 기술을 의미한다. 물리 이미징은 기억장치의 데이터를 비트 수준으로 복사하여 원본 데이터와 동일한 정보를 포함하는 정확한 복제본을 만들 수 있다. 따라서 비할당 영역과 슬랙 영역도 모두 포함된다.

이미지 파일의 형식에 따라 기억장치의 데이터를 저장하는 방식이 상이하다. 주요 물리 이미지 파일 형식은 다음과 같다.

- **DD(Disk Dump)**: 가장 기본적인 형식으로, 비트 단위의 섹터 복사를 수행하여 원본 데이터와 동일한 데이터를 파일 형태로 생성한다. 이 형식은 메타데이터, 압축, 암호화 등의 추가 기능이 없기 때문에 용량이 크고 관리가 어렵다. 무결성 보존을 위한 자체적인 기능이 없어 별도로 dd 파일에 대한 해시값을 계산하여 관리해야 한다는 번거로움이 있다. 하지만 단순한 구조로 인해 거의 모든 포렌식 도구와 호환되며, 변환 작업이 빠르고 간단하다는 장점이 있다.
- **EWF(Expert Witness Format, E01, Ex01)**: 디지털 포렌식 이미지 파일 형식 중 하나로 대표적 디지털 포렌식 도구인 EnCase를 개발한 Guidance Software[114]에서 제시하였다. 본래 EWF는 EnCase에서 사용되는 이미지 파일 형식이었으나 디지털 포렌식 분야에서 EnCase가 널리 사용되면서 EWF가 이미지 파일 형식의 표준처럼 여겨지게 되었다. EWF는 이미지 파일의 크기를 줄이기 위한 압축 기능과 큰 이미지 파일을 관리하기 쉬운 작은 파일로 분할하는 기능, 그리고 보안을 위한 암호화 기능을 제공한다. 메타데이터에는 이미지와 관련된 추가 정보(이미지 생성 날짜 및 시간, 생성자, 원본 장치, 해시

---

114 2017년 엔터프라이즈 정보 관리(Enterprise Information Management; EIM) 솔루션을 제공하는 OpenText에 인수되었다.

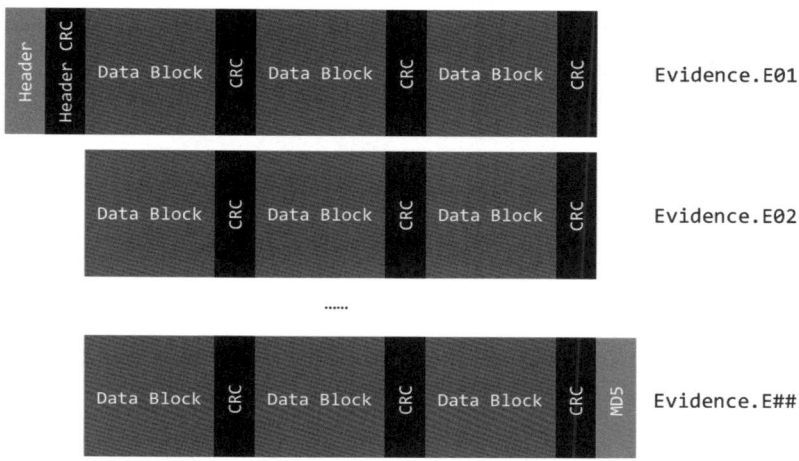

〈그림 11-2〉 EWF 구조

값 등)를 저장할 수 있다. EWF에는 E01 형식과 Ex01 형식이 있는데, Ex01은 E01형식의 후속 버전으로 보다 향상된 압축 및 암호화 기능을 제공한다.

- **AFF(Advanced Forensics Format)**: 디지털 포렌식에서 사용되는 물리 이미징 파일 형식 중 하나이다. Simson Garfinkel을 비롯한 연구자들이 개발하였으며 오픈 소스 프로젝트로 개발되었다는 특징이 있다. 확장성이 높으며, 추가 기능이나 데이터 유형을 지원할 수 있도록 설계되었다. AFF 또한 원본 데이터의 무결성을 유지하면서 데이터 압축, 메타데이터 저장, 파일 분할 등의 기능을 지원한다.

(2) 이미징 방식

이미징 과정은 하드웨어 방식과 소프트웨어 방식으로 나눌 수 있다.

1) 하드웨어 이미징 방식

하드웨어 이미징 방식은 독립된 외부 장치를 사용하여 원본 기억장치의 데이터를 복사한다. 하드웨어 이미저(imager)[115]는 원본 기억장치와 복사본을 저장할 대상 기억장치를 직접 연결한 후 이미징 과정을 진행한다. 〈그림 11-3〉은 대표적 이미저인 Falcon을 이용하여 이미징 중인 장면을 나타낸 것이다.

하드웨어 이미징 방식은 원본 기억장치를 컴퓨터에 연결할 필요가

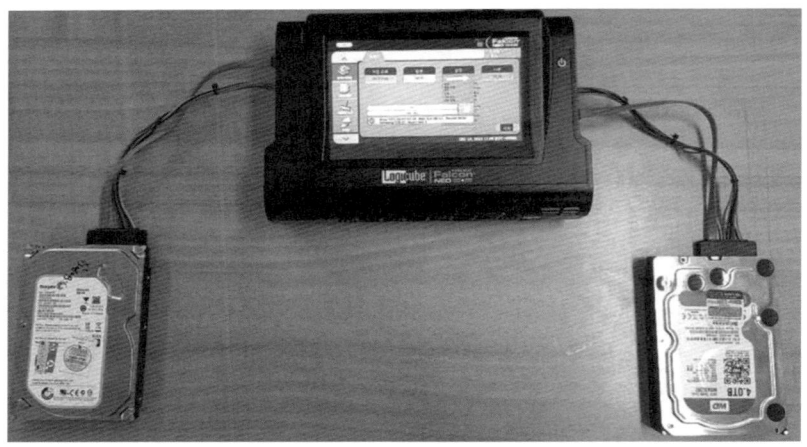

〈그림 11-3〉 하드웨어 이미징

---

115 이미지 파일을 생성하는 장치나 도구를 의미한다.

없어 컴퓨터의 리소스가 사용되지 않아 속도가 빠르다는 장점이 있다. 별도의 독립적인 하드웨어 이미저를 사용하므로 보안성이 높다. 또한, 자체적으로 쓰기 방지 기능을 내장하고 있어 무결성을 안정적으로 유지할 수 있다.

2) 소프트웨어 이미징 방식

소프트웨어 이미징 방식은 하드웨어가 아닌 소프트웨어를 사용하여 이미징을 수행하는 방식을 의미한다. 디지털 포렌식 도구에 내장된 이미징 기능을 사용하거나, 독립적인 이미징 소프트웨어를 사용하여 수행할 수 있다. 원본 기억장치를 이미징 소프트웨어를 실행할 컴퓨터에 연결한 후, 해당 소프트웨어를 통해 기억장치에 접근하여 이미징을 수행한다.

소프트웨어 이미징 방식은 별도의 하드웨어 이미저가 필요하지 않아 저렴한 비용으로 진행할 수 있다는 장점이 있다. 이미징 소프트웨어를 업데이트하여 새로운 기능을 쉽게 적용할 수 있으며 여러가지 이미징 소프트웨어를 사용하여 원하는 파일 형식으로 이미지를 생성할 수 있다.

한편, 무결성 보존을 위한 쓰기 방지 기능을 소프트웨어 레벨에서 제공해야하므로 하드웨어 이미징 방식에 비해 상대적으로 안정성이 떨어진다는 단점이 있다. 무결성을 보장하기 위해 별도의 쓰기 방지장치를 기억장치와 수집용 시스템 사이에 장착하기도 한다(그림 11-4 참조). 또한, 원본 기억장치의 데이터를 애플리케이션 단에서 읽어들이므로 하드웨어 이미징 방식에 비해 속도가 느리다는 단점이 있다. 디스크의 용

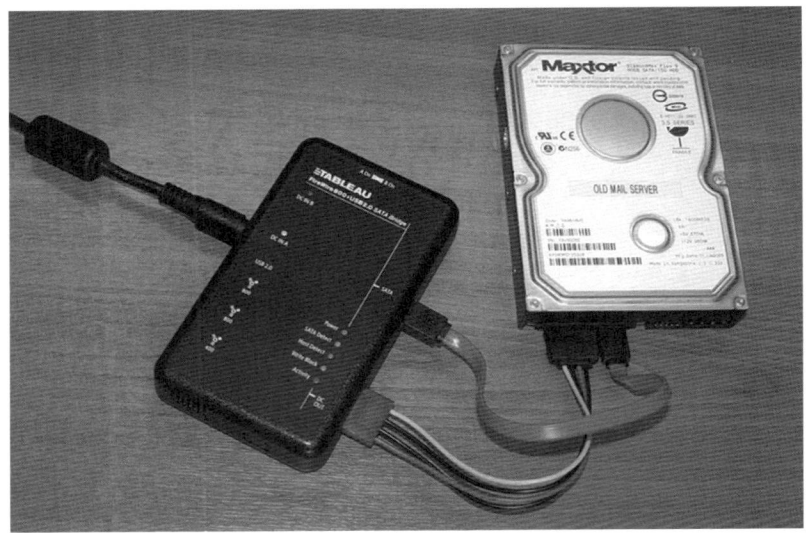

〈그림 11-4〉 쓰기 방지장치를 통한 소프트웨어 이미징

량이 커질수록 이미징 속도가 크게 증가하므로 대용량 디스크 이미징 시에는 가급적 하드웨어 이미징 방식을 활용하는 것이 권장된다.

조사 대상 시스템에 이미징 소프트웨어를 직접 구동하여 수집하는 방안도 있다. 서버 시스템과 같이 전원을 종료할 수 없는 상태이거나 디지털 기기에서 물리 매체 분리가 원천적으로 불가능할 경우 고려할 수 있는 방법이다. RAM의 물리적 데이터를 수집하는 메모리 덤프(memory dump) 기법도 이에 해당한다.[116]

---

116 참고로 전원을 차단하면 내부 데이터가 사라지는 휘발성 기억장치인 RAM에 저장된 정보를 수집하기 위한 방안으로 콜드 부트 공격(Cold Boot Attack)이 있다. 콜드 부트 공격은 RAM 내부의 데이터가 전원 차단 직후 짧은 시간 동안 유지된다는 특성을 이용하여 물리적으로 분리한 후 특수한 소프트웨어를 사용하여 메모리 덤프를 수행한다. 이 때, RAM의 데이터 유지 시간을 늘리기 위해 액체 질소를 이용하여 RAM을 냉각시키기도 한다.

3. 논리적 데이터 수집

논리적 데이터는 사용자나 애플리케이션이 다루는 데이터의 추상적인 표현이다. 콘텐츠, 파일, 볼륨[117] 계층이 논리적 데이터 수집 기술의 대상이 된다. FDE나 FBE와 같은 암호화 기술의 보급화, 기억장치의 대용량화, 선별압수 이슈 등으로 실무에서는 '물리적 데이터 수집' 기술만큼 '논리적 데이터 수집' 기술도 널리 사용되고 있다.

(1) 논리 이미징

논리 이미징(Logical Imaging)이란 특정 파일, 폴더, 파티션 또는 조사자가 선택한 데이터의 복사본을 생성하는 방법을 의미한다. 논리 이미징은 물리 이미징과는 달리 저장장치의 전체 내용을 비트 단위로 복사하는 것이 아니라, 파일 시스템 수준에서 필요한 데이터만 선별하여 추출한다.[118] 논리 이미징의 주요 특징은 다음과 같다.

- **선택적 데이터 복사**: 논리 이미징은 조사자가 지정한 파일, 폴더 또는 특정 데이터만 추출하므로, 전체 디스크 이미지를 생성하는

---

[117] 일반적으로 볼륨은 하나의 기억장치에 연속된 데이터로 저장되어있고 전체 용량에서 차지하는 비율이 크다. 따라서 물리적 데이터 수집 기술을 사용하되, 특정 주소 범위에 해당하는 데이터만 수집함으로써 목적을 달성할 수 있어 볼륨 수집을 물리적 데이터 수집의 일환으로 바라보는 관점도 있다. 하지만 7장에서 살펴본 바와 같이 볼륨도 디지털 데이터를 논리적으로 해석함으로써 접근할 수 있는 영역이므로 볼륨 수집 기술은 논리적 데이터 수집에 가깝다고 볼 수 있다.

[118] 필요한 데이터만 선별하는 과정에서 디지털 포렌식 검색 기술이 활용된다.

것보다 빠르다. 또한, 필요한 데이터만 복사하므로 저장 공간 절약 효과가 있다.
- **파일 시스템 수준에서의 복사**: 논리 이미징은 파일 시스템에 대한 정보를 사용하여 파일과 폴더를 추출한다. 따라서 일반적인 '파일 복사'와는 다르게 파일 이름, 수정 날짜, 속성 등의 메타데이터가 유지된다.
- **무결성 유지**: 파일을 복사하기 전에 체크섬 또는 해시값을 계산하여 기록함으로써 원본 파일과 복사본의 일치성을 검증한다.

논리 이미징은 파일 시스템에 존재하는 파일과 폴더만 추출 및 복사한다. 삭제된 파일이나 사용되지 않는 디스크 공간에 포함된 데이터는 복사되지 않으므로 일부 정보가 누락될 수 있다는 한계가 있다. 특히 의도적으로 흔적을 은닉하거나 삭제하는 안티포렌식 기술에 취약하다는 단점이 있다.

논리 이미징도 다양한 이미지 파일 형식이 있다. 주요 논리 이미지 파일 형식은 다음과 같다.

- **EWF(Expert Witness Format, L01, Lx01)**: 디지털 포렌식 도구인 EnCase를 개발한 Guidance Software에서 제시한 논리 이미지 파일 형식이다. 물리 이미징에서 활용되는 E01, Ex01과 유사하게 압축과 분할, 암호화 기능을 제공하고 자체적으로 이미지와 관련된 정보를 메타데이터로 저장할 수 있다.
- **AD1(AccessData Forensic Toolkit Image)**: AccessData의 FTK Imager라는 컴퓨터 포렌식 도구에서 사용되는 논리 이미지 파일 형식이다.

마찬가지로 압축, 분할, 암호화 기능을 제공한다.

(2) 원격 수집

원격 수집(Remote Collection)은 원격지에 있는 컴퓨터나 네트워크 장비로부터 논리적 데이터를 수집하는 과정을 의미한다. 기존의 현장에서 직접 데이터를 수집하는 방식과는 달리, 인터넷이나 기타 네트워크 연결을 통해 원격으로 데이터를 추출한다. 예로, 클라우드 시스템을 수집과 NAS에 저장된 파일을 수집이 있다. 웹브라우저를 통해 특정 사이트를 접속하여 서버에 저장되어 있는 html 파일과 관련 리소스를 수집하거나 조사 대상자의 계정 정보를 통해 이메일 서버에 접속하여 eml 파일을 수집하는 것도 원격 수집에 해당된다.

원격 시스템에 접속하기 위해서는 접근 권한을 사전에 확보해야 한다. 권한 보유자의 협조를 받거나 크리덴셜(Credential)[119]을 확보하는 등의 방식을 고려할 수 있다. 해킹을 통해 조사 대상자의 컴퓨터나 스마트폰에 침입하여 증거를 찾아 수집하는 기술도 활용할 수 있다.[120]

원격 수집은 기술적·지리적 제약으로 인해 직접 대상 시스템에 접근할 수 없을 경우에도 활용할 수 있다는 장점이 있다. 그러나 네트워크

---

[119] 사용자의 신원을 확인하고 인증하는데 사용되는 일련의 정보를 의미한다.
[120] 수사기관 관점에서는 '온라인 수색'의 일환으로 볼 수 있다. 온라인 수색이란 국가기관이 해킹을 통해 조사 대상자의 의사와 관계없이 정보시스템에 침입하여 증거를 수집하는 수사기법이다.

특히 인터넷을 통해 수집할 때에는 조사자가 통신 경로를 통제할 수 없으므로 데이터의 무결성에 문제가 발생할 수 있다. 또한 원격지 시스템의 가용성에 문제가 있을 경우 온전한 데이터를 전달 받을 수 없다는 단점이 있다.

CHAPTER 12
Analysis

1 아티팩트
2 과학적 분석 방법

디지털 포렌식 분석 기술은 디지털 증거 출처(SDE) 혹은 디지털 증거 후보군(DEC)을 분석하여 과거에 발생했던 이벤트들을 추적함으로써 실체적 진실을 확인하는 기술이다. 본 장에서는 디지털 포렌식 분석에 필요한 '아티팩트'의 개념과 특징, 생성 원리를 파악하는 방법 등을 살펴보고 아티팩트에 기반한 과학적 분석 방법에 대해 살펴본다.

1. 아티팩트

아티팩트(Artifact)는 과거에 발생하였던 이벤트를 추적할 수 있는 데이터 혹은 정보를 의미한다. 이벤트의 종류가 다양한 만큼, 해당 이벤트를 설명하는 근거로 활용되는 아티팩트의 형태와 유형 또한 매우 다양하다. 일반적으로 아티팩트는 *SDE*의 콘텐츠 계층(정보)과 콘텐츠를 담고 있는 파일 계층(데이터)의 요소들을 모두 지칭하는 용어로 사용되고 있다. 그러나 실질적으로 파일 그 자체가 아니라 파일이 담고 있는 콘텐츠가 이벤트를 설명하는 데 사용되므로 본 절에서는 아티팩트를 콘텐츠 계층의 관점에서 바라보겠다.

7장에서 살펴보았던 것과 같이 콘텐츠는 컴퓨터에 저장된 콘텐츠(CSC)와 컴퓨터에 의해 생성된 콘텐츠(CGC)로 구분할 수 있다. CSC에 해당하는 아티팩트들은 사건마다 크게 상이한 반면, CGC에 해당하는 아티팩트들은 여러 사건에서 공통적으로 사용되곤 한다. 이는 CGC가 사용자의 의도와 관계 없이 일정한 조건에서 운영체제나 애플리케이션에 의해 자동적으로 생성되기 때문이다. 이러한 이유로 디지털 포렌식에서 중점적으로 다루는 아티팩트들은 대부분 CGC에 해당한다.

이벤트를 설명하는 근거로 활용된다는 점에서 아티팩트를 디지털 증거로 간주하여 두 용어를 혼용하는 경우가 있으나 두 개념은 엄연히 다르다. 아티팩트는 디지털 포렌식 조사 과정에서 수집되고 분석되는 반면, 디지털 증거는 법적 절차에서 사용되는 개념이다. 즉, 아티팩트 중에서도 증거능력과 증명력을 인정받아 법적 절차에서 활용되는 아티팩트가 디지털 증거에 해당하는 것이다.

디지털 포렌식에서 아티팩트를 활용하려면 애플리케이션의 종류별로 어떤 아티팩트가 생성되는지, 해당 아티팩트가 어떠한 원리로 생성되는지, 또한 분석함으로써 추적할 수 있는 이벤트가 무엇인지에 대한 사전 지식이 있어야 한다. 이러한 사전 지식은 아티팩트 특징에 대한 이해를 바탕으로 아티팩트 연구를 수행함으로써 축적할 수 있다.

(1) 아티팩트 특징

아티팩트는 이벤트의 근거로 활용되므로 '7장 2절 이벤트'에서 살펴본 이벤트와 *SDE* 관계의 특성(로카르드 교환법칙 성립, 일관성, 순차성, 비단사함수 성질)과도 밀접한 관련이 있다. 이 외에 아티팩트를 발굴하거나 연구할 때 염두에 두어야 할 아티팩트의 특성들은 다음과 같다.

- 시스템의 작동, 사용자의 활동, 감지센서 동작과 같은 이벤트들이 아티팩트를 기록하게 하는 요인일지라도 대부분의 경우 최종적으로 아티팩트를 기억장치에 기록하는 것은 소프트웨어이다. 즉, 아티팩트의 의미를 파악하려면 일차적으로 해당 아티팩트를 생성하는 소프트웨어의 동작 방식을 파악해야 한다.
- 아티팩트는 소프트웨어가 미리 정의해 놓은 '특정 조건'을 만족할 때 생성된다. 이 때 '특정 조건'을 만드는 요인은 하나 이상일 수 있다. 예로, 특정 실행파일 A.exe를 동작시키는 방법은 사용자가 직접 실행하는 방식과 타 서비스를 이용하여 실행시키는 방식이 있는데, 실행 흔적을 기록하는 아티팩트에는 A.exe가 동작되었다는 사실만 기록되곤 한다.
- 아티팩트는 소프트웨어에 의해서 생성되므로 비의도적 결과물(Unintended Consequence)일 수 있다. 요구사항 분석, 설계, 구현 등의 단계에서 본래의 의도와는 다르게 동작하는 소프트웨어가 개발될 수 있다. 소프트웨어가 의도대로 개발되었다 하더라도 복잡한 시스템에서는 예상치 못한 버그나 문제가 발생할 수 있다. 또 시스템 환경에 따라 기존에 개발된 대로 동작하던 소프트웨어가 예상과는 다른 결과물을 산출할 수도 있다.

- 다수의 소프트웨어가 하나의 아티팩트에 영향을 미칠 수 있다. 이 경우 다수의 소프트웨어를 분석해야 아티팩트의 생성 원리를 파악할 수 있다.
- 일반적으로 아티팩트는 무제한 저장이 보장되지 않는다. 저장 공간이 한정적이므로 무제한 저장은 물리적으로 불가능하다. 또한, 조직의 데이터 관리 정책이나 법적 요건에 의해 주기적으로 삭제되기도 한다.
- 단일 아티팩트를 분석함으로써 얻는 정보는 한정적일 수 있다. 따라서 디지털 포렌식 조사를 수행할 때에는 조사 대상 시스템과 애플리케이션, 수집 가능한 아티팩트들을 종합적으로 분석해야 한다.
- 사용자의 행위 혹은 시스템의 동작이 어떠한 아티팩트를 생성하는지를 확인하는 가장 이상적인 방법은 이벤트가 발생했던 환경(기기, 운영체제, 애플리케이션, 네트워크 환경 등)을 완전하게 재현하여 실험하는 것이다. 다만, 현실적으로 과거의 환경을 온전히 재현하는 것이 불가능한 경우가 많으므로 대부분 가장 유사한 환경을 구축하여 실험하는 방식을 활용한다.

(2) 아티팩트 연구

아티팩트 연구는 연구의 목적과 초점이 어떤 상황에 맞추어져 있는지에 따라 선제적 연구(proactive research)와 반응적 연구(reactive research)로 구분할 수 있다. 선제적 연구는 미래의 이슈나 문제를 예측하고 이를 미리 준비하거나 방지하기 위해 시작된다. 대표적으로 잠재적인 사이버 위협과 범죄를 예상하고 그들이 발생하기 전에 준비하는 과정을 말한다. 반응적 연구는 특정 사건이나 현상이 발생한 후에 그에 따른 결과나 변화를 분석함으로써 대응방안을 수립하는 목적으로 한다. 사건이나 현상이 발생했던 시스템을 직접 분석하거나 해당 시스템과 유사한 환경을 구축하여 연구를 수행한다.

앞서 아티팩트 특징에서 설명한 바와 같이 아티팩트를 생성하는 실질적 주체는 소프트웨어이므로 아티팩트 연구는 1차적으로 해당 소프트웨어 자체에 대한 분석이 선행되어야 한다. 제작사 혹은 개발사에서 공개한 공식 문서를 참조하거나 소프트웨어를 역공학함으로써 아티팩트의 생성 원리를 파악할 수 있다. 공개된 문서가 없거나 역공학이 불가능한 경우, 즉 조사관이 직접 생성 원리를 파악할 수 없는 경우에는 제작사 혹은 개발사의 도움을 받거나, 반복적인 인풋-아웃풋 실험을 통해 간접적으로 확인할 수 있다.

다음으로, 1차적으로 파악한 아티팩트의 생성 원리를 참조하여 이벤트와 아티팩트와의 관계를 파악하는 연구를 수행한다. 파일 생성/수정/삭제, 프로그램 설치 및 실행, 로그인 및 로그아웃, 네트워크 연결, 이메일 송수신 등 시스템에서 발생한 특정 행동 혹은 활동의 결과가 어떤 아티팩트로 기록되는지에 대해 확인하는 과정에 해당한다. 이 때 앞서 살펴본 아티팩트의 특징들을 고려하여 연구를 수행해야 실용성 높

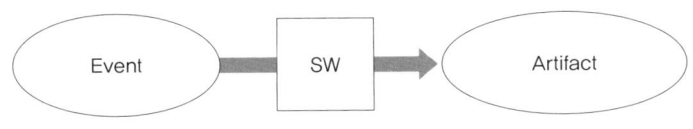

〈그림 12-1〉 이벤트와 아티팩트의 관계

은 연구 결과를 얻을 수 있다. 아티팩트와 이벤트 간의 관계는 '과학적 분석 방법'에 기반하여 확인해야 하는데, 이에 대해서는 2절 과학적 분석 방법에서 다룬다.

(3) 아티팩트 종류

디지털 포렌식 조사 목적과 대상이 다양한 만큼 아티팩트의 유형도 매우 다양하다. 각 아티팩트의 유형을 지칭할 때 '아티팩트' 단어 앞에 아티팩트의 출처를 붙인 복합어를 사용하곤 한다. 예로 파일 시스템 아티팩트, 메모리 아티팩트, 이메일 아티팩트, 웹브라우저 아티팩트 등이 있다. 아티팩트를 유형화하는 이유는 아티팩트에 대한 지식을 조직화하고 관리함으로써 디지털 포렌식 조사 과정에서 아티팩트 분석 기술을 적절하게 활용할 수 있기 때문이다. 아티팩트에 대한 지식은 디지털 포렌식 전문성의 핵심적인 부분이다. 따라서 조사자 혹은 기관들은 아티팩트 관련 지식을 자체적으로 관리하고 업데이트함으로써 디지털 포렌식 역량을 지속적으로 강화하곤 한다.

〈표 12-1〉과 〈표 12-2〉는 연구가 상당 부분 진행되어 실무에서 활용되고 있는 주요 아티팩트들을 간단히 정리한 것이다. 각각의 개별 아티팩트가 하나의 연구 주제가 될 수 있을 정도로 그 내용이 방대하므로 본 교재에서는 각 아티팩트에 대한 상세 설명은 생략하겠다. 참고로 아티팩트를 분석하여 얻을 수 있는 정보와 관련 이벤트들은 운영체제나 애플리케이션의 버전에 따라 상이할 수 있으며, 버전 업데이트가 되면 아티팩트와 관련된 이벤트 또한 변경될 수 있다는 점을 유의해야 한다.

〈표 12-1〉 주요 파일 시스템 아티팩트

파일시스템	아티팩트명	설명	관련 이벤트
NTFS	MFT(Master File Table)	NTFS 파일 시스템의 핵심이며, 모든 파일과 디렉토리에 대한 메타데이터를 포함하는 데이터베이스	파일 또는 디렉토리의 생성, 수정, 이동, 삭제 등
	USN Journal(Update Sequence Number Journal)	NTFS 볼륨의 모든 변경 사항을 추적하는 로그 파일	파일 또는 디렉토리의 생성, 수정, 이동, 삭제
	$Logfile	NTFS 볼륨에서 발생한 모든 트랜잭션을 추적하는 로그 파일	파일 또는 디렉토리의 생성, 수정, 이동, 삭제, 시스템 충돌 또는 전원 중단
EXT4	Inode	파일 시스템의 모든 파일과 디렉토리에 대한 메타데이터를 포함하는 데이터 구조	파일 또는 디렉토리의 생성, 수정, 이동, 삭제
	Directory Entries	디렉토리에 속한 파일들과 하위 디렉토리들의 리스트와 그에 대한 메타데이터	파일 또는 디렉토리의 생성, 이동, 삭제
	Journal	파일 시스템에서 발생하는 모든 트랜잭션을 추적하는 로그 파일	파일 또는 디렉토리의 생성, 수정, 이동, 삭제, 시스템 충돌 또는 전원 중단
APFS	FileSystem Tree	APFS 볼륨 내의 모든 파일과 디렉토리에 대한 메타데이터를 저장하고 있는 B-tree 구조	파일 또는 디렉토리의 생성, 수정, 이동, 삭제
	Snapshots	특정 시점의 파일 시스템 상태 저장	스냅샷 생성, 수정, 삭제

〈표 12-2〉 주요 운영체제 아티팩트

운영체제	아티팩트명	설명	관련 이벤트
Windows	Registry	Windows OS의 설정과 정보를 저장하는 데이터베이스로 사용자 활동, 설치된 소프트웨어, 네트워크 연결 등의 정보를 포함	소프트웨어 설치/제거, 사용자 활동, 시스템 설정 변경 등
	Event Logs	시스템, 보안, 응용 프로그램 등과 관련된 로그 정보를 저장	시스템 이벤트, 보안 이벤트, 응용 프로그램 이벤트

운영체제	아티팩트명	설명	관련 이벤트
Windows	Prefetch Files	프로그램 로딩을 가속화하기 위해 Windows가 생성하는 파일로 실행한 프로그램에 대한 정보를 포함	프로그램 실행, 프로그램이 접근한 파일 등
	LNK Files	파일이나 프로그램에 대한 바로가기로 대상에 대한 정보와 마지막으로 열린 시간 등을 포함	바로가기 생성/사용, 대상 파일 혹은 폴더 접근 등
	Pagefile.sys	가상 메모리로 사용되는 파일	프로그램 실행, 사용자의 활동 등
	Recycle Bin	사용자가 삭제한 파일이 일시적으로 저장되는 장소	파일 삭제
MacOS	Sysdiagnose	시스템의 전반적인 진단 정보(시스템 로그, 설정, 상태 등) 저장	시스템의 오류, 성능 저하 등
	Unified Log	macOS 10.12 Sierra부터 도입된 로그 시스템으로 시스템 및 앱 로그 정보 저장	프로그램 실행 등
	bash_history	bash 셸에서 사용자가 실행한 명령어 기록	명령어 실행
	.DS_Store	디렉토리에 대한 사용자별 설정 정보를 저장하는 파일	디렉토리 내 파일/폴더 생성, 삭제, 이동 등
	Trash(.Trash)	사용자가 삭제한 파일이 일시적으로 저장되는 장소	파일 삭제
	Recent Items	사용자가 최근에 사용한 파일, 앱, 서버 등의 목록	파일 열람, 앱 실행 등

2. 과학적 분석 방법

디지털 포렌식에서 과학적 분석이 필요한 이유는 다음과 같다.

- 데이터를 정확하고 신뢰성 있는 방식으로 해석함으로써 정확성과 신뢰성을 보장한다.
- 과정을 명확하게 정의하고 기록함으로써 동일한 실험을 반복하여

같은 결과를 얻을 수 있다. 이러한 재현성은 증거의 타당성을 입증하는데 큰 도움을 준다.
- 절차와 결과를 표준화함으로써 일관성을 유지할 수 있다. 이는 서로 다른 조사자나 기관이 동일한 방식으로 데이터를 해석하고 결과를 비교할 수 있도록 한다.
- 데이터를 객관적으로 관찰하고 해석함으로써 조사자의 편견이나 선입견이 결과에 영향을 미치는 것을 최소화 한다.

(1) 과학적 분석 방법론

일반적으로 과학적 분석 방법론은 문제 정의, 배경 연구, 가설 설정, 실험 설계, 데이터 수집 및 분석, 결론 해석 및 도출 등의 과정을 포함한다. 각 단계에 대한 간략한 설명은 다음과 같다.

- **문제 정의**: 관찰하고자 하는 현상이나 이해하고자 하는 문제를 명확히 정의한다. 연구하고자 하는 분야에 대한 문제나 필요성을 명확히 정의하고 연구 목표를 설정하는 것이 포함된다.
- **배경 연구**: 해당 분야의 기존 연구와 기술을 검토한다. 이미 개발된 기술의 한계를 파악하고, 새로운 기술 개발의 방향 설정에 도움이 된다.
- **가설 설정**: 해결하고자 하는 문제에 대한 잠재적인 설명을 제안한다. 가설은 검증 및 반증이 가능해야 한다.
- **실험 설계**: 가설을 테스트하기 위한 실험을 설계한다. 어떤 데이터를 수집할 것인지, 어떻게 수집할 것인지, 어떤 조건에서 실험을

수행할 것인지를 결정한다.
- **데이터 수집 및 분석**: 설계한 실험을 수행하고 결과 데이터를 수집한다.
- **결과 해석 및 결론 도출**: 분석된 결과를 바탕으로 가설이 옳은지 판단하고 그 의미를 도출한다.

앞서 살펴본 과학적 분석 방법론을 디지털 포렌식 케이스에 적용해 보겠다.

- **문제 정의**: 특정 컴퓨터에서 악성 활동의 증거를 찾는 것을 문제로 정의한다.
- **배경 연구**: 컴퓨터 시스템의 작동 방식과 알려진 악성 코드의 행동에 대한 이해를 바탕으로 배경 연구를 수행한다.
- **가설 설정**: "사용자는 악성 이메일 첨부 파일을 실행했을 것"이라는 가설을 설정한다.
- **실험 설계**: 해당 컴퓨터에서 증거를 찾기 위해 어떤 아티팩트를 수집할 것인지, 어떻게 분석할 것인지 결정한다.
- **데이터 수집 및 분석**: 디지털 포렌식 식별, 복구, 검색, 수집 기술 등을 활용하여 아티팩트를 수집하고 분석한다. 분석 과정에서는 악성 코드의 존재, 악성 활동의 흔적, 공격자가 시스템에서 수행한 행동 등을 확인한다.
- **결과 해석 및 결론 도출**: 분석 결과를 바탕으로 가설을 검증한다. 예를 들어, 이메일 첨부 파일에서 악성 코드를 발견하면 가설이 옳았다고 판단할 수 있다.

'사용자는 악성 이메일 첨부 파일을 실행했을 것'이라는 가설은 이메일 아티팩트에 기반하여 확인된 '악성 코드가 첨부된 이메일 수신'과 운영체제 아티팩트에 기반하여 확인된 '악성 코드 실행' 등의 이벤트가 어느 정도 가설의 성립 요건을 충족하는가에 따라 채택될 수도 기각될 수도 있다. 아티팩트에 의해 가설을 뒷받침해줄 수 있는 이벤트가 명확하게 설명되고, 해당 아티팩트들이 시스템에 온전히 남아있다면 가설이 옳았다고 쉽게 판단할 수 있을 것이다. 그러나 아티팩트의 특징에서 살펴보았듯이, 이벤트를 명확하게 설명할 수 있는 아티팩트가 존재하지 않거나 혹은 있더라도 과거 이벤트가 발생했다는 명확한 근거로 확신하기 어려운 경우가 많다.

이처럼 디지털 포렌식 분석 기술은 제한된 정보에 기반하여 아티팩트와 이벤트의 관계, 그리고 아티팩트에 근거하여 추정한 이벤트들 간의 상관관계 및 인과관계를 파악해야 한다는 어려움이 있다. 분석 기술을 연구·개발하는 과정에서 타 디지털 포렌식 기술들(식별, 복구, 검색, 수집 등)에 비해 상대적으로 과학적 접근의 중요성이 강조되는 이유이다.

(2) 과학적 추론

과학적 추론의 유형으로 연역적 추론(deductive reasoning), 귀납적 추론(inductive reasoning), 귀추적 추론(abductive reasoning)이 있다. 각 추론은 아티팩트를 통해 이벤트를 추정할 때, 혹은 이벤트 간의 관계를 파악할 때 활용된다. 하나의 추론 방법으로 해결이 가능한 사건이 있는 반면,

두 가지 혹은 세가지 추론 방법을 복합적으로 사용해야 해결할 수 있는 복잡한 사건들도 존재한다.

1) 연역법

연역적 추론 혹은 연역법은 일반적인 이론이나 원칙으로부터 구체적인 결론을 도출하는 과정 혹은 방법을 의미한다. 이미 알려진 전제들에서 출발하여 그 전제들이 참이라면 반드시 참인 결론을 도출할 수 있다. 디지털 포렌식에서는 이미 확인된 사실이나 규칙이 '알려진 전제'에 해당한다. 예로 알려진 악성 코드의 특성이 주어진 시스템에서 발견된다면 해당 악성 코드로부터 공격을 당한 시스템이라는 결론을 도출할 수 있다.

연역법은 매우 강력한 논리적 추론 방법이지만 디지털 포렌식에 적용할 때에는 몇 가지 제한 사항들을 고려해야 한다.

- 전제가 참이라는 가정에 기반하므로, 전제가 틀렸다면 아무리 논리적인 연역이라 해도 결론이 틀릴 수 밖에 없다. 참인 전제를 할 수 있는 경우에만 예로 조사 대상이 일정한 패턴을 띄고 있거나 생성 원리가 파악된 아티팩트이고 해당 아티팩트가 시스템으로부터 온전하게 수집이 가능한 경우에만 원하는 결과를 도출할 수 있다.
- 이미 알려진 정보에서 도출하는 것이므로 새로운 정보나 지식을 이끌어내지는 못한다. 완전히 새로운 혹은 메이저 업데이트(major update)된 파일 시스템이나 운영체제, 애플리케이션을 분석할 때에 연역법은 한계가 있다.
- 디지털 포렌식에서 다루는 데이터들은 복잡하고 불확실성을 가지

고 있기 때문에 연역법으로 완전히 이해하거나 설명하기 어려운 경우가 많다.

따라서 연역법은 CGC에 해당하는, 그 중에서도 생성 원리를 명확하게 파악할 수 있는[121] 아티팩트에 근거한 디지털 포렌식 분석에 활용할 수 있다.

2) 귀납법

귀납적 추론 혹은 귀납법은 관찰된 특정 사례들로부터 일반적인 원칙이나 법칙을 도출하는 과정 혹은 방법을 의미한다. 이 방법은 일련의 관찰 결과에서 공통적인 패턴을 찾아내고, 그 패턴을 일반화하는 과정을 포함한다. 귀납적 접근을 통해 디지털 포렌식 조사자는 반복적인 실험 혹은 다양한 사례로부터 이벤트를 추론할 수 있다. 예를 들어, 여러 공격 사례에서 동일한 IP 주소가 발견되었다면 해당 IP가 악의적 활동과 연관되어 있음을 추론할 수 있다.

귀납법은 다음과 같은 몇 가지 문제점을 가지고 있다.

- 관찰되지 않은 예외가 발견될 경우 기존에 도출했던 일반적인 결론이 잘못된 것으로 입증될 수 있다.
- 관찰된 사례가 표본(sample)에 해당되므로 표본 자체가 편향되어 있는 경우 잘못된 결론을 도출할 수 있다.

---

[121] 아티팩트를 생성하는 소프트웨어의 소스코드를 분석할 수 있거나 조사 대상 시스템과 완벽히 동일한 환경에서 재현 가능한 경우 등 엄격한 기준이 적용되어야 한다.

- 일반적 패턴이나 규칙을 도출하는 데 사용되는 통계적 분석이나 머신러닝에서 오탐[122](false positive)과 미탐[123](false negative)의 가능성이 있다.

위와 같은 문제에도 불구하고, 귀납법은 디지털 포렌식 조사 과정에서 발견할 수 있는 다양한 정보들과 반복적 실험 혹은 경험에 기반하여 추론한다는 점에서 합리적이다. 연역적 접근이 불가능한 아티팩트, 즉 명확한 규칙성이 없거나 생성 원리가 파악되지 않은 *CGC* 혹은 *CSC*에 해당하는 아티팩트들을 분석할 경우 귀납법을 활용하는 것이 적절하다.

3) 귀추법

귀추적 추론 혹은 귀추법은 주어진 사실로부터 가장 가능성이 높은 설명을 찾아내는 과정이다. 주어진 정보가 불완전할 경우 고려할 수 있는 접근법이다. 디지털 포렌식 분석 시 한정적인 아티팩트에 기반하여 가장 합리적인 시나리오를 만드는 과정이 귀추법에 해당된다.

조사자들이 과거 이벤트를 설명할 수 있는 아티팩트들을 일부만 수집할 수 있거나 아예 수집을 할 수 없는 경우가 빈번하기 때문에 귀추법이 자주 사용되곤 한다. 귀추법을 사용할 때에는 반드시 아래 사항을 주의해야 한다.

---

122 실제로는 음성인데 검사 결과는 양성이라고 나오는 것을 의미한다. 예로 악성코드 탐지 프로그램이 실제로는 정상인 프로그램을 악성으로 판단한다면 이것을 오탐이라고 한다. 거짓 양성 또는 1종 오류(type I error)라고도 한다.

123 실제로는 양성인데 검사 결과는 음성이라고 나오는 것을 의미한다. 예로 악성코드 탐지 프로그램이 실제 악성 프로그램을 정상으로 판단하여 탐지하지 못한다면, 이것을 미탐이라고 한다. 거짓 음성 또는 2종 오류(type II error)라고도 한다.

- 귀추법은 조사자의 기존 가설이나 선입견을 확증하는 방향으로 결과를 도출하게 만들 수 있다. 이를 확증 편향(혹은 확인 편향, Confirmation bias)이라 하며 이로 인해 다른 가능한 해석을 간과하여 편협한 결정을 내릴 수 있다.
- 동일한 데이터나 관찰 결과를 다르게 해석하는 여러 가설이 존재할 수 있다. 따라서 귀추법만으로는 어떤 가설이 정답인지 확실하게 판단할 수 없다.

즉 귀추법은 가설을 생성하고 초기의 설명을 찾는 데 유용하지만, 추가적인 실험이나 연구, 검증 과정이 필요하다는 점을 항상 염두에 두어야 한다. 그리고 이 과정에서는 연역법이나 귀납법과 같은 다른 추론 방법들이 사용될 수 있다.

불법촬영물 관련 사건 조사를 예로 들어보겠다. 조사자가 용의자 PC의 웹 브라우저 기록을 확인한 결과, 특정 웹 사이트를 주기적으로 방문했던 것이 발견되었다. 조사자는 해당 사이트에서 불법촬영물들이 공유되고 있다는 사실도 확인하였다. 용의자 PC의 파일들을 상세 분석한 결과 해당 사이트에 게시된 불법촬영물과 유사한 내용의 비디오 파일이 발견되었는데, 해당 파일의 생성 시간은 사이트 게시 시간보다 앞선 것으로 파악하였다. 이런 정보들을 바탕으로 조사자는 용의자가 위법성을 해당 사이트에 유포했을 가능성을 귀추적 접근으로 추론할 수 있다. 조사자는 도출된 가설을 검증하기 위해 필요한 추가 데이터 수집 혹은 실험의 가능 여부를 판단하여 추후 조사 절차를 수립한다.

(3) 데이터 분석

추론이 올바른 것인지를 검증하는 기술적 측면에서의 분석 방법은 다양하다. 〈표 12-3〉은 추론 방법에 따른 데이터 분석 기법을 나타낸 것이다.

〈표 12-3〉 추론 방법에 따른 데이터 분석 기법

추론방법	데이터 분석 기법	활용 예
연역법	통계적 분석, 패턴 인식	패턴 인식을 통한 일반적인 규칙 도출, 분류 문제 해결
귀납법	통계적 분석, 패턴 인식, 머신러닝, 로직 분석	데이터 일관성 확인, 가설 검증
귀추법	통계적 모델링, 패턴 인식, 베이지안 추론	가장 가능성이 높은 가설 선정, 불확실성 하에서의 결정

〈표 12-3〉은 데이터 분석 기법의 일반적인 사용 예를 제공하는 것이다. 실제 데이터 분석을 수행할 때에는 특정 데이터 분석 기법이 한 가지 추론 방법에만 국한되지 않고 여러 추론 방법에 사용될 수 있다. 사용되는 분석 기법은 문제 유형이나 분석의 목적, 데이터의 종류와 크기에 따라 달라질 수 있다. 또한, 데이터 분석 기법들은 상호 보완적인 관계가 있어 하나의 기법만을 사용하기보다는 다수의 기법을 결합하여 사용하는 경우가 많다는 점도 유의해야 한다. 아래는 각 데이터 분석 기법에 대한 간략한 소개이다.

- **통계적 분석**: 평균, 중앙값, 범위, 표준편차 등의 기초 통계치를 계산하거나 t-검정, 카이제곱 검정, ANOVA 등의 통계적 검정을 수행한다.

- **패턴 인식**: 데이터 내의 패턴을 찾아내고 이해하는 것을 목표로 한다. 특성[124] 추출, 분류, 군집화 등이 포함된다. 추출한 특성 혹은 패턴이 주어진 데이터에서 확인할 수 있는지 비교 분석한다.
- **머신러닝**: 데이터를 통해 학습하고 예측하는 알고리즘의 집합이다. 머신러닝은 지도 학습, 비지도 학습, 강화 학습 등으로 구분할 수 있다.
- **로직 분석**: 데이터나 시스템의 로직을 분석하여 원인과 결과를 연결하는 과정을 의미한다.
- **통계적 모델링**: 통계적 방법을 사용하여 실제 세계의 복잡한 현상을 단순화한 모델을 만드는 과정이다. 패턴 분석이나 예측, 추정 등의 목적으로 활용된다.
- **베이지안 추론**: 주어진 데이터나 사건에 대한 확률을 계산하여 가장 가능성이 높은 결과를 예측하는 방법이다. 사건이 발생하기 전에 이미 알고 있는 정보를 바탕으로 해당 사건의 확률을 추정하는 사전 확률(prior probability)이라는 개념을 사용한다. 사전 확률을 바탕으로 새로운 데이터가 주어졌을 때 사후 확률(posterior probability)을 계산한다.

---

[124] 디지털 포렌식에서는 데이터의 해시나 시그니처가 특성으로 빈번하게 사용된다.

CHAPTER 13
Tool

1 NIST CFTT
2 NIST CFReDS
3 SWGDE 요구사항
4 TTA 표준
5 소결

　디지털 포렌식 도구는 디지털 포렌식 식별, 복구, 검색, 수집, 분석 등 디지털 포렌식에 필요한 기술을 지원하는 하드웨어 혹은 소프트웨어를 의미한다. 디지털 포렌식 도구는 수작업으로 수행되는 많은 과정들을 자동화함으로써 시간을 크게 줄일 수 있다. 또한, 방대한 양의 이종 데이터를 동시 다발적으로 처리할 수 있어 조사 시 필수적으로 사용되고 있다.

　디지털 포렌식 분야에는 다양한 종류의 도구들이 개발되어 왔다. 단일 아티팩트를 수집 및 분석하는 도구와 여러 기능이 하나의 패키지로 제공되는 통합 도구, 디지털 포렌식 조사만을 위해 제작된 하드웨어 도구 등이 있다. 디지털 포렌식 도구는 그 종류가 매우 다양한데,[125] 〈표 13-1〉은 실무에서 자주 사용되는 주요 도구 일부를 정리한 것이다.

---

[125] 디지털 포렌식 도구의 종류가 매우 다양하여 도구 목록을 만드는 프로젝트도 존재한다(예. NIST의 Computer Forensics Tools & Techniques Catalog https://toolcatalog.nist.gov/). 조사관 개인이 혹은 조직에서 자체적으로 도구를 개발하는 경우도 많아 모든 디지털 포렌식 도구를 정리하는 것은 불가능하다는 점을 유의해야 한다.

〈표 13-1〉 주요 디지털 포렌식 도구

도구명	제작자	라이센스	설명	지원 기술
EnCase	OpenText	상용	전세계적으로 가장 널리 알려진 디지털 포렌식 도구로 디스크 이미징, 파일 복구, 아티팩트 분석 등 다양한 기술을 제공하는 통합 디지털 포렌식 도구	식별, 복구, 검색, 수집, 분석
X-Ways Forensics	X-Ways Software Technology AG	상용	EnCase와 함께 널리 사용되는 도구로 상대적으로 프로그램이 가볍고 처리 속도가 빠르다는 특징이 있는 통합 디지털 포렌식 도구	식별, 복구, 검색, 수집, 분석
AXIOM	Magnet Forensics	상용	사용자 친화적인 인터페이스와 함께 고급 분석 기능도 제공하는 통합 디지털 포렌식 도구로 지속적인 업데이트로 최신 기술 활용이 용이	식별, 복구, 검색, 수집, 분석
MD	GMD SOFT	상용	모바일 디바이스 대상 증거 수집 및 분석에 특화된 디지털 포렌식 도구	식별, 복구, 검색, 수집, 분석
UFED	Cellebrite	상용	모바일 디바이스 대상 증거 수집 및 분석에 특화된 디지털 포렌식 도구	식별, 복구, 검색, 수집, 분석
R-Studio	R-tools Technology Inc.	상용	데이터 복구 기능과 함께 헥스 에디팅, RAID 재구성, 디스크 이미징 등 다양한 기능 제공	식별, 복구, 검색, 수집
Autopsy	BasisTech	오픈소스	The Sleuth Kit에 기반하여 개발된 오픈소스 디지털 포렌식 플랫폼으로 GUI 제공, 다양한 디지털 포렌식 기술을 패키지로 제공	식별, 복구, 검색, 수집, 분석
The Sleuth kit	BasisTech	오픈소스	주요 파일 시스템을 분석하고 복구하는 기능을 제공하는 CLI 도구	식별, 복구
Volatility	Volatility Foundation	오픈소스	메모리 덤프를 분석하는 CLI 도구	식별, 복구, 검색, 분석
FTK Imager	Exterro	프리웨어	디스크 이미징 기능과 함께 선별 수집, 파일시스템 기반 복구 기능 등을 제공	식별, 복구, 수집
Registry Explorer	Eric Zimmerman	프리웨어	Windows 레지스트리 분석 기능 제공	식별, 복구
Log Tracker	Junghoon Oh	프리웨어	NTFS의 $LogFile과 $UsnJrnl 분석 기능 제공	식별, 복구, 검색, 분석

디지털 포렌식 도구의 라이센스는 크게 상용, 프리웨어, 오픈소스로 구분할 수 있다. 프리웨어는 사용자가 비용을 지불하지 않고 소프트웨어를 사용할 수 있도록 허용하는 라이선스를 가진 소프트웨어를 의미한다. 누구나 사용할 수 있다는 점에서 오픈소스와 유사하지만 프리웨어 소프트웨어는 소스 코드는 공개되지 않아 사용자가 해당 소프트웨어를 수정하는 것은 불가능하다. 반면 오픈소스 소프트웨어는 그 소스 코드가 공개되어 있어 누구든 검토, 수정, 재배포할 수 있다.

상용 도구들은 상대적으로 풍부한 기능, 사용 편의성, 기술 지원을 제공하지만 구매 비용이 필요하다. 반면, 프리웨어 또는 오픈소스 도구들은 누구나 무료로 이용할 수 있다. 상용 도구에 비해 사용 편의성은 떨어지지만 기능적 측면에서는 문제가 없어 디지털 포렌식을 공부하는 데 있어 매우 유용하다.

특히 디지털 포렌식 분야에서 오픈소스 도구가 널리 활용되고 있는데, 그 이유는 다음과 같다.

- 오픈소스 도구는 무료로 이용할 수 있어 학생, 연구자, 개발자 등에게 매우 유용하다.
- 소스 코드가 공개되어 있어 어떻게 작동하는지 정확히 이해할 수 있다. 이러한 특징은 오픈소스 도구의 품질과 신뢰성을 향상시킬 수 있다.
- 필요에 따라 조사자 혹은 조직의 요구 사항에 맞게 도구를 수정할 수 있다.
- 전 세계의 디지털 포렌식 관련 종사자들이 오픈소스 도구의 개선

과 버그 수정에 참여할 수 있어 지속적인 업데이트가 이루어질 수 있다.
- 서로 다른 기능과 목적을 갖고 있는 디지털 포렌식 도구들이 서로 상호 작용하고 통합되어 성능이 고도화되거나 특정 작업을 위해 커스터마이징되기도 한다.

디지털 포렌식 실무에서는 EnCase나 X-Ways와 같은 통합 포렌식 도구가 제공되고 있음에도 하나의 사건을 해결할 때 다수의 도구들이 복합적으로 사용되곤 한다. 그 이유에 대해서 살펴보겠다.

- 디지털 포렌식은 매우 다양한 분야에서 사용되며 각 분야는 특별한 기술과 접근 방식을 필요로 한다. 각기 다른 전문화된 기술이 요구되므로 특정 도구가 모든 영역을 커버하기 어려운 환경이다.
- 빠르게 변화하는 기술 환경도 그 이유이다. ICT 분야에서 신기술들이 끊임없이 등장하고 있는데, 하나의 조직에서 이에 대응할 수 있는 디지털 포렌식 기술 모두 개발하는 것은 현실적으로 어렵다.
- 법적 요구사항 혹은 규제도 고려해야 한다. 특정 지역이나 분야에서는 지정된 도구만 사용해야할 수도 있고, 하나의 도구가 모든 법적 요구사항이나 규제를 충족하는 것이 어려울 수 있다.
- 도구의 특화와 개발자들의 경쟁도 이유 중 하나이다. 각 도구는 특정 분야에서 우수한 성능을 발휘할 수 있어 모든 분야에서 최적의 성능을 제공하는 하나의 도구를 만드는 것이 힘들다.
- 특정 도구는 특정 상황에서만 검증되었을 수 있으므로 다른 도구와의 교차 검증을 통해 조사의 정확성과 신뢰성을 높일 수 있다.
- 조사자의 기술 수준과 선호도 차이에 따라 같은 사안이라도 다른

〈표 13-2〉 디지털 포렌식 도구 관련 자격증

명칭	주관기관	내용 및 특징
EnCase Certified Examiner (EnCE)	OpenText	EnCase를 사용한 디지털 수사 능력 평가
Magnet Certified Forensic Examiner (MCFE)	Magnet Forensics	Magnet Forensics 도구 사용 능력 평가
Exterro ACE	Exterro	Forensic Toolkit (FTK)에 대한 숙련도 평가
Cellebrite Certified Mobile Examiner (CCME)	Cellebrite	Cellebrite 도구를 사용한 모바일 장치 분석 능력 평가
X-Pert Certification	X-Ways Software Technology AG	X-Ways Forensics 도구를 사용한 데이터 복구 및 분석 능력 평가

도구가 사용되기도 한다.

참고로, 다수의 기술이 종합적으로 제공되는 통합 도구들의 경우 도구 사용의 난이도가 높은 편이다. 이러한 이유로 주요 통합 도구들의 경우 자체적인 자격증을 발급하고 있다.

위에서 살펴본 바와 같이 모든 케이스를 해결할 수 있는 완벽한 디지털 포렌식 도구는 없다. 따라서 조사자는 다양한 도구들 중 조사 환경에 적합한 도구들을 적절히 선별하여야 한다. 도구를 선별할 때에는 제공하는 기능과 그 성능 그리고 도구의 신뢰성을 고려해야 한다. 성능 측정 시에는 일반적인 프로그램의 성능을 측정할 때 사용되는 지표인 실행 시간, 응답 시간, 처리량, 리소스 사용률 등이 고려된다. 그러나 디지털 포렌식에서는 도구의 신뢰성이 최우선 순위로 고려되는데 이는 도구의 산출물이 곧 디지털 증거의 신뢰성과 직결되기 때문이다.

'신뢰할 수 있는 디지털 포렌식 도구'란 무엇인가에 대한 논의는 꾸준히 있어왔다. 도구의 신뢰성에 대한 구체적 기준을 제시한 대표적 사례로는 5장 디지털 증거의 신뢰성에서 다루었던 '도버트 기준'이 있다. 이 외에도 다양한 연구자 혹은 실무자들이 신뢰성을 평가하기 위한 항목으로 정확성, 일관성, 재현성, 견고성, 준수, 투명성, 문서화 등을 제시하였다.

디지털 포렌식 도구의 신뢰성을 평가하는 글로벌 표준 방식은 아직 없다. 표준화를 어렵게 하는 요인으로 기술의 다양성과 복잡성, 빠르게 변화하는 기술 환경, 규제와 법률의 차이, 특정 상황과 목적에 따른 유연성 필요, 보안과 기밀성 문제 등이 있다. 글로벌 표준이 없다 하더라도 도구의 신뢰성 평가는 디지털 포렌식에서 중요한 작업인 만큼, 각 기관에서 신뢰성 증명을 위한 나름의 방식으로 도구 평가를 수행하고 있다. 이어지는 절에서는 주요 도구 테스트 프로젝트들과 도구 시험 관련 표준 혹은 지침, 도구 평가를 위한 데이터 세트 등에 대해 살펴보겠다.

1. NIST CFTT

미국 국립표준기술연구소(NIST, National Institute of Standards and Technology)에서 디지털 포렌식 도구의 신뢰성을 측정하기 위한 CFTT(Computer Forensics Tool Testing Program) 프로젝트가 진행[126] 중이다.

---

[126] https://www.nist.gov/itl/ssd/software-quality-group/computer-forensics-tool-testing-program-cftt

CFTT의 목표는 디지털 포렌식 도구 시험 방법론을 수립하는 것이며, 이를 위해 디지털 포렌식 도구의 기능을 분류 및 명세, 시험 절차, 시험 기준, 시험 세트를 공개하고 있다.

CFTT 프로젝트는 총 대상 범주 및 도구 선정, 명세서 개발, 도구 테스트 단계로 나뉠 수 있다. 대상 범주 및 도구 선정 단계의 경우, 디지털 포렌식의 범주를 분류하고 시험 대상 도구를 선정한다. 현재 제시된 범주로 Cloud Data Extraction (CDX), Deleted File Recovery, Disk Imaging, Forensic File Carving, Forensic Media Preparation, Forensic String Search, Hardware Write Block, Mobile Devices, MS Windows Registry Tools, Software Write Block, SQLite 등이 있다.

명세서 개발 단계에서는 각 범주의 명세서를 만든다. 이 단계에서는 가능한 시나리오를 나열하고, 완성된 명세서를 디지털 포렌식 커뮤니티나 전문가에게 공개하여 검토와 피드백을 받는다. 수집된 피드백을 바탕으로 명세서의 시나리오를 수정하며, 마무리 단계에서는 시나리오별로 테스트 환경을 구축하고 보조 도구가 필요하다면 개발하여 오픈 소스로 공개한다.

도구 테스트 단계에서는 테스트할 도구를 준비하고 해당 도구의 매뉴얼을 검토한다. 테스트할 기능을 선별한 후에는 전략을 세우고, 도구를 시험하며 결과 보고서를 작성한다. 보고서는 CFTT 프로젝트의 운영 위원회에게 제출되어 검토되며, 최종적으로 도구 개발자의 검토를 거쳐 미국 국토안보부(DHS, United States Department of Homeland Security)에 공개된다.

(1) Federated Testing

Federated Testing 프레임워크는 디지털 포렌식 조사자가 쓰는 디지털 데이터 획득 도구를 검사하고 그 결과를 디지털 포렌식 커뮤니티와 공유하려는 목적을 가지고 있다.[127] CFTT는 테스트를 위한 자료와 환경을 제공하고 있으며, 테스트 결과인 보고서를 공유할 수 있는 플랫폼도 마련하고 있다.

Federated Testing는 리눅스를 기반으로 한 라이브 CD 형태의 통합 테

〈그림 13-1〉 Federated Testing 웹 인터페이스

---

127 https://www.nist.gov/itl/ssd/software-quality-group/computer-forensics-tool-testing-program-cftt/federated-testing

스트 환경에서 수행된다. 테스트 케이스 별로 상세한 진행 과정이 설명서에 담겨 있으며, 테스트를 지원하기 위한 유틸리티도 사용하여 결과물을 생성한다. 생성된 결과물은 디지털 포렌식 커뮤니티와 공유할 수 있으며, CFTT에 제출 후 검토를 거쳐 웹사이트에 게시된다.

2. NIST CFReDS

CFReDS(Computer Forensic Reference Data Sets)는 NIST에 의해 운영되는 프로젝트[128]로 디지털 포렌식 커뮤니티를 지원하기 위한 참조 데이터 세트를 제공한다. CFReDS는 디지털 포렌식 전문가들이 자신의 도구나 기술을 테스트할 수 있는 환경 제공하기 위한 목적으로 시작되었다. 대부분 실제와 유사한 데이터 세트가 공개되어 있어 훈련 및 교육에도 활용 가능하다.

앞서 살펴본 CFTT나 Federated Testing을 지원하기 위한 데이터 세트와 함께 디지털 포렌식 연구자들이 자발적으로 업로드한 데이터 세트들도 다운받을 수 있다. 또한 New Haven 대학의 DATASETS FOR CYBER FORENSICS나 Simson Garfinkel의 Digital Corpora와 같이 타 프로젝트에서 공개한 데이터 세트도 제공되고 있다.

본래 CFReDS에는 NIST에서 직접 관리하는 데이터 세트만이 업로드 되었고 해당 데이터 세트에 대한 설명과 문제, 답안 등이 문서로 제공

---

128 https://cfreds.nist.gov/

> On 09/20/04, a Dell CPi notebook computer, serial # VLQLW, was found abandoned along with a wireless PCMCIA card and an external homemade 802.11b antennae. It is suspected that this computer was used for hacking purposes, although cannot be tied to a hacking suspect, G=r=e=g S=c=h=a=r=d=t. (The equal signs are just to prevent web crawlers from indexing this name; there are no equal signs in the image files.) Schardt also goes by the online nickname of "Mr. Evil" and some of his associates have said that he would park his vehicle within range of Wireless Access Points (like Starbucks and other T-Mobile Hotspots) where he would then intercept internet traffic, attempting to get credit card numbers, usernames & passwords.
>
> Find any hacking software, evidence of their use, and any data that might have been generated. Attempt to tie the computer to the suspect, G=r=e=g S=c=h=a=r=d=t.
>
> A DD image and a EnCase image of the abandoned computer have already been made.
>
> ---
>
> 1. What is the image hash? Does the acquisition and verification hash match?
>   AEE4FCD9301C03B3B054623CA261959A
>   Yes
>
> 2. What operating system was used on the computer?
>   Windows XP
>
> 3. When was the install date?
>   08/19/04 05:48:27PM

〈그림 13-2〉 CFReDS의 Hacking Case 문제 및 답안 예시

되었다. 현재는 NIST 외의 소속 기관 혹은 연구자가 데이터 세트 업로드를 희망하면, NIST가 검토 후 이를 공개하는 CFReDS Portal을 운영하고 있다. 다만, CFReDS Portal에 공개된 데이터 세트 중 일부는 별도의 문서가 제공되지 않아 도구 평가용으로는 적합하지 않다.

3. SWGDE 요구사항

미국 디지털 포렌식 관련 법집행기관, 학계, 산업계의 전문가 그룹인 SWGDE(Scientific Working Group on Digital Evidence)는 2006년 'SWGDE

Data Integrity Within Computer Forensics' 문서를 시작으로 다양한 기술문서와 가이드라인을 공개하고 있다.[129] 본 절에서는 SWGDE가 발표한 지침서 중 디지털 포렌식 도구 평가과 관련이 있는 'SWGDE Minimum Requirements for Testing Tools used in Digital and Multimedia Forensics'[130]에 대해 살펴보겠다.

해당 문서는 디지털 포렌식 도구와 멀티미디어 포렌식 도구를 테스트하는 절차와 방법론을 제시하기 위해 작성되었다. 도구들의 카테고리를 분류하고, 각 카테고리 별로 테스트 유형, 빈도, 테스터에 대한 최소한의 권장 사항을 제시한다. 도구들의 카테고리는 다음과 같다.

- Critical Forensic Tools – Preservation Tools, Acquisition Tools, Hashing Tools, Wiping Tools
- Underlying Systems/OS
- Forensic Analysis tools – Search tools, Recovery tools, Aggregation and Summary
- Multimedia Tools – Viewers/Players, Multimedia Transcoding, Imagery/Video/Audio Enhancement, Signal Processors and Editors, Analog Audio Capture, Analog Video Capture
- Administrative and Auxiliary tools
- In-house developed tools

---

[129] https://www.swgde.org/documents/published-complete-listing
[130] https://drive.google.com/file/d/10K8dOCzHLsLreGxSBwbKq-SEIfnkDoWy/view

> **5.3.2 Recovery tools**
>
> Recovery tools are used to recover or reconstruct deleted or corrupted data.
>
> - **Testing Type:** Tools must be tested with a known dataset test. The known dataset must include:
>   - For *file carvers* (signature-based) – at least one contiguous file and one fragmented file in unallocated space.
>   - For *deleted file recovery* (file system-based) – at least one contiguous file, one fragmented file, and one partially overwritten file that have all been deleted. (See www.cftt.nist.gov for definitions of file carving and deleted file recovery tools.)
>
>   File types and file systems should be representative of work done in the organization. Tools may not be able to correctly recover fragmented files; the testing will show how the tool handles the fragmentation. Recovered data must be verified in an operational context, meaning, the examiner must examine relevant files to see if they are consistent since tools can combine fragments from different files. This testing will not show the limits of the tool's capabilities but will establish that it can perform the core function.
> - **Frequency:** Before the tool is placed in service and after major update or revision.
> - **Tester:** Lab, CFTT or other 3rd party if the same major version.

〈그림 13-3〉 Recovery tool 테스트에 대한 최소 권장 사항 예시

일부 카테고리의 경우 세부적인 도구 유형을 분류하고 있다. 예로 Critical Forensic Tools의 Acquisition Tools의 경우 Disk Imager와 Mobile Device Imager, Network Connection and Extraction Application, Cloud Imager, 기타 수집 도구로 구분하고 각 유형에 대한 테스트 유형, 빈도, 테스터가 제시된다.

추가로 테스트 결과를 문서화할 것을 권장하고 있다. 문서에 포함해야 할 내용으로 테스트의 목적과 범위, 테스터, 일시, 테스트 절차 혹은 시나리오, 데이터 세트, 테스트 결과, 한계점을 제시하고 있다.

4. TTA 표준

한국정보통신기술협회(TTA, Telecommunications Technology Association)

는 '컴퓨터 포렌식을 위한 디지털 데이터 수집도구 검증[131](TTAK.KO-12.0075)'과 '컴퓨터 포렌식을 위한 디지털 증거 분석도구 검증[132](TTAK.KO-12.0112)' 표준을 발표하였다. 각 표준은 '컴퓨터 포렌식을 위한 디지털 데이터 수집도구 요구 사항[133](TTAS.KO-12.0057)'과 '컴퓨터 포렌식을 위한 디지털 증거 분석도구 요구 사항(TTAK.KO-12.0081)[134]'에 명시된 분석도구의 필수 기능 별 세부적인 요구 사항들을 만족하는지 검증하기 위한 항목을 정의하고 각 항목을 테스트하기 위한 시험 방법 및 절차를 명시하고 있다. 따라서 도구 검증 표준은 도구 요구 사항 표준과 밀접한 관련이 있다. 각 표준 문서에는 시험 항목과 시험 절차와 관련된 내용이 담겨있다.

수집도구 검증 항목은 기본적인 검증 항목과 디스크 이미지 작성 기능 제공 시의 검증 항목, 디스크 이미지와 복제 디스크 생성 기능 모두 제공 시의 검증 항목, 쓰기 방지장치가 없는 환경에서의 검증 항목으로 구분되어 있다. 시험 절차는 필수 기능의 검증 항목에 대한 시험 절차와 선택적인 기능에 대한 검증 항목 시험 절차로 구분하여 제시되어 있다. 시험 절차 파트에서는 각 기능에 대한 시험 방법과 절차, 예상 결과를 제공한다. 예로, 〈표 13-3〉은 기본적인 검증 항목들을 나타낸 것이고 〈표 13-4〉는 DA_TA_01 항목에 대한 시험 절차를 나타낸 것이다.

---

131 https://www.tta.or.kr/tta/ttaSearchView.do?key=77&rep=1&searchStandardNo=TTAK.KO-12.0075&searchCate=TTAS
132 https://www.tta.or.kr/tta/ttaSearchView.do?key=77&rep=1&searchStandardNo=TTAK.KO-12.0112&searchCate=TTAS
133 https://www.tta.or.kr/tta/ttaSearchView.do?key=77&rep=1&searchStandardNo=TTAS.KO-12.0057&searchCate=TTAS
134 https://www.tta.or.kr/tta/ttaSearchView.do?key=77&rep=1&searchStandardNo=TTAK.KO-12.0081&searchCate=TTAS

〈표 13-3〉 디지털 데이터 수집도구의 기본적인 검증 항목

구분	검증 항목	관련 요구사항
DA_TA_01	디지털 데이터 원본에 대해 디스크 이미지나 복제 디스크 생성이 가능함	DA_MG_01
DA_TA_02	디지털 데이터 원본 저장소의 전체 데이터 수집이 가능함	DA_MG_02
DA_TA_03	디지털 데이터 원본 저장소의 전체 데이터 수집이 가능함	DA_MG_03
DA_TA_04	수집이 디지털 데이터 사본이 원본과 동일함	DA_MG_04 DA_MG_05
DA_TA_05	디지털 데이터 원본 저장소에서 데이터를 읽는 중 오류가 발생한다면 이를 감지하여 사용자에게 통보함	DA_MG_06
DA_TA_06	디지털 데이터 원본 저장소에서 데이터를 읽는 중 해결할 수 없는 오류가 발생한다면 디지털 데이터 사본 저장소의 해당 위치에 분석 과정에 영향을 주지 않는 값을 채워 넣음	DA_MG_07
DA_TA_07	디지털 데이터 사본 저장소의 용량 부족 등 쓰기 과정에서 오류가 발생할 때 이를 감지하여 사용자에게 통보함	DA_MG_08

〈표 13-4〉 DA_TA_01 항목에 대한 시험 절차

시험 방법	시험 대상 도구의 실행 환경을 설정한 후 원본 저장소의 데이터에 대한 수집을 실행해본다.
시험 절차	1. 시험 대상 도구가 지원하는 운영체제 및 접근인터페이스 환경을 구성한다. 2. 지원하는 원본 저장소를 준비하고 원본 저장소의 데이터를 수집한다. 3. 원본 저장소의 데이터에 대한 디스크 이미지나 복제 디스크 생성이 가능한지 확인한다.
예상 결과	운영체제 및 접근인터페이스 환경 하에서 원본 저장소 내의 데이터에 대한 디스크 이미지 또는 복제 디스크가 성공적으로 생성된다.

5. 소결

 디지털 포렌식 조사 과정에서 사용되는 도구들은 사전에 혹은 불가피한 경우 사후에라도 신뢰할 수 있는 도구임을 입증해야 한다. 실무적으로 도구의 신뢰성을 검증하는 방법은 크게 네 가지가 있다.

- 기존 프로젝트의 도구 평가 결과를 그대로 수용한다. 해당 프로젝트의 내용 그리고 프로젝트 수행 기관(혹은 연구자)에 대한 신뢰에 근거한다.
- 기존 프로젝트(혹은 지침, 표준 등)가 제시한 방안대로 직접 도구의 신뢰성을 검증한다. 프로젝트에 대한 이해와 도구 평가를 수행할 수 있는 전문성이 요구된다.
- 기존 프로젝트(혹은 지침, 표준 등)를 커스터마이징하여 평가 항목과 절차를 수립한다. 프로젝트에서 제시한 평가 항목, 평가 방법, 평가 철학에 대한 이해와 자체적으로 평가 항목과 절차를 제시할 수 있는 전문성이 필요하다.
- 도구 평가 목적에 맞는 평가 항목과 절차를 자체적으로 수립한다. 디지털 포렌식 기술에 대한 전문성과 디지털 증거에 대한 깊은 이해가 필요한 접근법이다.

디지털 포렌식 조사자 혹은 조사 기관은 도구의 기능, 도구 평가의 목적, 평가자의 전문성, 가용 리소스 등을 종합적으로 고려하여 위 네 가지 중 가장 적합한 방안을 선정해야 한다. 또한, 디지털 포렌식 도구는 ICT 기술의 발전, 법률 및 규제의 변화, 사용자의 요구 등 다양한 요소에 의해 지속적으로 발전하고 있으므로 장기적 관점에서 접근해야 한다.

CHAPTER 14
Process

1 프로세스 연구
2 ISO/IEC 27037:2012
3 NIST SP 800-61

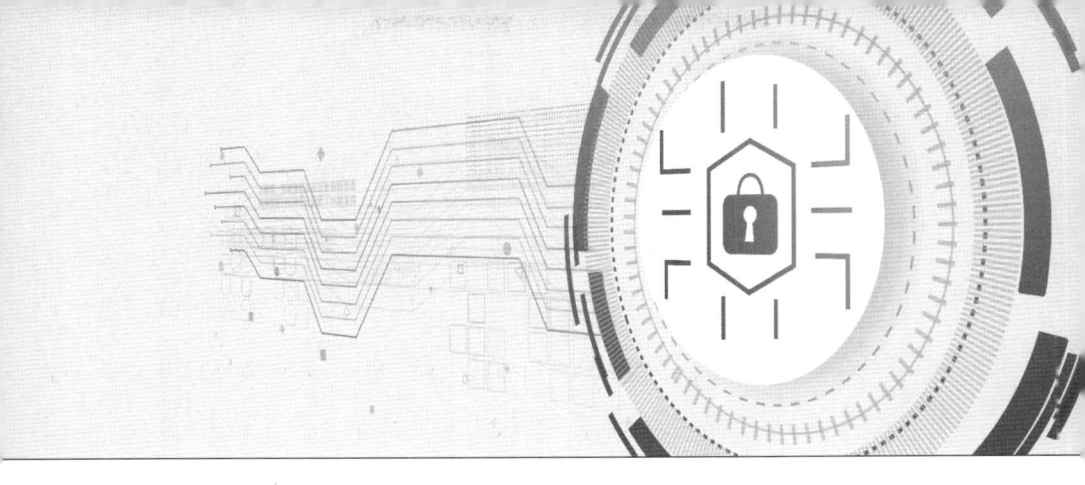

　디지털 포렌식 프로세스(process)는 디지털 증거를 식별, 보존, 분석 및 보고하는 일련의 순차적인 단계를 의미한다. 디지털 포렌식 프로세스는 일반적으로 준비–수집–보존–분석–보고 단계로 구성되어 있는데 상황에 따라 유연하게 변화할 수 있다. 다만 모든 단계에서 디지털 증거의 진정성과 무결성을 보장되어야 한다. 이와 관련한 중요한 개념인 관리연속성에 대한 자세한 설명은 5장 4절에 기술되어 있다.

　디지털 포렌식 프로세스는 조사의 목표, 사용 가능한 리소스, 적용되는 법률 및 규정, 조사 대상의 ICT 환경에 따라 달라질 수 있다. 예로 선별압수가 기본 원칙인 우리나라 수사기관의 경우 수집 단계에서 증거를 선별하기 위한 분석 작업이 동시에 수행되어야 한다. 선별압수가 원칙이 아닌 환경에서도 조사 대상이 PC나 스마트폰과 같은 단일 기기가 아닌 대용량 NAS 혹은 데이터베이스와 같이 기억장치 전체를 수집하는 게 현실적으로 불가능할 때에도 수집보다 분석이 선행되어야 한다. 또한, 디지털 포렌식 기술과 도구의 발전에 따라 새로운 프로세스가 도입되기도 한다. 대표적 예로 시스템이 작동 중인 상태에서 시스템을 분석하면서 동시에 증거를 식별하고 수집하는 라이브 포렌식(Live Forensics)이 있다.

디지털 포렌식 분야에서는 표준화된 프로세스를 제시하기 위한 노력이 지속되어 왔다. 학계에서는 프레임워크, 절차 모델, 프로세스 모델 등의 명칭으로 프로세스를 제시해 왔고, 연구 기관이나 표준화 기구에서는 프로세스를 제시하는 가이드라인을 발표해 왔다. 실질적으로 디지털 포렌식을 업무에 활용해야 하는 수사기관이나 조사기관 등의 조직에서도 내부적으로 문서화를 통해 표준화된 디지털 포렌식 프로세스를 수립하고자 노력해 왔다.

디지털 포렌식 프로세스를 학습할 때 주의해야할 점은 프로세스의 각 단계의 명칭이 해당 단계에서 사용해야할 디지털 포렌식 기술을 의미하는 것은 아니라는 점이다. 디지털 포렌식 프로세스에서 각 단계의 명칭은 전체 조사 과정의 흐름을 나타내기 위한 것이다. 따라서 각 단계에서 한 가지 유형의 기술만 사용되는 것이 아니라, 다양한 기술들이 복합적으로 사용된다.

유의해야 할 또 다른 점은 기술적 환경 뿐만 아니라 법적·행정적·정책적 환경, 그리고 문화적 차이에 따라 디지털 포렌식을 바라보는 관점도 다르므로 제시된 프로세스 표준과 지침들은 세부적으로 차이가 있고, 프로세스의 각 단계에서 사용하는 명칭도 차이가 있다는 것이다. 혹은 동일한 명칭을 사용하더라도 표준과 지침에 따라 다르게 정의내리는 경우도 있다. 또한, 국외에서 제시한 프로세스를 국문으로 번역하는 과정에서 서로 다른 용어들이 동일한 국문 용어로 번역되어 혼용되는 경우도 있다. 따라서 제시된 프로세스들에 대해 온전히 학습하려면 해당 프로세스가 제안된 배경과 제안자가 담고자 했던 철학을 파악해야 하며, 제시된 용어들의 의미를 명확하게 파악하기 위해서는 가급적 원문으로 학습하는 것을 권장한다.

1. 프로세스 연구

2001년 디지털 포렌식 컨퍼런스인 DFRWS에서 A Framework for Digital Forensic Science의 일환으로 조사 프로세스가 제시되었다. 해당 프로세스는 DFRWS 2001 USA 컨퍼런스의 프로시딩에서 확인할 수 있는데 Identification, Preservation, Collection, Examination, Analysis, Presentation, Decision의 총 7개의 단계로 구성되어 있다. 다만 발표한 프로시딩에는 프로세스의 각 단계의 정의는 무엇인지, 각 단계에서 수행되어야 하는 작업은 무엇인지, 각 단계 별 사용되는 기술은 무엇인지 등에 대해서는 명확하게 제시되어 있지 않다. 이는 DFRWS에서 해당 프로세스를 공식적인 가이드라인으로서 제시할 목적이 아닌, 디지털 포렌식 커뮤니티의 연구 개발 촉진을 목적으로 발표되었기 때문이다. 연구자와 실무자들이 참고할 수 있는 프로세스를 대략적으로 발표하면서, 향후 프로세스를 표준화 및 구체화하는 연구를 독려하고 각 단계에서 필요한 기술이 무엇인지 쉽게 파악할 수 있게끔 하고자 했다. 실제로 발표한 프로세스는 추후에 다양한 연구들에 의해 정의되고 구체화되었다. 이어지는 각 단계에 대한 설명은 2001년 컨퍼런스 이후 다양한 연구자 및 실무자들이 명시화한 것이다.

1. **Identification(식별)**: 디지털 포렌식 조사의 필요성이 있는지 확인하고, 잠재적 디지털 증거의 존재와 위치를 식별한다.
2. **Preservation(보존)**: 잠재적 디지털 증거의 무결성과 원본 상태를 유지하기 위해 필요한 조치를 취한다.
3. **Collection(수집)**: 잠재적 디지털 증거 혹은 증거가 포함된 매체를 물리적 혹은 논리적으로 수집하는 단계이다.
4. **Examination(조사)**: 수집된 잠재적 디지털 증거를 상세히 조사하여 데이터를 추출하고, 그 데이터를 적절한 포맷으로 변환한다.
5. **Analysis(분석)**: 추출된 데이터를 분석하여 사건의 맥락과 연관성을 파악하고, 사건의 전반적인 상황과 증거 간 연결 고리를 분석한다.
6. **Presentation(제시)**: 분석된 결과와 관련 증거를 체계적으로 정리하여 관련 당사자나 법원에 제시한다.
7. **Decision(결정)**: 제시된 증거와 분석 결과를 기반으로 관련 사건에 대한 법원의 판결, 조사 기관의 내부 결정 등이 이루어진다.

이후에도 디지털 포렌식 프로세스를 표준화하고자 하는 연구가 다수 진행되어 왔다. 다음은 주요 연구에서 제시한 프로세스들을 정리한 것이다.

- **Carrier의 프레임워크**
  - Readiness $\Rightarrow$ Deployment $\Rightarrow$ Physical Investigation ||Digital Investigation $\Rightarrow$ Review
    - Readiness = {Operational Readiness $\Rightarrow$ Infrastructure Readiness}
    - Deployment = {Detection and Notification $\Rightarrow$ Confirmation and Authorization}

- Physical Investigation = {Preservation ⇒ Survey ⇒ Documentation ⇒ Search and Collection ⇒ Reconstruction ⇒ Presentation}
- Digital Investigation = {Preservation ⇒ Survey ⇒ Documentation ⇒ Search and Collection ⇒ Reconstruction ⇒ Presentation}

- Rogers의 절차 모델
- Planning ⇒ Triage ⇒ User Usage Profile ⇒ Chronology Timeline ⇒ Internet ⇒ Case Specific
  - Triage = {Home || File Properties || Registry}
  - Internet = {Browser || Email || IM}

- Cohen의 조사 프레임워크
- Identification ⇒ Collection ⇒ Transportation ⇒ Storage ⇒ Examination and Traces ⇒ Presentation ⇒ Destruction
  - Examination = {Analysis ⇒ Interpretation ⇒ Attribution ⇒ Reconstruction}

- Kohn의 통합 디지털 포렌식 프로세스 모델
- {Preparation ⇒ Incident ⇒ Incident Response ⇒ Physical Investigation || Digital Forensic Investigation ⇒ Presentation} || Documentation
  - Preparation = {Policy/Procedure ⇒ Operational Readiness || InfrastructureReadiness}
  - Incident = {Detect ⇒ Assess || Confirm ⇒ Notify ⇒ Authorize ⇒ Deploy}

- Incident Response = {ApproachStrategy ⇒ Search ⇒ Recover||{Seize ⇒ Preserve}||Preserve} ⇒ {Transport ⇒ Store ⇒ Collect}}
- Digital Forensic Investigation = Collect ⇒ Authenticate ⇒ Examine ⇒ Harvest ⇒ Reduce ⇒ Identify ⇒ Classify ⇒ Organize ⇒ Compare ⇒ Hypothesize ⇒ Analyze ⇒ Attribute ⇒ Evaluate ⇒ Interpret ⇒ Reconstruct ⇒ Communicate ⇒ Review^{Reconstruct ⇒ Hypothesize}
- Presentation = {Report/Present ⇒ Decide ⇒ Dissemination}

위의 프로세스에 제시된 대부분의 절차들은 그 명칭을 통해 어떤 작업이 수행되는지 직관적으로 알 수 있다. 본 절에서는 제시된 절차들 중 추가 설명이 필요한 Readiness와 Triage에 대해 자세히 살펴보겠다.

(1) Readiness

디지털 포렌식 레디니스(Digital Forensic Readiness)는 사건과 관련된 디지털 증거를 신속하게 식별, 수집, 보존 및 활용할 수 있는 조직의 능력을 뜻한다. 프로세스 상에서는 이러한 능력을 갖추는 준비 단계를 지칭하는 용어로 사용한다. 이는 조직 내부의 인적, 기술적, 절차적 요소를 포함한 다양한 차원에서의 준비를 의미한다.

레디니스는 사후에 초점을 맞추는 일반적인 디지털 포렌식과는 다르게 사건이 발생하기 전에 대응 준비를 하는 것에 초점을 맞춘다. 즉, 예방적 관점에서의 접근을 중심으로 한다. 사건을 바라보는 관점에 큰 차이가 있음에도 디지털 포렌식 프로세스의 일부로 간주하는 이유는 레디니스 자체가 디지털 포렌식의 효율성과 효과성을 크게 향상시키기 때문이다. 디지털 포렌식 조사자들이 증거를 빠르게 확보하고 분석하는 데 큰 도움을 주며, 잠재적인 증거 유실의 위험도 크게 줄여준다. 따라서 레디니스는 신속한 증거 수집을 요하는 침해 사고 발생 시 매우 효과적이다.

레디니스의 기술적 측면에서 다루어야 할 주요 개념으로 IOC(Indicators of Compromise)가 있다. IOC는 악의적 활동이나 침입의 흔적을 파악하는 데 사용되는 지표나 데이터 포인트이다. IOC는 크게 파일 기반 IOC, 네트워크 기반 IOC, 호스트 기반 IOC로 구분할 수 있다. 파일 기반 IOC는 악성 파일의 해시값, 파일 이름, 파일 경로 등과 관련된 지표이고 네트워크 기반 IOC는 악성 도메인, IP 주소, 트래픽 패턴 등과 관련된 지표이다. 호스트 기반 IOC는 흔히 포렌식 아티팩트라 불리는 이벤트로그나 레지스트리와 같은 것을 의미한다. IOC 자체는 디지털 증거가 아니지만, IOC에 의해 감지되고 수집된 데이터나 정보는 디지털 증거로 활용될 수 있다.

레디니스는 조직 차원의 역량으로 기술적 측면 외에도 조직의 문화, 인적 자원, 정책 및 절차와 같은 비기술적 측면에 크게 의존한다. 기술적 능력만큼이나 조직원들의 보안 인식과 그에 따른 행동 변화가 필요하다는 것을 인지해야 한다. 특히 디지털 환경에서의 위협은 지속적으로 진화하므로, 직원 교육과 훈련은 정기적이고 지속적으로 이루어져야 한다.

(2) Triage

디지털 포렌식 트리아제(Digital Forensic Triage)는 응급 상황에서의 환자 분류 시스템인 '트리아제'에서 유래한 용어로, 일반적으로 디지털 포렌식 조사의 초기 단계에서 수집된 데이터나 잠재적 디지털 증거의 분석 우선 순위를 결정하는 과정을 의미한다. 많은 양의 디지털 데이터 속에서 가장 중요하고 관련성 높은 정보를 신속하게 식별하여 적절한 분석과 대응을 할 수 있도록 돕는 것이 주요 목적이다.

트리아제에서 우선 순위를 결정하는 기준은 목적이나 조사 대상에 따라 다양할 수 있다. 공통적으로 긴급성, 관련성, 가용성을 주요 기준으로 삼는다. 긴급성은 어떤 데이터가 현재 조사나 사건의 해결에 긴급하게 필요한지 판단하기 위해 사용되는 기준이고, 관련성은 사건과 얼마나 밀접하게 관련되어 있는지를 평가하는 기준이다. 가용성은 데이터를 분석하고 활용할 수 있는 도구 혹은 전문성에 대한 평가에 기반한다.

트리아제는 가장 중요한 증거를 먼저 분석함으로써 빠른 대응이 가능하다는 장점이 있다. 또한 한정된 분석 리소스를 최우선의 증거에 투입하여 최적의 결과를 얻음으로써 효율적인 자원 활용이 가능하다. 다만 주의해야할 점은 트리아제는 초기 분석을 돕는 것이 주 목적이므로 상세 분석이 필요한 사건에서는 모든 데이터를 꼼꼼히 분석해야 한다. 또한, 트리아제는 사전 지식과 경험에 따라 그 결과가 달라질 수 있는 판단 오류의 위험이 있다는 점을 유의해야 한다.

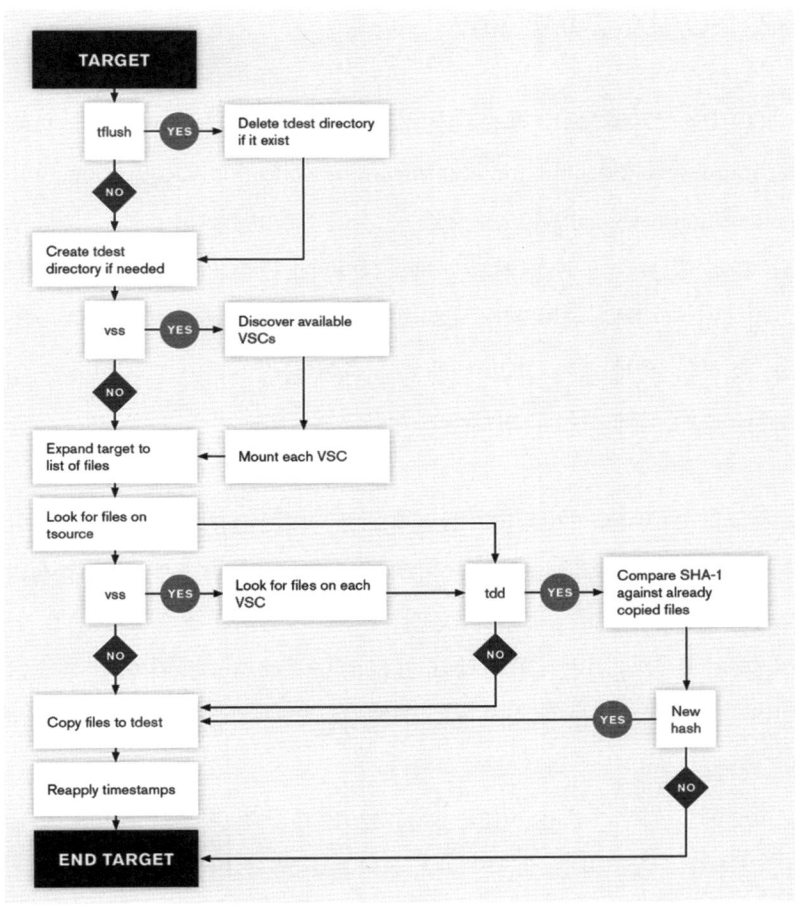

〈그림 14-1〉 대표적 트리아제 도구인 KAPE(Kroll Artifact Parser and Extractor)의 Target processing flow chart[135]

---

135 https://ericzimmerman.github.io/KapeDocs/#!PagesWW3.-Using-KAPE.md

2. ISO/IEC 27037:2012

ISO/IEC 27037:2012 표준의 명칭은 'Information technology – Security techniques – Guidelines for identification, collection, acquisition, and preservation of digital evidence'으로 증거 가치가 있는 데이터의 식별, 수집, 획득 및 보존에 관한 지침을 제공한다. 이 표준은 디지털 증거 취급 과정에서 발생하는 일반적인 상황과 관련하여 개인에게 지침을 제공하고, 조직의 징계 절차 그리고 관할권 사이에 잠재적인 디지털 증거의 교환을 가능하게 하는 측면에서 조직을 지원한다.

참고로 ISO/IEC 27037:2012는 국제 표준이지만 반드시 준수해야 하는 규칙이라는 의미는 아니다. 국제 표준은 특정 주제에 대한 업계의 베스트 프랙티스(best practice)나 권장 사항을 제공하는 것을 목적으로 한다. 따라서 실제 환경에서는 국제 표준을 엄격하게 따르지 않는 경우가 많다. 현재 네트워크 통신이 ISO가 재정한 OSI 7계층이 아닌 TCP/IP에 기반하는 현상이 대표적 예시이다.

그럼에도 불구하고 ISO/IEC 27037:2012가 법적 의무나 규제적 의무로 간주되지 않더라도 학습할 가치는 충분하다. 특히 디지털 포렌식 조사 시 국제 표준을 적용하거나 참조함으로써 획득된 디지털 증거의 무결성과 신뢰성을 강화할 수 있다. 이는 증거가 조작되지 않았음을 보증하고, 각 단계에서의 절차와 관행이 국제적으로 인정받는 표준에 부합한다는 점을 입증하는 데 도움이 된다. 더욱이, ISO/IEC 27037:2012를 기반으로 한 조사는 다양한 국가 및 법률 체계 간의 협력과 공유를 용이하게 한다. 따라서 국제적 또는 다문화적 맥락에서의 사건 대응과 협력에 있어서도 큰 이점을 가져다 준다.

(1) 식별

식별 단계에서는 잠재적 디지털 증거를 인지하고 문서화하기 위한 수색 작업을 포함한다. 사건과 관련된 잠재적인 디지털 증거를 포함하고 있는 디지털 저장매체와 처리장치를 식별하는 단계이다. 잠재적인 디지털 증거의 훼손을 최소화하고 최적의 증거를 확보하기 위하여 올바른 순서를 정해야 하는데, 이를 위하여 휘발성 데이터가 반드시 식별되어야 한다.

다음은 식별 단계에서 조사자가 실무적으로 수행해야 하는 사항 중 일부를 정리한 것이다.

- 성공적인 식별을 위해 조사자는 디지털장치에 사용되는 모든 브랜드와 유형을 정리하고, 초기 단계 동안 획득이나 수집이 필요가 있을 수 있는 모든 컴퓨터와 주변 장치를 식별해야 한다. 시리얼 넘버, 라이선스 번호, 기타 식별 표시(물리적 손상 포함)가 가능한 문서화 되어야 한다.
- 식별 단계에서 컴퓨터와 주변 장치의 상태가 유지되어야 한다. 만약 컴퓨터와 주변 장치의 전원이 꺼져 있다면 전원을 켜지 않는다. 전원이 켜져 있다면, 조사자는 사진을 찍거나 화면에 무엇이 디스플레이 되고 있는지 서면으로 문서화 해야 한다. 서면 문서는 실제로 보이는 것에 대한 설명(실행 창의 위치, 제목, 내용 등)을 포함해야 한다.
- 무선장치가 숨겨져 있을 수 있으므로 무선 신호를 식별하고 탐지할 수 있도록 무선 신호 탐지기를 사용하는 것도 고려해야 한다.
- 잠재적인 디지털 증거나 디지털장치 수집과 관련되거나 유용한 정

보를 개인의 음성을 통해 증거를 수집해야 할 필요가 있으며 이는 정확하게 문서화 해야 한다.

(2) 수집

잠재적인 디지털 증거를 포함하고 있을지 모르는 디지털 장비가 식별되면 수집할 것인지 획득할 것인지를 결정해야 한다. 참고로 ISO/IEC 27037:2012에서는 수집(Collection)을 잠재적인 디지털 증거를 포함한 실제 항목을 수집하는 과정으로, 획득(Acquisition)을 정의된 세트 내에서 데이터의 사본을 생성하는 과정으로 정의하고 있다.

수집은 잠재적인 디지털 증거를 포함하고 있을지 모르는 장비가 원래 위치로부터 분리되어 실험실 또는 차후 획득과 분석을 위한 통제된 장소로 옮겨지는 디지털 증거 취급 과정에서의 한 절차이다. 전체 접근 방법을 문서화하는 것을 포함할 뿐 아니라 이송하기 전에 장비를 포장하는 것도 포함된다. 이 때 디지털 증거에 관련되어 있을지 모르는 요소(비밀번호가 적혀있는 쪽지, 임베디드 시스템 장비를 위한 전원 연결장치 등)를 수집하는 것도 중요하다.

다음은 수집 단계에서 조사자가 실무적으로 수행해야하는 사항 중 일부를 정리한 것이다.

- 수집 대상 시스템의 전원이 켜져 있는 경우 시스템의 전원을 끄기 전에 디지털 장비의 활성 데이터와 현재 상태의 획득을 고려해야

한다. 암호화 키 및 중요 데이터는 활성 메모리 혹은 아직 삭제되지 않은 비활성 메모리에 존재할 수 있다. 그러므로 암호화가 의심될 때에는 논리적 수집을 고려한다.
- 전원이 꺼져 있는 노트북 컴퓨터의 경우 대기 모드일 수 있으므로 먼저 전원이 꺼져 있는지 확인하다. 일부 노트북 컴퓨터는 덮개를 열면 켜지는 경우가 있음을 유의한다. 이후 노트북 컴퓨터로부터 메인 베터리를 제거하는 절차를 실시한다.
- 디지털 기기로부터 하드디스크를 제거해야 하는 상황이라면 조사자는 정전기가 일어나 하드디스크에 손상을 줄 수 있는 상황을 막기 위해 접지를 해야 한다. 그런 상황이 아니라면, 하드디스크 제거는 현장에서 하지 않는 것이 좋다. 중요한 데이터가 있을 것으로 판단되는 하드디스크에 레이블 달고, 제조사, 모델명, 일련번호, 크기와 같은 모든 정보를 문서화한다.

(3) 획득

획득 과정은 디지털 증거 사본(하드 디스크, 파티션, 선택된 파일 등) 생성과 실행된 행위와 사용된 수단을 문서화하는 것을 수반한다. 상황, 비용, 시간에 기초한 적당한 수집수단을 선택하고, 특정한 수단과 툴을 사용하기로 한 결정을 문서화해야 한다. 원본과 디지털 증거 사본은 차후에 그 증거를 사용할 개인이 수용할 수 있는 암호학적 해시와 같은 검증 함수로 검증되어야 한다.

검증 과정이 수행될 수 없는 상황(운영 중인 시스템인 경우, 원본에 에러 섹터가 있는 경우, 또는 획득 시간이 제한될 경우 등)에는 가능한 최적의 수

단을 사용해야 한다. 또한 이를 문서화하여 향후 제기될 수 있는 신뢰성 문제에 대해 방어할 수 있어야 한다.

다음은 획득 단계에서 조사자가 실무적으로 수행해야 하는 사항 중 일부를 정리한 것이다.

- 휘발성 데이터를 취득할 때, 가능한 논리적 파일 컨테이너를 사용해야 하며, 휘발성 데이터 파일의 해시값을 문서화 해놓아야 한다. 이것이 불가능할 때, ZIP 파일과 같은 컨테이너를 사용하고, 이 파일의 해시값을 얻고 문서화 해 놓아야 한다.
- 검증된 이미지 도구를 사용하여 비휘발성 저장소에 이미징 프로세스를 실시한다. 디지털 증거 결과물은 목적에 맞도록 준비된 디지털 저장 매체에 저장되어야 한다.
- 전원이 꺼진 장비로부터 저장장치가 제거되어 있지 않을 경우에, 저장장치를 제거하는 것이 적절하다면 제거한다. 의심되는 저장장치에 라벨링을 하고, 제조사, 모델명, 시리얼 번호, 저장소 크기 등을 문서화 한다.
- 특별한 상황에서의 디지털 기기는 전체 시스템의 중요한 요소이기 때문에 종료할 수 없다. 예를 들면 일반 사용자들(Innocent clients)에게 서비스 중인 데이터 센터의 서버, 감시 시스템, 의료 시스템 그리고 그 외의 많은 인터럽트나 종료에 의해서 치명적인 영향을 받는 것들이 있다. 디지털 기기의 종료가 불가능할 때, 활성상태 추출 또는 부분추출을 한다.

(4) 보존

보존 과정은 잠재적인 디지털 증거를 포함하고 있는 디지털 장비의 식별을 시작으로 디지털 증거 취급 과정 전반에 걸쳐 착수되고 유지되어야 한다.

수집된 모든 디지털장치와 획득한 잠재적인 디지털 증거는 변조와 파괴로부터 최대한 손실이 적도록 보호되어야 한다. 보존 프로세스에서 가장 중요한 활동은 무결성과 잠재적인 디지털 증거의 확실성, 관리 연속성을 유지하는 것이다. 수집된 디지털장치와 획득한 잠재적 디지털 증거는 접근 통제 시스템, 감시 시스템 또는 침입탐지 시스템이나 다른 환경의 디지털 증거 보존을 위한 물리적인 보안 시스템이 적용되고 감사가 가능한 증거 보존 설비에서 저장되어야 한다. 수집된 디지털 장치와 획득된 잠재적인 디지털 증거는 다른 곳에 이송 되기에 앞서 디지털 증거의 오염을 방지하기 위해 적당한 패키징과 디지털을 본래대로 보할 수 있도록 포장해야 한다. 충격 방지 포장이 장치의 구성요소에 대한 장치에 물리적인 손상을 피하는데 사용될 수 있다.

3. NIST SP 800-61

NIST SP 800-61은 Computer Security Incident Handling Guide라는 제목으로 작성된 NIST의 공식 문서로, 조직의 정보 보안 사고 대응 프로세스를 설계, 구축 및 운영하기 위한 권장 사항을 제공한다. 문서에는 사고 대응의 중요성, 사고 대응의 생명 주기(life cycle), 팀 구성 및 역

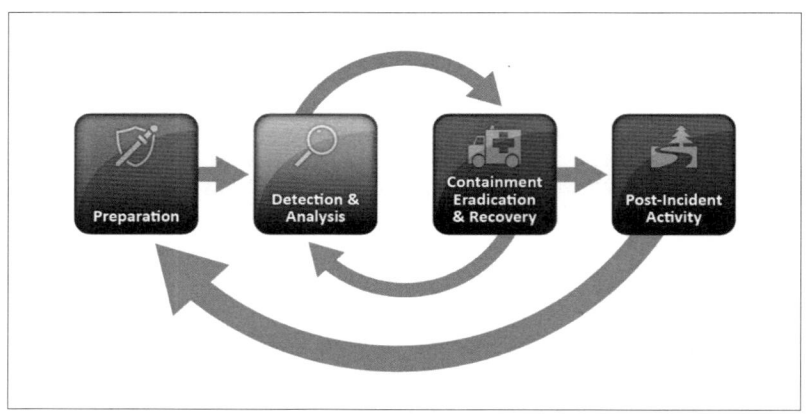

〈그림 14-2〉 NIST SP 800-61의 Incident Response Life Cycle[136]

할, 효과적인 사고 대응을 위한 권장 사항, 관련 법적 및 규제 문제를 다루고 있다. NIST SP 800-61은 국내외 많은 조직에서 정보 보안 사고 대응 전략을 구축하고 실제로 운영하는 데 있어서 중요한 참고 자료로 활용되고 있다.

본 절에서는 해당 가이드에서 제시한 사고 대응의 생명 주기에 대해 살펴본다.

(1) 준비

준비(Preparation) 단계에서는 사고 조사를 위해 준비할 항목(Preparing to

---

[136] Cichonski, P., Millar, T., Grance, T., & Scarfone, K. (2012). Computer security incident handling guide. NIST Special Publication, 800(61), 1-147. Chicago

Handle Incidents)과 사고 예방(Preventing Incident)에 대해 다루고 있다.

사고 조사를 위해 준비할 항목으로 사고 조사자의 통신 및 시설, 사고 분석 HW/SW, 사고 분석 리소스, 사고 완화 SW를 제시하고 있다. 각 항목에 대한 부가 설명은 아래와 같다.

- **사고 조사자의 통신 및 시설**: 연락처 정보, 사고 보고 방식, 내/외부 당사자와의 암호화 통신, 증거 보관을 위한 안전한 시설 등
- **사고 분석 HW/SW**: 디지털 포렌식 워크스테이션, 백업장치, 네트워크 장비, 가상화 환경, 증거 수집용 외부 저장장치, 휴대용 프린터 등
- **사고 분석 리소스**: 악성코드가 주로 사용하는 포트 목록, 운영체제, 응용프로그램, 프로토콜, 침입 탐지 및 안티 바이러스 제품에 대한 정보, 조사 대상 시스템, 네트워크, 응용프로그램의 활동 상태 등
- **사고 완화 SW**: 복원 및 복구를 위한 운영체제/응용프로그램 설치 이미지

이 외에 감염 위험이 있는 작업을 수행하는 컴퓨터와 보고서 작성이나 이메일 같은 기타 업무를 수행하는 컴퓨터 2대 준비, 모의 사고 대응 훈련을 통한 조사자 역량 강화와 기타 실무적 가이드도 제시하고 있다.

사고 예방은 사전적 대응이라는 점에서 사고 조사 대응의 범위를 벗어나는 것으로 볼 수 있다. 그러나 사고 분석을 통해 확인한 조직의 문제를 해결함으로써 예방에 기여할 수 있다는 점에서 준비 단계의 일부

로 간주하고 있다. 사고 예방을 위한 방안으로 위험 평가, 호스트 보안, 네트워크 보안, 악성코드 방지, 사용자 인식 및 교육을 제시한다.

(2) 탐지 및 분석

탐지 및 분석(Detection & Analysis) 파트에는 공격 벡터(Attack Vectors), 사고 징후(Signs of an Incident), 전조와 지표의 출처(Sources of Precursors and Indicator), 사고 분석(Incident Analysis), 사고 문서화(Incident Documentation), 사고 우선순위(Incident Prioritization), 사고 통지(Incident Notification)에 대한 내용이 담겨 있다.

- **공격 벡터**: 공격자가 시스템이나 네트워크에 악의적인 코드나 악의적인 활동을 주입하기 위해 사용하는 경로나 방법을 의미한다.
- **사고 징후**: 전조와 지표를 통해 사고 징후를 확인한다. 전조란 미래에 사고가 발생할 수 있다는 신호를 의미하고 지표는 사건이 발생했거나 현재 발생하고 있다는 신호를 의미한다.
- **전조와 지표의 출처**: 침입 탐지 및 차단 시스템(Intrusion Detection and Prevention Systems, IDPS)의 경고, 운영체제 혹은 응용 프로그램의 로그, 공개된 사용 가능한 정보, 조직 내외부의 사람 등이 있다.
- **사고 분석**: 전조와 지표가 정확하더라도 그 원인이 사고가 아닐 가능성이 존재한다. 따라서 고도의 숙련된 자들로 팀을 구성하여 네트워크 및 시스템 프로파일링, 이벤트 상관 관계 분석, 데이터 필터링, 로그 보존 등의 방법을 통해 사고 분석을 수행한다.
- **사고 문서화**: 사고 발생이 의심되는 시점부터 시간 정보를 포함하

여 모든 사실을 즉시 기록한다. 사고 조사 과정 중에 발생하는 이벤트, 그리고 그와 연관된 정보들을 기록한다.
- **사고 우선 순위**: 사고의 기능적 영향, 정보 영향, 복구 가능성 등을 고려하여 사고 조사의 우선 순위를 결정한다.
- **사고 통지**: 정보보안 책임자, 시스템 소유자, 법 집행기관 등에게 사고를 통지한다.

(3) 격리, 제거, 복구

격리, 제거, 복구(Containment, Eradication & Recovery) 파트에는 격리 전략 선택(Choosing a Containment Strategy), 증거 수집 및 처리(Evidence Gathering and Handling), 공격 호스트 식별(Identifying the Attacking Hosts), 제거와 복구(Eradication and Recovery)에 대한 내용이 담겨있다.

- **격리 전략 선택**: 피해가 확산되기 전에 시스템 종료나 네트워크 연결 해제, 특정 기능 사용과 같은 격리 방안을 마련해야 한다. 격리 전략은 자원의 잠재적 손상 및 도난 가능성, 증거 보존 필요, 서비스 가용성, 전략 실행에 필요한 시간과 자원 등을 종합적으로 고려하여 선택한다.
- **증거 수집 및 처리**: 사건 해결과 법적 절차 지원을 위한 증거 수집 단계로 수집된 증거가 어떻게 보존되었는지 명확히 문서화 한다. 증거 관리 시 CoC를 적용한다.
- **공격 호스트 식별**: 공격 호스트의 IP 주소 유효성 검사, 사고 데이터베이스 이용, 공격자 통신 채널 모니터링 등을 통해 공격 호스트

를 식별한다.
- **제거와 복구**: 격리 후 악성코드 삭제, 감염된 계정 비활성화, 악용된 취약점 제거 작업 등을 수행한다. 시스템을 깨끗이 복원하고 보안을 강화한다.

(4) 사고 후 활동

사고 후 활동(Post-Incident Activity) 파트에는 개선사항 정리(Lessons Learned), 수집된 사고 데이터 사용(Using Collected Incident Data), 증거 보존(Evidence Retention)에 대한 내용이 담겨있다.

- **개선사항 정리**: 사건에 대한 브리핑을 바탕으로 향후 유사 사고를 예방 및 탐지, 분석하기 위한 방안을 정리한다.
- **수집된 사고 데이터 사용**: 사고 데이터의 특성을 연구하여 위협 모니터링 및 위험 평가에 활용한다.
- **증거 보존**: 사고 증거 보존 기간에 대한 정책을 마련한다. 이 때 기소 여부, 데이터 보존 정책, 비용 등을 고려한다.

CHAPTER 15
Forensicator

1 조사자
2 전문가
3 연구자

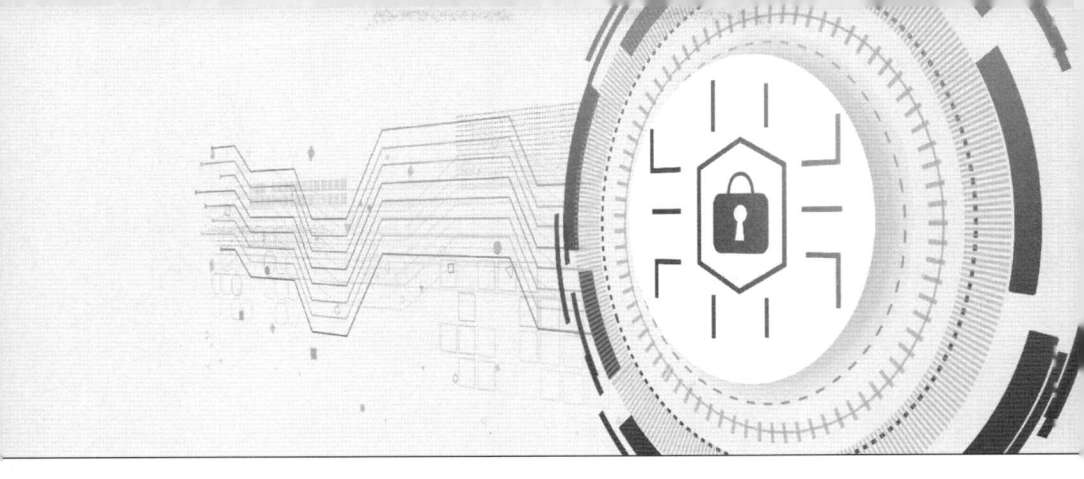

　디지털 포렌식 프로세스와 관련있는 사람 혹은 조직을 디지털 포렌식 이해관계자(Digital Forensic Stakeholder)라고 부른다. 여기에는 조사자, 전문가, 연구자, 변호사, 피해자, 피의자 등을 비롯하여 수사 기관, 기업, 연구 기관, 도구 개발사, 법원 등과 같은 조직이 포함된다. 이 중 조사자, 전문가, 연구자와 같이 디지털 포렌식에 특화된 전문 지식이 필요한 이해관계자를 Forensicator[137]라고 부른다.

　Forensicator에 해당하는 조사자와 전문가, 연구자는 다른 이해관계자보다 디지털 포렌식 기술에 대한 높은 이해도가 요구된다는 공통점이 있다. 조사자와 전문가, 연구자는 각각 다른 역할이 부여되지만, 그 경계가 명확하게 구분되지 않는 경우도 있다. 조사자이면서 전문가의 역할을 수행할 수 있고, 전문가이면서 연구자의 역량을 보유할 수도 있

---

[137] Forensicator는 전통적인 사전에는 나타나지 않는 비공식적인 용어이다. 따라서 학계나 공식적인 문서에서는 흔하게 사용되는 편은 아니나 디지털 포렌식 커뮤니티에서 전문 지식을 갖춘 사람 혹은 포렌식 조사나 분석을 수행하는 자를 가리키는 용어로 사용하고 있다.

다. 그럼에도 불구하고 세 그룹으로 구분하는 이유는 그들의 역할과 관련된 특징을 명확히 이해함으로써 디지털 포렌식 분야의 활동 영역을 더욱 세밀하게 관리할 수 있기 때문이다. 본 교재에서는 일반적인 관점에서 세 그룹에 대해 살펴보도록 하겠다.

1. 조사자

조사자(Investigator)는 특정 사건이나 사고에 대해 사전에 정의된 디지털 포렌식 프로세스에 근거하여 조사를 수행하는 자를 의미한다. 조사자는 잠재적 디지털 증거를 기록하고 있는 디지털 증거 출처(SDE)로부터 디지털 포렌식 요구사항(R)을 충족하면서 디지털 증거(DE)를 추출하는 능력을 보유해야 한다. 디지털 포렌식 기술(f)들의 모음을 F라고 하였을 때, 조사자가 수행해야 하는 역할을 다음과 같이 나타낼 수 있다.

$$SDE \xrightarrow{F, R} DE$$

이를 위해서는 다양한 도구와 기술에 익숙해야 하며, 사건 관련 법률과 프로세스에 대한 지식도 필요하다. 또한 분석 결과를 명확하게 전달할 수 있고, 필요한 경우 법정에서 증언할 준비가 되어있어야 하는 등 실무 역량이 중요하다.

2. 전문가

전문가(Expert)는 디지털 포렌식 프로세스 전 과정에서 대한 전문성을 갖춘 자를 의미한다. 전문가는 보유하고 있는 전문 지식을 바탕으로 한정된 시간과 예산에서 최선의 결과를 산출할 수 있는 프로세스를 수립하고 최적의 기술 조합을 구성하는 능력을 보유해야 한다. 수립한 프로세스에서 사용되는 기술들은 디지털 증거의 증거능력과 증명력을 위해 최소기준 이상의 정확도 성능을 보여야 한다. A_R을 최소 기준 정확도, T_R을 주어진 시간, $\$_R$을 주어진 예산, $A(f)$, $T(f)$, $\$(f)$를 각각 특정 포렌식 기술의 정확도, 소요 시간, 비용이라고 하였을 때, 전문가의 역할을 다음과 같이 나타낼 수 있다.

$$Find\ F: SDE \xrightarrow{F,\ R} DE$$
$$s.t.\ \forall A(f) \geq A_R,\ \sum_f T(f) \leq T_R,\ \sum_f \$(f) \leq \$_R$$

일반적으로 디지털 포렌식 기술은 도구 형태로 제공되므로, 전문가 또한 다양한 도구들을 다룰 줄 알아야 하며 도구의 신뢰성에 대해서도 파악하고 있어야 한다. 또한 지속적으로 고도화하는 기술과 변화하는 법적 요구사항에 대해서도 계속해서 학습해야 한다. 최근에는 조사 대상이 다양한 기기와 운영체제, 애플리케이션들이 복합적으로 구성된 경우가 많으므로 전문가는 주 전공 분야 외의 다른 분야에 대해서도 지속적으로 관심을 가져야 한다.[138]

---

138 정확도와 소요시간 및 비용은 비례 관계이며 소요시간과 비용은 반비례 관계이다.

3. 연구자

연구자(Researcher)는 디지털 포렌식에 대한 새로운 지식이나 기술을 탐구하고 연구하는 자를 의미한다. 새로운 디지털 포렌식 기술, 기법, 도구, 프로세스의 개발 혹은 기존 연구의 개선 등을 수행한다. 연구자가 디지털 포렌식 기술을 개발할 때에는 실무에서의 활용도가 높을 수 있도록 소요 시간과 비용을 최소화해야 한다. 이를 수식으로 나타내면 아래와 같다.

$$\textit{Develop } f^* = arg \min_{f}(T(f) \cdot \$(f)) \quad s.t. \quad A(f) \geq A_R$$

디지털 포렌식 연구자는 디지털 포렌식에 대한 전반적인 높은 이해도와 함께 연구 수행에 기본적으로 필요한 문제 해결 능력, 도구화를 위한 프로그래밍 지식, 성능과 한계점을 확인하기 위한 도구 평가 능력 등을 갖추어야 한다. 연구 결과를 명확하게 전달하고 학술 활동을 수행할 수 있는 커뮤니케이션 능력 또한 중요하다.

저자 약력

정두원

고려대학교 산업경영공학 학사
고려대학교 정보보호대학원 박사
서울사이버대학교 객원교수
경찰대학교 외래교수
고려대학교 연구교수
동국대학교 강의초빙교수

현 동국대학교 경찰사법대학 조교수
    동국대학교 AI융합대학 겸임교수
    동국대학교 융합안전학술원 사이버안전연구센터 센터장
    한국디지털포렌식학회 · 한국경찰학회 이사
    한국정보보호학회 디지털포렌식연구회 간사
    경찰청 디지털포렌식 자문단 자문위원
    DFC 2018~2023 문제출제 및 평가위원

동국대학교 저서출판 지원사업 선정도서
이 저서는 2021년도 동국대학교 연구비 지원을 받아 수행된 연구결과물임. (S-2021-G0001-00128)
This work was supported by the Dongguk University Research Fund of 2021. (S-2021-G0001-00128)

디지털 포렌식 개론

2023년 10월 16일 초판 1쇄 인쇄
2023년 10월 23일 초판 1쇄 발행

지은이 정두원
발행인 박기련
발행처 동국대학교출판부

출판등록 제1973-000004호(1973. 6. 28)
주소 04626 서울시 중구 퇴계로36길2 신관1층 105호
전화 02-2264-4714
팩스 02-2268-7851
홈페이지 http://dgpress.dongguk.edu
이메일 abook@jeongjincorp.com
인쇄 신도인쇄

ISBN 978-89-7801-035-1 93350

값 25,000원

이 책의 무단 전재나 복제 행위는 저작권법 제98조에 따라 처벌 받게 됩니다.